Agnessa Kuchar

Zwei linke Pedale

Mein Leben unter den Sowjets

Agnessa Kuchar

Zwei linke Pedale

Mein Leben unter den Sowjets

Übersetzung aus dem Ukrainischen: Georg Kuchar

Impressum:

Kontakt:
g.kuchar@web.de

Georgetown
Stuttgart

1

Die Umstände wollten es, dass eine Bande von Idioten mit Lenin an der Spitze und mit Hilfe von deutschen Geldern die dreihundertjährige Herrschaft des Hauses Romanow beendete. Der letzte Romanow, Zar Nikolaus II., half dabei, indem er im Jahr 1914 einen Krieg mit den Deutschen anfing. Der berühmte zweiköpfige Adler (das Wappen Russlands) wurde wie ein Huhn gerupft, so lange, bis das bis aufs letzte Hemd ausgeraubte Volk rebellierte. An der Frontlinie fingen die Soldaten an, sich mit den Deutschen zu verbrüdern. Sie warfen die Gewehre weg und gingen nach Hause.

Im Hinterland schossen verschiedene Gruppierungen wie Pilze aus dem Boden. Als der Zar auf den Thron verzichtete, strebten alle an die Macht. Die Provisorische Regierung war leider unfähig. Dann kam der Bürgerkrieg. Die Ukraine war das reichste Gebiet im russischen Zarenreich. Die Bauern, besonders die Aussiedler, lebten dort gut. Aber der Machtkampf nach dem Motto »Rettet das Volk« machte dieses Volk immer ärmer. Alle raubten. Zuerst waren es die Lieferungen für den Krieg, dann kamen die Deutschen. Später wurde es ganz schlimm. Dreimal und mehr am Tag wechselte die Macht der »Volkskämpfer«. Sie benahmen sich, als wären sie zu Hause, und stahlen ohne Rücksicht auf die Kinder alles bis auf die letzte Kartoffel. Da gab es viele Banden, sogenannte »Retter«, mit den unterschiedlichsten Namen. Eine hieß zum Beispiel »Marusja, die Grüne«. Und alle waren auf Volkes Seite. Die Weiße Garde aus ehemaligen Offizieren der zaristischen Armee behauptete, nur sie sage die Wahrheit. Sie war auf der Seite des guten alten zaristischen Russlands, denn sie lebte damals hinter dem Rücken des Zaren gar nicht schlecht.

Also lief das Land ohne Steuer und Segel in den Abgrund. Deshalb war es für die Bolschewisten, die aus dem Umfeld sich streitender Revoluzzer hervorgegangen waren, nicht schwer, das Symbol der Zarenmacht, den Winterpalast, zu erobern. Der wurde von einer kleinen Gruppe verängstigter Frauen aus der Frauendivision verteidigt. Als die Sowjetmacht sich durchsetzte, wurde das alles mit großem Pathos in Bilder und Filmen verewigt. Eroberung des Winterpalastes in Petrograd! Wie viele Schriftsteller, Dichter, Maler, Regisseure bekamen Auszeichnungen für die Beschreibung dieses Ereignisses! Zum Beispiel der Film »Lenin im Oktober«. Ein schönes, etwa drei Meter hohes Tor mit feinen Metallverzierungen vor dem Winterpalast (wahrscheinlich nach Skizzen eines berühmten Künstlers wie Peter Clodt) wird von einem malerischen Mob angeblicher Arbeiter, ehemaliger Soldaten und anderer Typen gestürmt. Und das Wichtigste: die Matrosen! Alles überzeugend und talentiert gemacht. Und alles Lüge.

Doch das kam später, erst einmal wurde die Sowjetmacht geschaffen. Das Land regierten die Arbeiter- und Bauernräte. In Wirklichkeit allerdings sind die Arbeiter und Bauern mit der Zeit irgendwie verlorengegangen. Ich weiß nicht, vielleicht gab es wirklich Menschen, die an die Ideen des Sozialismus' und Kommunismus' glaubten. Aber die Regierenden da oben stritten weiter miteinander wie tollwütige Hunde. Trotzki hatte eine bestimmte Vorstellung, den Kommunismus in der ganzen Welt zu verbreiten, Uljanow (Lenin) eine andere. Dann waren da noch Bucharin, Rykow, Kamenew, Sinowjew usw., die später alle als Volksfeinde erschossen wurden. 1924 wurde allmählich der Name Stalin (Dschughaschwili) bekannt.

Der Albtraum der Revolution dauerte, beginnend im Jahr 1905, ungefähr fünfzehn Jahre. Die geflügelte Phrase »Weg mit den Kapitalisten« gab den Revolutionären das Recht, alles zu zerstören. Es wurden Landsitze der Adligen verbrannt, Architekturdenkmäler und Bilder verschwanden im Feuer. Es wurden Porzellangeschirr und Kunstwerke aus Metall vernichtet und Fabriken zerstört. Es gab Judenpogrome. Im Land wurde nichts mehr erzeugt, die Äcker wurden nicht bestellt. Das Hauptmotto der Revolution: »Die Werke den Arbeitern und den Boden den Bauern«, an das viele glaubten, funktionierte schlecht. Es mit Leben zu erfüllen, war unmöglich. Auf den Versammlungen zu schreien, war leichter, und viele verlockte das.

Dann wurde die Rote Armee organisiert. Viele hofften, dass bald Schluss sei mit der Weißen Garde, mit Denikin, Wrangel, Petlura, Judenitsch und mit den »Griz von Tawria« und den »Marusja, die Grüne«. Dazu kamen die Anarchisten. An den Ufern der südlichen und nördlichen Seen landete die Entente. Anscheinend gab es Leute in der Welt, die verstanden, dass hier ein Monster geboren wurde (später Sowjetunion genannt), und es stoppen wollten.

Die ersten Jahre der Sowjetunion und ihre Dekrete waren grausam. Zum Beispiel ein Dekret über den Kampf gegen Volksfeinde. Zuerst wurden die Offiziere erschossen, die auf die Seite der Roten Armee wechselten. Dann war das Bürgertum an der Reihe. Wer braucht schon kluge Leute, die begreifen, dass mit dem Aufbau des Kommunismus' etwas nicht stimmt? Mein Leben lang habe ich nicht verstanden, wann der Kriegskommunismus vorbei war und der Rote Terror begann. Was offensichtlich war: Unter dem Terror litt die Mehrheit der Bevölkerung. Das erste Opfer war die Zarenfamilie. Die Umstände ihres Todes wurden nie veröffentlicht, aber die Gerüchte waren immer da, und ich erfuhr bereits als kleines Kind, dass der Zar, seine Familie, alle Bediensteten und der Hausarzt im Keller des Ipatjew-Hauses im Ural erschossen wurden.

Irgendwann in den siebziger Jahren des 20. Jahrhunderts war ich auf Dienstreise in Swerdlowsk (das vor der Revolution Jekaterinburg hieß und jetzt wieder so heißt). Die Stadt war schön und originell angelegt. Die Häuser stammten meist aus dem 19. Jahrhundert, der Krieg hatte sie nicht erreicht. Damals war die Stadt noch nicht von Neubauten verschandelt. Dort lebte die Familie meines Onkels mütterlicherseits, und meine Tante zeigte mir alle Sehenswürdigkeiten der Stadt. So kam ich in den Keller des Hauses des Bergbauingenieurs Ipatjew. Zu der Zeit befand sich in diesem Haus eine Fachschule. Der Wächter zeigte uns bereitwillig den Keller, in dem die Zarenfamilie erschossen wurde. Es war ein ganz normaler Keller mit einem Haufen Müll. Aber die Wand, an der das Leben der letzten nicht geflüchteten Romanows beendet wurde, stand frei, und darauf konnte man in heller roter Farbe die Abdrücke von großen und kleinen Händen sehen. Der Wächter erzählte, dass die Wand ab und zu übermalt wurde, aber das nützte nichts, denn irgendwer malte die blutigen Abdrücke wieder darauf. Wahrscheinlich wurde das Haus deshalb später abgerissen.

Nach dem Zerfall der Sowjetunion wurden in der Presse und im Fernsehen viele Vermutungen über den gewaltsamen Tod der Zarenfamilie laut. Es hieß, dass Lenin keinen Befehl zur Erschießung gegeben hatte, dass es die Initiative eines örtlichen Kommissars im Ural war. Die Einzelheiten der Erschießung wurden beschrieben und dass nicht alle sofort tot waren. Deshalb wurden alle Opfer, lebende und tote, zu einer verlassenen Zeche gebracht, mit Sprit übergossen und brennend hinuntergeworfen. Einige Zeit war von unten noch Schreien und Stöhnen zu hören. Angeblich wurde die junge Zarentochter wie durch ein Wunder gerettet und ins Ausland gebracht und dort, weil sie behauptete, eine Zarentochter zu sein, in eine Klapsmühle gesteckt. Die anderen Erben des Hauses Romanow, die rechtzeitig ins Ausland geflüchtet waren, erkannten sie nicht an. Die erste Zeit konnte sie mit dem Schmuck, der in einem Rocksaum versteckt war, durchhalten. Dann erschien jemand, der sich lebenslang um sie kümmerte. Der Film »Anastassia« gefiel mir. Was daran wahr ist und was nicht, weiß ich nicht. Aber erstaunlich ist doch: Ich wusste das alles schon, als ich noch klein war!

Also, mit der Zarenfamilie war es vorbei, die Offiziere der zaristischen Armee wurden erschossen, die Vernichtung des Bürgertums war in vollem Gange. Und die Revolutionsgenossen fingen an, einander umzubringen. 1929 flüchtete Lenins Kampfgenosse Trotzki ins Ausland. Dort trällerte er noch einige Zeit über die Weltrevolution und wurde dann 1940 von einem sowjetischen Agenten mit einem Eispickel ermordet. Und das war nur der Anfang, die besten Sachen kommen noch.

Aber im Augenblick war es noch nicht soweit, und der an Syphilis leidende Lenin (der häufig Prostituierte aufsuchte) wurde langsam verrückt. Dass er in seinen letzten Jahren geistig verwirrt war, belegen Dokumente, die nach dem Zerfall der Sowjetunion veröffentlicht wurden. Ich habe es bereits in meiner Jugend gehört.

Aber Lenin schaffte noch den Artikel »Einen Schritt vorwärts – zwei Schritte zurück«. Ich musste ihn in der Schule, in der Hochschule und beim Polituntericht auf der Arbeit pauken. Nicht, dass ich mich erinnern würde, worum es dort geht. Jedenfalls haben Lenin und Trotzki 1921 die »Neue Ökonomische Politik« (NEP) ausgerufen. Die Errichtung des Kommunismus wurde auf die lange Bank geschoben, zunächst musste man das Land vor Hunger, Zerstörung und Banditentum retten. Es wurde Heimindustrie erlaubt, die Fabriken lagen ja in Ruinen. Der Handel begann zu blühen.

2

Um weiter erzählen zu können, möchte ich von meinen Vorfahren berichten, die ihre Jugend in jenen Zeiten verbrachten.

Mein Opa Michail kam, glaube ich, aus Russland, der Nachname Rodinow ist auf jeden Fall nicht ukrainisch. Wie Opa hieß, weiß ich nur, weil der Name meines Vaters Nikolai Michailowitsch (Vatername) lautete. Wie meine Oma hieß, weiß ich nicht. Meine Kusinen konnten mir bei dieser Frage auch nicht weiterhelfen. Ich hatte viele Geschwister, auch zweiten Grades, weil meine Oma ungefähr zehn Kinder gebar. Leider überlebten nur sieben, zwei Mädchen und fünf Jungen. Und jedes von ihnen (ausgenommen Nazja und Victor, der starb, als ich vier oder fünf Jahre alt war) hatte zwei oder drei Kinder. Mein Vater hatte nur mich.

Die Familie meines Vaters lebte im Stadtteil »Hinter der Aufschüttung«. Die Stadt Krementschuk, in der ich geboren wurde und bis 1946 lebte, liegt am Fluss Dnipro. Sie war damals klein, meist mit zweistöckigen Häusern bebaut, und wurde vor dem Dnipro durch einen riesigen Damm geschützt. Als die Stadt wuchs, verlängerte man den Damm entlang des Ufers. Manchmal wurde die Stadt trotzdem überflutet. Während des Baus der Eisenbahnlinie wurde das berücksichtigt, und man verlegte die Gleise auf große Aufschüttungen. Aber die Stadt wuchs weiter, und irgendwann begann die Aneignung des Baulands »hinter der Aufschüttung«. Dort lagen nur Sümpfe. Fast jeden Frühling kam die Flut. Aber kann das die Menschen aufhalten?

Ich glaube, dass Opas Haus lange vor der Revolution gebaut wurde. Das Haus war groß und solide. Es hatte zwei Hälften mit zwei Haustreppen und einem Metalldach (das bedeutete damals etwas!), große Fenster und ein großes Grundstück. An den Garten erinnere ich mich nicht. Aber das Haus stand auf einem aufgeschütteten Platz, die Straße lag tiefer als das Grundstück. Vom Tor zum Haus musste man durch einen Gemüsegarten laufen. Mich hat immer die Ordnung der Beete fasziniert. Alles war schön, nicht so wie in unserem Garten. Wahrscheinlich erwachte schon damals in mir die Liebe zu Erde und allem, was dort wächst. Und auch, wenn ich später nur ein kleines Grundstück hatte, wollte ich doch alles genauso machen, wie Tante Nazja.

Opas Familie wurde aus irgendeinem Grund »die Politiker« genannt. Wahrscheinlich beschäftigten sie sich viel mit solchen Dingen. Nur den Zusammenhang zwischen Politik und Trunksucht verstand ich nicht. Wenn Opa betrunken war, teilten es die Nachbarn meiner Oma mit, und sie versteckte sich bei ihnen im Gemüsegarten oder in den Sümpfen. Opa Michail war betrunken ziemlich gefährlich. Seine Kinder wurden leider auch alle Alkoholiker, ohne Ausnahme, Brüder und Schwestern. Die älteste Tante Nazja war in meinen Augen klein, mager, hässlich und alt. Und immer betrunken. Die jüngste Tante Marusja war jung, groß, schlank und hübsch. Und auch immer betrunken.

Ich erinnere mich nicht, ob ich oft in ihrem Haus war. Aber woran ich mich erinnere, ist der gedeckte Tisch, viele Leute drum herum und alle betrunken. Nur Marusjas Mann, meiner Meinung nach ihr zweiter, versuchte sie zu überreden, nicht mehr zu trinken, weil sie doch noch stillte. Mit Tolja, ihrem Sohn aus erster Ehe (er war ein bisschen älter als ich), musste ich immer eine Flasche Wodka kaufen, sie hat 3,15 Rubel gekostet. Mit dem Restgeld kauften wir Bonbons und aßen sie bis zum Erbrechen. Dabei hörten wir die betrunkenen Streitereien über Politik. Damals war ich ungefähr sechs oder sieben Jahre alt.

Ich erinnere mich nicht, wie oft und mit wem ich Nazja besuchte. Aber ich ging dort auch allein hin. Die klarste Erinnerung an diese Besuche ist die Überquerung der Bahngleise. Der Übergang befand sich bei dem großen Umschlagbahnhof. Reisezüge, Güterzüge, Arbeitszüge fuhren vorbei, die Rangierzüge pendelten dorthin und zurück, die Güterwagen wurden an der sogenannten Rampe entladen. Die Wagen stießen gegeneinander, die Ketten machten Lärm, die Lokomotiven pfiffen, und die Eisenbahnarbeiter schimpften.

Ein zweites Erlebnis war der Sumpf, der von den Gleisen bis zum Hof meiner Tante reichte. Allerdings war er nicht echt. Es handelte sich einfach um eine flache Gegend, und nach der Frühlingsüberschwemmung blieb dort immer Wasser stehen. Es bedeckte nicht den ganzen Boden, viele trockene Inseln und Pfade blieben übrig, auf denen die Leute liefen. Aber das Beste am Sumpf waren die Reiher. Sie hatten keine Angst vor Menschen und standen oft graziös neben dem Pfad auf einem Bein oder pickten im Wasser mit ihrem langen Schnabel und holten sich ab und zu von dort einen Frosch. Ich wollte immer einen Vogel fangen und näherte mich ihm trotz des Risikos, in einen Graben zu fallen. Der Vogel ließ mich nah an sich heran, doch dann flog er auf und landete ziemlich faul nicht weit entfernt. So konnte es lange gehen. Als ich endlich sicher war, den Vogel zu erwischen, kam der ekelhafte Tolik und verscheuchte ihn mit Stöcken, Schreien und Steinen, und der Vogel flog fort. Ich weinte. Die Erwachsenen trösteten mich und erklärten, dass es unmöglich sei, einen Reiher zu fangen. Aber ich habe ihnen nicht geglaubt und hasste Tolik.

Bei Tante Nazja gefiel mir auch der Schrank, den ihr Mann Lusja gemacht hatte. Die Schranktür bestand aus vielen Leisten, die man rauf und runter bewegen konnte. Bei der Bewegung nach oben verschwand sie im Schrank, sehr ungewöhnlich! Am interessantesten war die Kommode oder besser das, was darauf stand, nämlich unzählige Statuetten verschiedener Tiere, Häuser, Blumen, Soldaten, Ballerinen usw. Die Kommode selbst war auch interessant.

Abgesehen von Politik und Trunksucht hatten alle in Opas Familie gemein, dass sie gute Tischler waren. »Kunsttischler« wurden sie genannt, das ist das größte Lob für einen Tischler. Tischler von so einem Rang konnten kostbare Möbel anfertigen. Onkel Grischa, der älteste Bruder, war sein ganzes Leben lang Tischler. In seinen Jugendjahren war er ein leidenschaftlicher Politiker. Ich weiß nicht genau, ob es vor oder während des Krieges war, aber damals tobten Typhus- und Cholera-Epidemien, die Menschen starben wie die Fliegen. Deshalb machte einer von ihnen Särge für die ganze Familie. Sie wurden auf den Dachboden geschoben. Ich glaube, Oma und Opa starben während dieser Epidemie.

Onkel Grischa und seine Kumpane betrieben fleißig Politik, deshalb wurden sie von der Polizei gejagt. Als ein Polizist zu ihnen nach

Hause kam, kletterte mein Onkel auf den Dachboden, legte sich in den Sarg und machte den Deckel zu. Der Polizist stieg hinauf, sah die Särge, bekreuzigte sich, ging runter und verschwand. Das war eine Maskerade! An Onkel Grischa erinnere ich mich schlecht. Ich sah ihn noch mal kurz nach dem Krieg: blass, alt und meiner Meinung nach betrunken. Aber seine Frau Tanja habe ich gut in Erinnerung: groß, schlank, brünett. Sie war eine schöne Frau.

Als klügster der Brüder erwies sich Onkel Wasja. Der war ebenfalls in der Politik. Nach dem Zweiten Weltkrieg lebte er in Poltawa, war irgendein Gewerkschaftsboss und bekam dank seiner Tätigkeit eine Auszeichnung als »Ehrenbürger von Poltawa«. Onkel Wasja soff auch, aber er stellte es klug an. Bei einem Anfall von Trunksucht schloss er sich zu Hause ein, und Tante Nüsja brachte ihm Wodka. Er trank bis zum Umfallen, aber keiner sah es. Deshalb schaffte er bis zum »Ehrenbürger«.

Onkel Petja, der jüngste von den Brüdern, war in den ersten Jahren der Sowjetmacht sogar Vorsitzender des Exekutivkomitees in der Stadt Ismail. Aber der Wodka richtete ihn zugrunde. Als ich ihn in den fünfziger Jahren traf, arbeitete er als Lastträger in einer Molkerei.

Victor (das Wort Onkel passt schlecht zu ihm, denn er starb sehr jung an Tuberkulose) lebte eine Weile bei uns zu Hause. Ich hielt ihn damals für einen gut aussehenden, schlanken jungen Mann mit schicken Krawatten.

Nun zu meinem Vater. Opa Michail sorgte auf originelle Weise für die Bildung seiner Kinder. Als Onkel Grischa, der die Grundschule besuchte, ihn um fünf Rubel für das Schulgeld bat, bezog er Prügel. Das war das Ende seiner Bildung. Alle sind als Analphabeten groß geworden. Jeder kümmerte sich selbst um seine Bildung, deshalb weiß ich nicht, ob und wie lange mein Vater die Schule besuchte. Aber ich weiß, dass er in der Armee war. Als Papa und Mama heirateten, sah mein Vater sehr jung aus. Die Leute sagten, dass sie einen Jungen heiraten würde. Sie antwortete immer: Er war schon in der Armee.

Wann und wo er dort gewesen ist, ist nicht ganz klar. Er nahm jedenfalls am Bürgerkrieg teil. Dort ging es drunter und drüber, und der Familie wurde mitgeteilt, dass Kolja gefallen war. Aber er tauchte wieder auf, lebend und unversehrt. Kurz nach diesem Ereignis war meine Mutter bei den Nachbarn im Haus von meinem Vater. Beim Verlassen des Hauses grüßte sie ein junger Mann von der anderen Haustreppe her und sagte, dass er sie kennen würde. Mutter antwortete, dass sie in diesem Haus nur Kolja kenne, aber der sei im Krieg gefallen. »Wie Sie sehen, bin ich lebendig und gesund«, antwortete Papa und wollte sie nach Hause begleiten. So fing er an, ihr den Hof zu machen. Wie lange das dauerte, weiß ich nicht. Wenn Kolja betrunken war (er trank wie alle in dieser Familie), band ihn seine Familie ans Bett, aus Furcht, dass sich die Braut, meine zukünftige Mutter, sonst ihre nähere Zukunft vorstellen könnte.

3

Soviel zu meiner Mama. Nun zu ihrer Familie. Mein Opa Kusma stammt aus der Familie eines Gleiswärters, der sich um mehrere Kilometer Eisenbahnstrecke kümmern musste. Mein Uropa lief zwischen den Gleisen und klopfte mit einem Hammer mit langem Griff auf die Befestigungen. Die Winter waren in diesen Jahren schneereich. Tagelang fiel Schnee vom Himmel, und der Wind schubste ihn heulend von einem Schneehaufen zum anderen. In so einem Schneesturm starb mein Urgroßvater unter den Rädern eines Zuges. Die Eisenbahnleitung schlug meiner Uroma als Hilfe vor, sie würden entweder die Ausbildung all ihrer Kinder finanzieren oder ihr Geld geben. Uroma wählte Letzteres. Sie bekam ungefähr dreihundert Rubel. Das Geld verschwand schnell, und die Kinder blieben ohne Ausbildung.

Mein Opa lernte dennoch lesen und hatte immer viele Bücher. Opa und Oma besuchten die Gottesdienste der Baptisten. Opa las viel christliche Literatur, die Bibel, Zeitschriften, Belletristik. Später tauchte in der Familie ein Roman von Henryk Sienkiewicz auf, »Quo Vadis«. Ich fand ihn später bei Oma und las ihn ebenfalls.

Opa las mal mit einem Bruder (so nannten sich die Gläubigen) etwas aus der Bibel heraus, berechnete es und prophezeite, dass der

Zar gestürzt werden würde. Er irrte sich nur um ein paar Jahre. Wahrscheinlich dank Opa bekamen alle Kinder in der Familie eine Ausbildung. Drei absolvierten die Hochschule und drei die Fachschule.

In »Die Parks«, das war ein Gebiet neben dem Umschlagbahnhof, gab es in meiner Kindheit ein unbebautes Grundstück, ungefähr ein Ar groß. An der Ecke stand ein neues, noch nicht fertig gestelltes Haus von meiner Freundin Luda Anikejewa. Und nebenan eine niedrige, lange Hütte mit Fenstern auf Bodenniveau. Das war das Haus von Anikei, Ludas Großvater. Er besaß einen Laden und verkaufte alles Mögliche. Der Alte war komisch. Er war für mich ein Symbol der alten zaristischen Welt vor der Revolution. Ständig schimpfte er mit hoher quäkender Stimme auf irgendwen und zappelte herum.

Gegenüber, auf der anderen Seite der Nowoaleksandrowskajastraße, in der in jenen Tagen ein Bach lief und überall Sand lag, kaufte mein Großvater 1909 von einem gewissen Rosenberg ein Grundstück und begann zu bauen. Am 16. Oktober 1912 konnte man dann einziehen. Das Haus war klein. Ein kleiner Flur mit einem Abstellraum, einem großen Fenster, dann die Tür in die Küche, die ein Fenster, Kleiderhaken und einen Ofen hatte. Aus der Küche führte eine Tür direkt ins Schlafzimmer mit zwei Betten und einem Fenster, von dort führte die nächste Tür ins Wohnzimmer, dem Heiligtum des Hauses. Dort stand ein großes Bett mit einem Kissenberg und einer Decke mit Spitzen. Neben der Tür stand ein Tischchen, an dem die Kinder ihre Hausaufgaben machten. Dieser Platz zog immer meine Neugier an, ein Berg von Büchern, Heften, Zeichnungen. An der Wand neben der Tür hingen Geweihe, die Opa angebracht hatte. Sie hängen auch jetzt noch in meinem Haus. An diesen Geweihen hingen Lineale, Dreiecke und am wichtigsten: Kurvenlineale mit verschiedenen Kurven. Mithilfe der Kurvenlineale konnte man Kreise, Rechtecke, Dreiecke oder eben Kurven zeichnen. Und wenn man diese Linien und Kurven miteinander verband, konnte man unglaubliche Dinge zeichnen!

Im Haus herrschte strenge Ordnung, das Wohnzimmer war tabu. Alle mussten sich mit der Küche und dem Schlafzimmer zufriedengeben. Aber manchmal bekam ich zum Zeichnen ein Kurvenlineal.

Ich hatte Glück. Vielleicht liebe ich es deshalb zu zeichnen.

Ja, das Haus war klein. Wie dort eine Familie von acht Personen hineinpasste, ist schwer zu sagen. Mama hatte noch zwei Schwestern und drei Brüder. Die Jüngste, Valja, wurde 1918 geboren und war nur ungefähr sieben Jahre älter als ich. Ich konnte sie nie als Tante ansehen.

Wer Opas Haus gebaut hat, weiß ich nicht. Aber der Brunnen und der Keller im Hof, die er selbst gebaut hat, waren Höhepunkte der Mauerkunst. Der Brunnen wurde sorgfältig errichtet, Ziegelstein um Ziegelstein. Die Oberfläche war glatt, die Oberkante dicker und besaß einen Deckel aus ungestrichenem Holz. Wegen dem ständigen Kontakt mit Wasser war der Deckel unglaublich weiß, das hat mich immer gewundert. Rund um den Brunnen herrschte Ordnung, es wurde nichts liegengelassen. Nur auf einer Bank stand ein Eimer. Oben war der Brunnen nicht breit, aber je tiefer es ging, desto breiter wurde er, wie ein Krug. Ich hatte immer das Gefühl, dass er bodenlos war. Ich konnte stundenlang hinunterschauen. Wahrscheinlich war der Brunnen wirklich sehr tief. In trockenen Perioden verschwand das Wasser bei den Nachbarn, und sie holten es vom Opa.

Der Keller war auch beeindruckend. Wenn man hinunterstieg, hatte man das Gefühl, als befände man sich unter einer Domkuppel. Ich wunderte mich immer, wie sich die Ziegelsteine oben halten konnten. Oben befand sich eine abschließbare Holztür, dahinter lagen in guten Jahren Wassermelonen, die mit Pferdewagen von der Anlegestelle gekarrt wurden. Die Melonen kaufte man auf Lastkähnen, die aus dem Cherson-Gebiet hergebracht wurden.

Im Hof gab es noch einen Schuppen, der war ziemlich hässlich. Das Haus war auch eher so lala. Das Haus, das mein Vater gebaut hat, war schöner, daran erinnere ich mich sehr gut. Wahrscheinlich erwachte damals schon mein Interesse an Architektur.

Noch ein paar Worte über Opa. Er arbeitete bei der Eisenbahn, als es noch keine hitzebeständigen Legierungen für die Kessel gab. Die Metallkessel für die Loks wurden auf der Innenseite mit hitzebeständigen Ziegeln versehen, eben das machte mein Opa. Er war überhaupt ein guter Ofensetzer. Entlang der Eisenbahnlinie im Areal des Umschlagbahnhofs wurden Grundstücke für die Eisenbahnmitarbeiter verteilt. Opa hat auch eins genommen. Alle Öfen in den Häusern in diesem Gebiet wurden von ihm gebaut.

Aber die Industrie entwickelte sich in diesen Jahren schnell, und man begann, Kessel aus reinem Metall zu erzeugen. Und Opa musste als Zugbegleiter in Fernzügen weitermachen. Er war ständig ein paar Tage weg. Seine Reiseutensilien trug er in einem Metallbehälter. So erinnere ich mich an ihn: groß, brünett, mit Schnurrbart und schwarzem Metallbehälter.

Auf der Straße gegenüber von Opas Haus floss früher ein Bach, der später austrocknete. Es blieb nur der Sand, der immer feucht war. In diesem Sand spielten die Kinder, ich auch. Mama erzählte, wenn Opa von der Arbeit zurückkehrte, blieb er immer bei den Kindern stehen. Die bauten oft Sandhäuser mithilfe von Füßen. Man schüttete Sand auf den Fuß und zog ihn dann vorsichtig heraus, so bekam man ein Häuschen. Opa legte den Metallbehälter auf den Boden und stellte seinen riesigen Fuß, Größe 47, mitten unter die anderen Häuser. Die Kinder schütteten ihn begeistert mit Sand zu und stampften ihn fest. Dann zog er vorsichtig seinen Fuß heraus. Das war vielleicht ein Riese von einem Häuschen!

Über meine Lieblingsoma Katja weiß ich wenig. Ihr Vater diente fünfundzwanzig Jahre in der Armee und heiratete nachher meine damals achtzehnjährige Uroma. In hohem Alter wollte er eines Tages heißes Wasser zum Baden haben. Danach zog er sich saubere Kleidung an, versammelte die Familie um sich, gab allen Anweisungen, wie sie weiter leben sollten, und sagte, dass er jetzt sterben wolle. Dann bat er alle, aus dem Zimmer zu gehen, legte sich aufs Bett mit dem Gesicht zur Wand und starb.

Über Uroma weiß ich überhaupt nichts. Und Oma Katja war irgendwie anders. Immer sorgfältig gekleidet (auch am Herd), nicht sehr gesprächig. Ich sah sie nie mit den Nachbarinnen schwatzen. Sie war immer beschäftigt und gutmütig. Im Haus herrschte perfekte Ordnung und Sauberkeit. Die Patentante von meiner Oma Katja hatte irgendeinen adligen Titel. Sie liebte meine Oma sehr, wollte sie zu sich nehmen und ihr eine Ausbildung ermöglichen. Aber Oma war der Liebling ihrer Eltern, deshalb erteilten sie der Patentante eine Absage mit der Begründung, sie wollten nicht, dass das Kind Kopfschmerzen bekäme. So ein Starrsinn!

Omas Bruder Jakob lebte irgendwo im Cherson-Gebiet. Er war Bauer. Zwei von Mutters Erzählungen über die Besuche von Onkel Jakob in ihrer Jugend haben mich beeindruckt.

Die erste: Sie hat gefragt, warum sie nicht säen würden, es sei doch schon Frühling draußen. Der Onkel fuhr sie in die Felder und reichte ihr eine Handvoll Erde, um daran zu riechen. Es gab keinen Geruch. Aber als später mit dem Säen begonnen wurde, roch die Erde nach Gras. Ein paar Mal in meinem Leben habe ich auch versucht, die Erde zu riechen. Vergeblich. Heutzutage riecht die Erde im Winter, im Frühling und im Sommer nach Düngemittel.

Die zweite Erzählung, die für mich erschütternd war: Mama war mit dem Onkel auf dem Acker. Plötzlich befahl er ihr, sich festzuhalten, weil er die Pferde so schnell wie möglich antreiben müsse. Die Pferde wieherten und drängten von selbst nach vorn. Dann zeigte der Onkel auf einen grauen Fleck in der Steppe, der ständig seine Umrisse änderte. Das waren Ratten oder Mäuse. Wenn so eine Menge von Nagetieren etwas Lebendiges in der Steppe erwischte, blieben nur Knochen zurück. Interessanterweise mieden sie Wohnorte, aber diese Horden auf dem Acker zu treffen, war lebensgefährlich.

Meine Mutter war Vaters Liebling. Sie besuchten zusammen die Gottesdienste und sangen im Chor. Mama hatte eine schöne Stimme, sie spielte Mandoline und war in einem Orchester. Sie war auch recht gut auf der Gitarre, die sie selbst stimmen konnte, denn sie hatte ein gutes Gehör. Es hieß, dass auch Opa eine schöne Stimme hatte. Außerdem war er ein Witzbold. Wenn der Dirigent Wasja Siora bei den Proben seinen Stock schwang, um mit den Gesangsübungen zu beginnen, lachte plötzlich der ganze Chor über seine Grimassen, nur mein Opa sang ruhig weiter die Lautübung: »Mähe mit der Sense, solange der Tau noch da ist.« Wasja seufzte nur: »Kusma Petrowitsch!«

Über Wasja hat Mama erzählt, dass er nicht besonders gut aussah. Aber er war ein begnadeter Dirigent und spielte viele Musikinstrumente. Alle Mädchen in der Kirche waren in ihn verliebt. Ich bin ziemlich sicher, meine Mutter auch.

Als Mamas Eltern nach Krementschuk zogen, wohnten sie zwei

Blocks von der Stelle entfernt, an der sie später ihr Haus bauten. Die Straße hieß Perejaslawska, sie heißt auch heute noch so. Das Haus, in dem sie wohnten, hieß Krasin-Haus. Meine Mutter wurde dort geboren. Das Haus hatte vier Wohnungen. In einer wohnten die Eigentümer, die anderen drei wurden vermietet.

Mama erzählte viele Erlebnisse aus ihrer Kindheit dort. Ich erinnere mich an einen grausamen Fall. Gegenüber dem Haus lag ein Laden, der hieß »Bakaleja«. Das war eine TPO (Gesellschaft für Lebensmittelhandel). Nach Geschäftsschluss saß dort immer eine Clique von Müßiggängern auf der Treppe. Von dort aus konnte man die Kreuzung sehen. Mama erzählte, dass einmal abends Kosaken mit Säbeln vom Umschlagbahnhof »Die Parks« geritten kamen, in einer Kleidung, die für diese Gegend ungewöhnlich war. Sie zogen einen Mann aus der Menge der Nichtstuer (die Männer unterhielten sich, die Frauen aßen Sonnenblumenkerne) und richteten ihn mit den Säbeln hin. Dann zogen sie weiter, um vielleicht noch irgendjemanden zu töten. Die Clique lief vor Angst auseinander. Das war irgendwann im Jahr 1907 oder 1908, am Ende der Revolution von 1905-1907. Wer daran teilgenommen hatte, wurde liquidiert. Wahrscheinlich steckte dieser Mann mit drin. Wegen solcher Taten wurde der Zar Nikolaus II. »Nikolaus der Blutrünstige« genannt. Ich glaube nicht, dass Mama das alles mit eigenen Augen sah. Aber sie erzählte die Geschichte sehr überzeugend.

Allmählich bekam ich einen Eindruck von den Leuten, die die Revolution gemacht hatten. Vaters Eltern, die »Politiker« – Säufer. Vater kämpfte während des Bürgerkrieges in irgendeiner roten Bande. Die Kosaken hatten einen Revoluzzer umgebracht, der auf einer Haustreppe der TPO schwatzte. Und Lenin besuchte in seiner Freizeit Prostituierte.

Über die Kosaken bildete ich mir auch meine eigene Meinung. Als ich während des Krieges den Roman »Der stille Don« von Michail Scholochow las, den er den Gerüchten nach einem toten Offizier der Weißen Garde geklaut, mit roter Revolutionsfarbe eingefärbt und unter eigenem Namen veröffentlicht hatte, fühlte ich mich an Mamas Erzählung erinnert. In meinem Kopf war nur ein Gedanke: Die Kosaken, das sind doch Tiere! Einen Menschen mit dem Säbel vor den Augen anderer hinrichten, ohne Beweisaufnahme und Gerichtsverfahren! Wie ich später erfuhr, gab es verschiedene Kosaken: weiße, rote und unabhängige. Mit der Unabhängigkeit der Ukraine entstand auch ein neues Kosakentum. Aber ich mag sie trotzdem nicht. So stark sind die Kindheitseindrücke!

Und noch eine von Mamas Erzählungen über ihre Jugend: Als sie fünfzehn war, ging sie in die Hebammenschule. Man wollte sie nicht aufnehmen und führte sie zur Leiterin. Die schaute Mama an und sagte, dass das Mädchen groß gewachsen sei, man könne sie nehmen. Über die Lehre erzählte sie Folgendes: Sie hatten eine Hypochonderin als Studentin. Wenn die Studenten eine neue Krankheit lernten, litt sie sofort darunter. Und als sie die Schwangerschaft durchnahmen, aß das arme Mädchen ständig Sauerkraut und kotzte die ganze Zeit.

Einmal hatten ein paar Studenten Bereitschaftsdienst und warteten auf eine Frau kurz vor der Niederkunft. Irgendjemand brachte viel Flieder. Bei der Ankunft der Frau wurde festgestellt, dass die ganze Belegschaft in Ohnmacht lag. Sie konnten gerade noch gerettet werden. Nach dieser Geschichte meiner Mutter hatte ich immer Angst vor großen Mengen intensiv riechender Blumen. So stark kann eine Erzählung wirken.

Die Schule absolvierte Mama ungefähr 1919. Draußen tobte der Bürgerkrieg, es herrschte Chaos. Alle Mediziner wurden mobilisiert. Mama arbeitete damals bei der Eisenbahn und wurde zur »Schnellen Hilfe« geschickt. Das war ein Zug mit zwei oder drei Wagen, der Kranke und Verwundete auf Bahnhöfen und Gleisen sammelte. Manchmal wurde der Zug mitten auf der Strecke gestoppt, um Verwundete zu versorgen. Mediziner waren damals von den Machthabern unabhängig und mussten entsprechend dem Eid des Hippokrates alle Leidenden versorgen. In einem Wagen konnten Weiße, Rote, Polen, Engländer oder irgendwelche Banditen liegen. Papiere wurden nicht verlangt. Aber einmal drangen Rotarmisten in die Wagen ein und erschossen alle, die sie für Weißgardisten hielten. Die Offiziere konnte man vom einfachen Volk dank ihres gepflegten Äußeren und, wie man sagte, ihrer »weißen Hände« unterscheiden. Wenn der Zug zurückkehrte, entlud man die Wagen. Die Leichen wurden ins Leichenhaus gebracht, die Kranken und Verwundeten ins Krankenhaus. Der leere Zug fuhr wieder los.

Mama war damals erst siebzehn Jahre alt. Aber sie war groß und hübsch. Ihre schönste Zierde war der lange, bis zum Gürtel reichende schwarze Zopf. Natürlich zog sie die Männerblicke auf sich. Eines Tages machte sich so einer im Wagen an sie heran. Mutter hat nicht alles erzählt. Aber am Ende flog der Vergewaltiger bei voller Fahrt aus dem Zug. Solche Erzählungen bereicherten meine Kenntnisse über das Leben.

In diesen dunklen Tagen versuchte ein junger Mann namens Mischa, meiner Mutter den Hof zu machen. Er stammte aus einer guten Familie, war gut erzogen und gebildet. Ich vermute, sie lernten sich in der Kirche kennen. In Mamas Fotoalbum gibt es ein Bild von ihm. Er war ein ziemlich interessanter junger Mann. Ich habe nie verstanden, warum er ihr nicht gefiel. Nachdem er von Mama einen Korb bekam, sagte Mischa, dass er in den Krieg ziehen wolle. Er ging und kehrte nicht zurück. Seine Eltern beschuldigten nachher immer meine Mama, dass sie ihretwegen ihren Sohn verloren hatten.

Aber Mama liebte einen anderen, Daniil Födorowitsch Mikitenko. Wo und wie er ihr den Hof machte, weiß ich nicht. Doch trotz ihrer Liebe war Mama widerspenstig, und er ging fort, um zu studieren. Zuerst nach Odessa, wo er die Fachhochschule für Technologie absolvierte, dann nach Charkiv, um auch dort irgendwas zu studieren. Er war klug, allerdings meiner Meinung nach unattraktiv und klein. Ich mag keine kleinen Männer. Sein Bild steckt auch in Mamas Album. Vor dem II. Weltkrieg sollte mich das Leben mit ihm wieder zusammenführen, dann würde ich mehr über ihn erfahren.

Jedenfalls, im Land herrschte die Neue Ökonomische Politik (NEP). Mein Vater, sein Schwager Lusja (der Mann von Tante Nazja) und der Nachbar Plisnow gründeten in Nazjas Hof eine Genossenschaft. Die Brüder meines Vaters lebten nicht mehr im Elternhaus. Meine Mutter arbeitete in der Eisenbahnklinik als Hebamme auf Abruf. Ihre Brüder besuchten die Fachschule der Eisenbahn, und ihre Schwestern Nadja und Valja gingen noch zur Schule. Oma arbeitete nicht mehr.

4

Die sowjetische Ordnung kam ins Land. Heimlich erschoss man Bürgerliche und eigene Genossen. 1924 starb Lenin, und Stalin kam an die Macht. Jetzt zog man die Schrauben an, wo immer es möglich war. Langsam wurde die Liquidation der NEP vorbereitet und die Trennung von Staat und Kirche vollzogen. Die Kirchenfeste wurden abgeschafft, auch Silvester, keiner weiß, warum. Und es wurden neue Feiertage eingeführt: Der 1. Mai und der Tag der Oktoberrevolution. Irgendwann kam der Frauentag dazu, der 8. März.

Vor diesem Feiertag verfiel das Land in Hektik, die Aktivistinnen in den roten Kopftüchern schmückten die Säle mit roten Fähnchen, fünfeckigen Sternen und der Losung »Proletarier aller Länder vereinigt euch!« Im »Roten Eck« (so ein Zimmer musste in jedem Betrieb vorhanden sein) bereitete man einen Tisch mit roter Decke und viele Stühle vor für die Leute, die zur Versammlung kamen. Und kommen mussten alle, sonst konnte man auf die Liste der Volksfeinde geraten. Die örtlichen Parteifunktionäre hielten Vorträge. Wie viele solche Vorträge hörte ich in der Schule, in der Hochschule und in sechsundvierzig Jahren auf der Arbeit! Und immer das gleiche: am Anfang ein Loblied auf die Sowjetunion und die großen Führer Marx, Engels und Lenin, dann ein persönlicher Dank dem Genossen Stalin.

Übrigens, was diese Führer betrifft: Friedrich Engels hat, abgesehen von der Arbeit an seinen Artikeln über die Entwicklung von Sozialismus und Kommunismus, immerhin seinen Lebensunterhalt verdient. Aber Karl Marx lag ihm das ganze Leben auf der Tasche und schrieb sein »Kapital«. Über Lenin schrieb ich schon. Stalin kommt noch.

Im Vortrag wurde dann beschrieben, wie dieser Feiertag zustande kam. In Wirklichkeit nur deswegen, weil die beiden Nichtstuerinnen Klara Zetkin und Rosa Luxemburg aufgrund von Langweile und gescheitertem Privatleben beschlossen, gleiche Rechte für die Frauen zu verlangen. Sich mit solchen Problemen zu beschäftigen, war für sie nicht schwer, denn um den Unterhalt mussten sie sich nicht kümmern, weil ihre Eltern wohlhabend waren. Einmal habe ich mir das Haus von Klara Zetkin in Stuttgart angesehen. »Haus« ist eine

Untertreibung, eher eine Villa. Zu jenen Zeiten sahen nur Königspaläste prunkvoller aus. Um das Haus herum gab es Viehscheunen, einen Pferdestall und etliche Gebäude für die Bediensteten. Kochen, putzen, waschen, Kinder hüten war etwas für Diener. Die Dame beschäftigte sich mit Frauenrechten. Neben dem Recht zu kochen, zu putzen, zu waschen und Kinder zu hüten fehlte der Frau nur noch ein Recht: wie die Männer zu Arbeit zu gehen.

Man muss zugeben: Das Leben der Frau war in jenen Zeiten wirklich nicht leicht. In Deutschland zum Beispiel lief es nach dem Motto »Kinder, Küche, Kirche«. Und in Russland war es noch schlimmer. Eine Veränderung war notwendig. Aber dass es so kommt ... Das junge Land der Sowjets gab den Frauen einfach die gleichen Rechte wie den Männern. Eigentlich musste man sie ihnen gar nicht geben, es geschah von selbst. Das Leben war schwer, das Familienoberhaupt konnte die Familie nicht allein ernähren, deshalb mussten die Frauen zur Arbeit gehen. Manche mussten sogar ihre Ausbildung oder ihr Studium abbrechen. Ja, die Bildung war kostenlos, aber die Qualität! Ein absurdes Streben nach Uniformierung führte zum Bildungsersatz. Zum Beispiel legte nur der Klassensprecher die Prüfungen für die gesamte Lerngruppe ab, aber das »Bestanden« bekamen am Ende alle. Welches Wissen kann man da erwarten?

Studierende Frauen waren in der Minderheit. Die meisten Frauen nahmen Spaten, Picken, Hämmer in die Hände und arbeiteten entweder als Hausmeister oder an der Drehwerkbank, brachten Asphalt auf die Straßen oder produzierten Stahl. Aber was interessant ist: Das Recht zu kochen, zu putzen, zu waschen, die Kinder zu hüten gehörte weiterhin den Frauen. Und weil es unmöglich war, alles zu schaffen, litt das Letztere. Ich wuchs selbst so auf: nicht behütet, oft hungrig, ohne Aufsicht. Ich wuchs einfach auf der Straße auf, meine Mutter war immer auf der Arbeit.

Schließlich kam das Frauenfest. Statt zu feiern, brachte mich meine Mutter direkt vor dem Feiertag zur Welt. Mutters Mitarbeiterin, die Hebamme, schimpfte: Ich habe so viel zu tun bei der Vorbereitung zum Feiertag, und nun das! Aber da konnte man nichts machen. Ich wurde um 16 Uhr am 7. März 1926 geboren.

5

Mama und Papa heirateten 1925. Als Gewerkschaftsmitglied bekam meine Mama sofort ein Grundstück an der Perejaslawskastraße. Solange gebaut wurde, mieteten meine Eltern eine Wohnung im Stadtteil »Hinter der Aufschüttung«. Das Haus, in dem ich geboren wurde, habe ich nie gesehen. Die Vermieterin war ein unangenehmer Mensch. Irgendwie gelang es ihr, bei uns die Daunen gegen Federn auszutauschen. Mama schimpfte, weil die Kissen und die Matratze schwer wurden, sodass man sie kaum noch heben konnte. Viele Jahre später erschien der Film »Die Heirat«. Die geniale Schauspielerin Ranewskaja klatschte auf zahllose Kissen und zeigte eine Matratze, um ihre Mitgift zu demonstrieren. Und ich erinnerte mich an Mamas Geschichte über ihre Kissen.

Nach diesem Vorfall zogen meine Eltern in ihr noch nicht fertig gestelltes Haus. Dort bin ich groß geworden. Mamas Schwester Nadja war scharfzüngig, wie erzählt wurde. Einmal fragte sie meinen zukünftigen Vater, wann er Maria heiraten würde. Er antwortete, dass er die Braut noch nicht genau hätte betrachten können und es sich deshalb noch überlege. »Wie kann das sein, wir haben doch 'lektrisches Licht«, antwortete Nadja. Dieses Kinderwort ging lange in unserer Familie herum. Und in unserem neuen Haus gab es eben die erste Zeit kein »'lektrisches Licht«.

Mama hat ihre Babypause wahrscheinlich nicht lange in Anspruch genommen, denn Mamas Kusine Polja aus Belgorod kam als Babysitterin. Ich war damals ungefähr ein Jahr alt. Polja gab mir Borschtsch, und ich verschluckte mich an einem Knochen, bekam Atemnot und wurde blau. Polja schleppte mich in die Poliklinik, dort konnte der Arzt den Knochen entfernen. Und ich versuchte, die Glühbirne in der Lampe auf dem Tisch auszupusten, weil ich dachte, sie sei eine Kerze.

Bald kam elektrischer Strom in unser Haus. Zu der Zeit wurde im Hof ein großer Schuppen gebaut, dorthin zog eine Werkstatt aus »Hinter der Aufschüttung« um, die Genossenschaft für die Erzeugung von Wäscheklammern. Die Werkstatt wurde mechanisiert. Ein Sägegatter sägte die Baustämme durch, so bekam man Bretter und

Leisten. Aus diesen Leisten fertigte eine Maschine die Holzteile der Wäscheklammern, eine andere Maschine verdünnte den Draht bis zum erforderlichen Durchmesser, dann fertigte noch eine Maschine die Schenkelfeder aus dem Draht. Nur zusammensetzen musste man die Wäscheklammern mit der Hand. Die Automatisierung dachte sich Iwan Plissnow aus. Er war sehr erfinderisch. Später arbeitete er in einer Süßwarenfabrik und erfand eine Maschine zum Einwickeln von Bonbons. Aber eine automatische Wäscheklammerzusammensetzung schaffte er nicht. Deshalb standen zu Hause und in der Werkstatt zahllose Hocker mit zwei Nägeln ohne Köpfe. Ein Nagel war groß, der andere klein. Auf so einer Vorrichtung wurde die Wäscheklammer zusammengesetzt. Wenn eine Bestellung kam, saßen alle an den Hockern und setzten die Klammern zusammen. Sogar ich hatte einen kleinen Hocker mit Nägeln. Meiner Erinnerungen nach konnte auch ich Wäscheklammern zusammensetzen.

Wenn die bestellte Menge fertig war, packte Papa sie in Koffer, eine Wäscheklammer neben der anderen. Das sah sehr schön aus. Ein paar Koffer gab mein Vater als Gepäck auf, ein paar nahm er mit und fuhr los, um die bestellte Ware abzugeben. Meist nach Süden, zum Meer, seltener nach Norden. Die Wäscheklammern wurden an Fischer geliefert. Mit ihrer Hilfe trockneten sie Fisch. Anscheinend war dieses Geschäft lukrativ, denn Papa kam mit den Koffern voller Geld zurück und ging, keiner weiß warum, zu Tante Nazja, um das Geld mit ihr zu teilen. Das dauerte eine Woche oder mehr, dabei tranken sie ununterbrochen. Danach kam Vater mit leeren Koffern und leeren Taschen nach Hause und begann wieder wie besessen zu arbeiten, bis die nächste Lieferung kam.

Das Geschäft blühte wahrscheinlich, denn obwohl so viel Geld versoffen wurde, entstand doch ein bemerkenswertes Haus mit einem hohen Fundament aus Granit, vier Fenstern zur Straße und vier zum Hof. Das Fenster im Speisezimmer war etwas Besonderes. Man nannte es venezianisch: ein Fenster in der Mitte und zwei Hälften auf jeder Seite. Es war wirklich schön.

Mama sprach das ganze Leben vom genialen Bauplan des Hauses. Ehrlich gesagt, verstand ich nie, woraus diese Genialität bestand. Das Schlafzimmer war klein, dort standen die Garderobe und ein großes Bett. Warum es groß genannt wurde, weiß ich auch nicht. Es war nicht einmal ein richtiges Doppelbett, sondern eine Zwischengröße. Wie Papa und Mama dort hineinpassten, ist mir nicht klar. In den Jahren, in denen Mama und ich allein blieben und alles an unzählige Mieter vermietet wurde, bekam ich im Schlafzimmer ein kleines Bett, weil ich damals noch nicht so groß war.

Einmal in der Nacht (Mama hatte Dienst, und die Fensterläden waren geschlossen) verirrte ich mich in diesem kleinen Zimmer. Ich saß mit untergeschlagenen Beinen auf dem Bett und suchte den Schalter, der war nicht da. Hier stand Mamas Bett, dann kam die Wand, dann die Ecke, noch ein Stück Wand und schließlich die Tür. Neben der Tür an der Wand sollte der Schalter sein, doch der war nicht da. Gut, sagte ich mir: Hier ist die Tür, anschließend muss die Garderobe kommen. Ich versuchte, sie zu berühren, streckte die Hände aus und stieß wieder gegen die Wand. Das alles dauerte ziemlich lange. Ich erinnere mich nicht mehr, wie es zu Ende ging, aber seither habe ich Angst vor geschlossenen Räumen. Und ich kann keine dichten Vorhänge und erst recht keine Fensterläden leiden.

In meiner frühen Kindheit stand in meinem Schlafzimmer ein Kinderbett. Aber, wie Mama erzählte, ich liebte meinen Kinderwagen abgöttisch und schlief meist dort ein. Anschließend legte mich Mama dann in das richtige Bett. Ich fand diesen Wagen später auf dem Dachboden wieder, inmitten von Staub und Spinnweben, kaputten Weidenruten und verrosteten Rädern, von allen vergessen. Das hat mich nachdenklich gemacht. Wie schnell vergeht doch die Kindheit! Komisch, von all dem Sperrmüll, von dem es genug auf dem Dachboden gab, erinnere ich mich nur an diesen Kinderwagen.

Aus Mamas Erzählungen: Ich war ungefähr zwei Jahre alt und konnte schon sprechen. Mama und ich waren zu Gast bei ihrer Freundin (die auch Marusja hieß) in Kamenka. Ich wollte nicht schlafen gehen. Wenn der Schlaf mich doch überwältigte, schlief ich ein paar Minuten, dann öffnete ich die Augen und fragte: »Wo ist mein ‘inderwagen?« So konnte Mama nicht einschlafen, und wir mussten nach Hause zurückkehren.

Das Streben nach Besitz entwickelte sich bei mir früh. Seit ich klein war, hatte ich eigene Löffel, einen eigenen Teller und eine Tasse, die mir vertraut waren. Einmal waren wir zu Gast bei Tante Nazja. Mama sagte, sie wolle mir etwas zu essen holen, und ging für eine Weile aus der Küche ins Wohnzimmer. Als sie zurückkehrte, bot sich ihr dieses Bild: Der Küchenschrank war weit offen und daraus alles entfernt, Töpfe, Pfannen und Teller verschiedener Größe. Sogar die Gläser, von denen Tante Nazja unglaublich viele besaß. Alles stand auf den Fußboden, ich saß zwischen den schweren und zerbrechlichen Gegenständen und fragte: »Wo ist mein Geschirr?«

Meine frühe Kindheit (ich erinnere mich nicht an vieles) verbrachte ich in den Zeiten der NEP (Neuen Ökonomischen Politik). Papas Genossenschaft war erfolgreich, und er brachte von seinen Reisen neben den Koffern mit Geld auch Koffer voll Fisch aus dem Norden und Orangen und Mandarinen aus dem Süden mit oder sonst etwas Exotisches. Ich erinnere mich dunkel an einen Koffer mit orangefarbenen Bällen. Dieser Koffer stand im Speisezimmer unter dem Eichentisch. Sechs Stühle gehörten zu dem Tisch, es wurde gemunkelt, die seien aus Kirschbaum. Ich mochte sie immer: ein dunkles rötliches Holz, viele Leisten und oben schön geschnittene Rücklehnen. In Laufe meines Lebens gingen die Stühle kaputt, wurden geleimt, gingen wieder kaputt und verschwanden nach und nach. Nur manche Leisten liegen noch irgendwo. Und vom Tisch sind lediglich die Beine geblieben. Ich träume davon, irgendwann einen neuen Tisch für den Garten daraus zu bauen.

Folgende Geschichte wurde mir erzählt: Einmal brachte Papa eine Menge Pralinen mit. Als ich damit allein war, machte ich ihnen den Garaus. Aber ich aß sie nicht, denn ich mochte keine Pralinen, ich wickelte sie nur alle aus. Das war später vielleicht eine Arbeit, sie alle wieder einzuwickeln! Daran erinnere ich mich allerdings nicht.

Meine früheste Erinnerung ist ein Sesselchen aus Weidenruten. Wir waren irgendwo zu Gast, dort gab es auch ältere Kinder als mich. Wie viele es waren, weiß ich nicht mehr, aber ich erinnere mich an einen Jungen, der mich ständig aus dem Sesselchen warf, woraufhin ich mich dann wieder hineinsetzte. Das Gefühl von Kränkung und Ohnmacht war so groß, dass dieses Sesselchen in meiner Seele die erste und stärkste Erinnerung aus meiner Kindheit hinterließ.

Gott sei Dank, dass dieser Zwischenfall mich nicht erbitterte. Im Gegenteil, mein ganzes Leben lang mochte ich kleine Kinder und war immer bereit, sie zu beschützen. Als ich etwa sieben oder acht Jahre alt und schon selbstständig war (Mutter war immer auf der Arbeit), sammelte ich ab und zu die drei-, vierjährigen Kinder von der Straße ein, wusch sie, ernährte sie mit den Vorräten, die Mutter mir daließ, und beschenkte sie außerdem mit meinem Spielzeug. Nach dem Abitur spielte ich mit den Gedanken, Medizin zu studieren, um Kinderärztin zu werden.

6

Meine Perejaslawskastraße begann neben der Eisenbahn. Das erste Viertel wurde zunächst nicht bebaut, dann folgten drei weitere Viertel, in einem wohnte ich und in dem danach meine Freundin Vera Litowtschenko. Die Straße ging weiter bis zur TPO, dann gab es eine Kneipe, noch ein Paar Höfe und schließlich begann eine Steigung. Oben links befand sich ein Markt, rechts stand das solide Haus des Arztes Iwanenko und seiner Tochter, meiner Schulfreundin und Milchschwester Sveta. Hinter dem Markt lief die Straße erst ein Stück bergauf, dann bergab zum städtischen Krankenhaus. Zuerst begann die Nummerierung beim Krankenhaus und unser Haus hatte die Nummer 89. Später wurden die Häuser ab der Eisenbahn gezählt, und unser Haus bekam die Nummer 18. So lautete viele Jahre meine Adresse: Perejaslavskastraße 18, Krementschuk. Oh, wie viele Briefe von der Front bekam ich während des Krieges an diese Adresse! Und von einem Jugendfreund aus Uzhgorod und von meiner Freundin aus Jelets. Jetzt wohnen dort fremde Leute, und die Adresse ist nicht mehr meine. Sie ist jetzt Vergangenheit.

Hinter unserem Hof und den Nachbarshöfen verlief ein Fluss, etwa drei, vier Meter breit. An manchen Stellen war er ziemlich tief. Der Fluss hieß Kagamlik. Hinter dem Hof der Tscherkaschin-Familie floss er die Straße entlang, dabei nahm er fast die ganze Straßenbreite ein. Nur an den Seiten blieben schmale Wege. Dann bog der Fluss scharf rechts ab. Außerdem lag auf der linken Seite der Straße eine

Wiese, die im Frühling überflutet wurde. An der Biegung des Flusses stand das letzte Haus. Weiter hinten lagen die Gemüsegärten der Nachbarn und meiner Oma. Ich erinnere mich nur an die Tomaten, die man endlos gießen musste.

Weil es hier keine Straße gab, wurde ein Weg durch die Gemüsegärten angelegt. So konnte man das Haus erreichen, in dem meine Oma und mein Opa wohnten. Dabei musste man den Fluss überqueren. Als ich klein war, wurde über den Fluss eine Holzbrücke gelegt. Zwei oder drei Paar Pfähle wurden in den Flussboden gerammt und mit Balken verbunden. Darauf lagen Bretter, die, glaube ich, nicht befestigt waren, drei insgesamt. Jedes Brett war etwa 12 Zentimeter breit. So hatte die Brücke insgesamt eine Breite von einem halben Meter. Die Bretter lagen einfach auf dem Boden und bogen sich unter der unterschiedlichen Last. Man kann sich also vorstellen, wie bequem die Überquerung des Flusses war. Später wurde dort eine richtige Brücke gebaut. Auch nichts Besonderes, aber immerhin etwa zwei Meter breit und mit Geländer.

Als ich klein war, wurde ich natürlich über die Brücke getragen. Wir benutzten oft diesen Weg, um zu Oma oder zu Vaters Geburtshaus zu gelangen. Wahrscheinlich kannte ich diesen Weg gut. Ich war ungefähr vier Jahre alt, als ich einmal die Idee hatte, zu Oma zu laufen. Ein Mann beobachtete die heldenhafte Überquerung des Flusses des vierjährigen Kindes und fragte interessiert:

»Wohin gehst du, Mädchen?«

»Zu Oma.«

»Kennst du denn den Weg?«

»Einfach den Weg entlang, den Weg entlang«, antwortete ich.

Meine Heldentat zu vollbringen und selbstständig zu Oma zu gehen, wurde mir nicht erlaubt. Der Mann brachte mich nach Hause. Wo ich wohnte, wusste ich gut. Wir hatten ein unverwechselbares Tor, niemand sonst hatte so etwas. Es war hoch, breit und bestand aus zwei Flügeln. Die Tür im Tor besaß eine riesige Klinke, die ich nur schwer betätigen konnte, und war mit dunkelroter Farbe gestrichen. Als der Mann mich nach Hause brachte, erzählte er meinen Eltern von unserem Gespräch. Seit dieser Zeit hörte ich oft, wenn ich nicht zu sehen war: »Wo ist Den-Weg-entlang-den-Weg-entlang? Ist sie wieder zu Oma gegangen?«

Damals waren die Schwestern meiner Mutter fünfzehn (Nadja) und elf (Valja) Jahre alt. Sie lungerten häufig bei uns herum. Ich hörte oft von ihnen: »Na, den Weg entlang, den Weg entlang?« An den Fall selbst erinnere ich mich nicht, aber an die Neckerei. Als ich größer wurde, erzählte man mir, woher dieses »den Weg entlang, den Weg entlang« kam.

Eine weitere Neckerei blieb nach unserer Krimreise an mir hängen. Meine Mutter und ich waren dort mit Mutters Kollegin Maria Wikentjewna, ihrem Mann und ihrer Tochter Galinka. Ich erinnere mich nicht an die Reise. Aber Mutter erzählte oft davon, meist von Sevastopol, dem Meer und einem Gemälde, ein Kriegspanorama der Kämpfe um die Stadt aus den Zeiten des russisch-türkischen Krieges. Weil ich mich an all das nicht erinnern konnte, wollte ich mein Leben lang dieses Panorama sehen. Es wurde allerdings im Krieg vernichtet. Nach dem Krieg wurde ein neues über die Verteidigung von Sevastopol gegen die Faschisten gemalt. Man muss zugeben, dass die Stadt wirklich heldenhaft verteidigt und nicht von den Deutschen erobert wurde, obwohl sie schon eingeschlossen war. Ich habe keines dieser Panoramen gesehen. Und obwohl ich oft an der Schwarzmeerküste und auf der Krim war, durfte ich Sevastopol nicht besuchen. Nach dem Krieg wurde die Stadt zu einer Sperrzone.

Nach dem Zerfall der Sowjetunion verblieb laut Vertrag mit der Ukraine ein russischer Militärstützpunkt in Sevastopol. Neulich erzählte mir ein Mitglied der prorussischen »Partei der Regionen« angeberisch, dass sich die russische Kriegsmarine in Sevastopol sehr wohl fühle und dass die hiesigen Leute, die die Stadt immer gegen Feinde verteidigt haben, jetzt ihre Töchter in die Schule begleiten müssen, weil die russischen Marinesoldaten sonst ein Mädchen schnappen und straflos vergewaltigen könnten. Das hat gerade noch gefehlt!

Zurück zu unserer Krimreise. Wenn wir etwas Schönes sahen, schwärmten alle: »Oh, was für eine Stadt! Oh, was für ein Schiff!«, und ich stellte ernst fest: »Das ist meins.« Wenn etwas nicht gefiel, sagten alle: »Oh, wie hässlich ist dieser Schleppkahn! Oh, das ist aber gar nicht schön!«, dann antwortete ich: »Das gehört Galinka.«

Im Alter von vier Jahren teilte ich die Welt in zwei Hälften auf: Alles Gute musste mir gehören, alles Schlechte konnte irgendwer anders haben, zum Beispiel Galinka. Wie naiv war ich als Kind! Später war dann alles umgekehrt. Das Beste bekamen die anderen, und das Schlechte erwischte mich.

Aber im Laufe des Lebens habe ich begriffen: Auch wenn mir das Gute leider nicht gehört, muss ich darum kämpfen und das Schlechte von mir fernhalten. Der Slogan »Das ist meins!« war eine Andeutung meines besitzergreifenden Charakters. Ich finde, es ist auch etwas Positives daran, nämlich der Wunsch, sich mit schönen Sachen zu umgeben. Ich finde diesen Charakterzug gar nicht so schlecht.

Auf jeden Fall war ich kontaktfreudig, pflegeleicht und nicht gierig. Die Menschen mochten mich meistens. Und ich verliebte mich in die Natur. Als ich noch klein war, konnte ich stundenlang am Ende unseres Hofes am Flussufer sitzen und die wechselnde Oberfläche des Wassers und die windgebeugten Büsche beobachten. Auf dem gegenüberliegenden Ufer, weiter am Strom entlang, wuchsen viele großen Bäume. Irgendwann bog der Fluss ab und verschwand im Grünen. Das war malerisch. In Gedanken rahmte ich dieses Bild. Schade, dass ich damals nicht wusste, dass man das auch malen könnte. Später, in den letzten Schuljahren, malte ich häufig gerade diesen Fluss, das Grün, den Himmel. Leider blieb mir nichts davon, weil ich alles verschenkt habe.

Damals wurde ich angehimmelt. Es hieß, ich sei ein hübsches Kind mit den blonden Locken, riesigen blauen Augen und schönen Kleidern, die meine Mutter mir nähte, Schürzen und Kragen. Einmal trafen Mutter und ich Wasja Siora, der von meiner Schönheit beeindruckt war. Damals war er mit einer nichtsnutzigen, aber hübschen Frau verheiratet. Seine Tochter (die seiner Meinung nach wie ein schwarzer Rabe aussah) war allerdings eine derartige Schönheit, dass ich ihr nicht das Wasser reichen konnte. Sie trug übrigens den gleichen Namen wie ich. Ich weiß nicht aus welchen Gründen, aber viele Mädchen trugen ihn damals.

Mutter erzählte mir, sie hatten drei Namen zur Auswahl: Albina, Elkissina und Agnessa. Gott sei Dank wählten sie den letzten. Ich weiß nicht, warum, aber der Name Albina erinnert mich immer an einen Zirkus. Und obwohl er ungewöhnlich ist, mag ich ihn nicht besonders: Albina – Colombina. Der zweite Name ist überhaupt ein Albtraum: Elkisina – Apfelsine. Der letzte, Agnessa (die Reine), war doch schön (obwohl ein Studienkamerad, Sascha Wasserfierer, mich immer »Agnessa–Agressor« nannte). Ein bisschen hart und großspurig, verlangte er von dem Menschen, der ihn trug, etwas Besonderes. Aus dem Kreis meiner Kameraden aus der Kirche kannte ich noch eine Agnessa, Agnessa Kirillowa. Am besten passte Agnessa Siora zu diesem Namen, doch aus irgendwelchen Gründen nannten sie alle Assja.

Ich weiß nicht, wie ich mit diesem Namen für die anderen aussah, aber ich lebte damit ein bisschen unbequem. Wenn die Leute meinen Namen hörten, erwarteten sie etwas Erhabenes, dabei war ich bloß ein hübsches, lustiges, energisches, normales Mädchen und später eine normale Frau. Ich war nicht besonders klug, dumm allerdings auch nicht. Und obwohl ich mit der Zeit feststellte, dass ich einen starken Willen besaß, merkte das damals keiner.

In der Kindheit nannte man mich Nessa oder Nesja. In der Schule, in der Hochschule und auf der Arbeit war ich Agnessa oder Agnessa Nikolajewna. Als ich heiratete, fing mein Mann, dessen erste Liebe Assja Siora gewesen war, an, mich Assja zu nennen. Eine Zeit lang arbeiteten wir zusammen, und seinetwegen wurde ich auf der Arbeit auch Assja genannt. Ich mochte diesen Namen nicht, duldete ihn aber vierundzwanzig Jahre.

Zu Agnessa Kirillowa hingegen passte der Name gar nicht. Sie war klein, mit krummen Beinen, nicht sonderlich hübsch und vielleicht aus diesem Grund nicht gesellig. Ganz anders ihre Schwester, ein großes, hübsches Mädchen, mit dem man sich angenehm unterhalten konnte. Sie hieß Lyda. Ich war immer auf solch einfache Namen neidisch.

Die Geschichte des Namens Agnessa (Agnes) reicht bis in die Jahre der ersten Christen zurück. Die Römer, die die Christin Agnessa erniedrigen wollten, rissen ihr vor den Augen des Volkes die Kleider herunter, aber Gott sorgte dafür, dass ihre Haare bis zum Boden wuchsen und ihre Nacktheit bedeckten. In Rom gibt es ein paar Kirchen, die den Namen der Heiligen Agnessa tragen. Eine steht auf dem Platz, auf dem sie der Legende nach hingerichtet wurde. Eine weitere Kirche der Heiligen Agnessa sah ich in Venedig.

Wie gesagt wurde ich in der Kindheit Nessa genannt und war ziemlich scharfzüngig. Einmal zog mir Nadja Schuhe an, und ich machte Quatsch und wackelte mit den Beinen. Da sagte sie: »Du bist so eine Baronessa!« Und ich reagierte sofort: »Und du bist Baran-Nadja (Baran = Hammel).«

Vor dem Krieg wurden wir oft von Juden besucht. Zu Anfang, als die Genossenschaft noch produzierte, besuchten sie meinen Vater (Lieferungen, Bestellungen). Die Juden sind ein Volk mit Geschäftssinn. Später haben sie meine Mutter besucht, wahrscheinlich waren die alten Verbindungen noch fest. Einmal sagte so ein Besucher nach einer Diskussion mit mir lächelnd, dass ich klug sei. Und ich habe ihn in reinem Ukrainisch gefragt: »Sind mein Vater oder meine Mutter etwa nicht klug?«, sodass das letzte Wort meins war. Später sagte er aufgebracht zu meiner Mutter: »Was für ein Kind! Was für ein Kind!«

Mein Vater war wirklich von Geburt an nicht dumm. Obwohl Analphabet führte er die Genossenschaft mit leichter Hand. Er machte die Buchhaltung selbst und jonglierte mit großen Zahlen. Nach einer eigenen Methode konnte er dreistellige Zahlen im Kopf multiplizieren. Mutter überprüfte es mehrmals auf dem Papier, er lag nie falsch. Onkel Andrej, Mutters Bruder, schwärmte ständig von ihm, lernte mit ihm und sagte ihm eine große Zukunft voraus. Aber die Verwandten nervten ihn mit ihren Scherzen: »Na, Schüler, wie geht's?«, und so brach er das Lernen ab. Schade!

Glücksspiele waren in diesen Jahren verboten, und die Spielgeschäfte gingen in die Illegalität. Mein Vater kannte sie alle in der Stadt, und als er seine Leidenschaft zum Kartenspiel entdeckte, vergeudete er Tage und Nächte in den geheimen Spielhöllen. Ich weiß nicht, wie Mutter den Ort entdeckte, an dem Vater spielte, jedenfalls ging sie einmal dorthin und sagte, dass sie sich als Einsatz ins Spiel bringe. Wer gewinne, könne sie haben. Das war so eine Schande für meinen Vater, dass seine Spielsucht sofort endete.

7

Obwohl die NEP noch blühte, blühte im Land auch die Arbeitslosigkeit. Meine Mutter war umgänglich und hatte keine Feinde, so schien es zumindest. Aber die Aktivistinnen in diesen Jahren waren so erpicht darauf, etwas zu finden, dass in der Zeitung »Arbeit« ein Artikel erschien, darin hieß es, dass in der Eisenbahnpoliklinik eine Frau Rodinowa arbeite, deren Mann, der Besitzer der Genossenschaft, das große Geld mache. Und dass Madam ihren Verdienst nur für Haarnadeln ausgebe. Mutter hatte wirklich einen schönen Zopf, den sie mit einer Anzahl Haarnadeln um den Kopf legte. Am nächsten Tag nahm sie Vater mit zum Standesamt, dort ließen sie sich scheiden. Mutter hieß wieder Nerubenko, wie vor ihrer Heirat, und so konnte man ihr nicht mehr kündigen. In jenen Jahren konnte man nach dem Motto »Freiheit für alle« heute für 5 Rubel heiraten und sich morgen für 5 Rubel scheiden lassen.

Ja, zu heiraten oder sich scheiden zu lassen, war leicht. Aber die angebliche Freiheit war ein Bluff. Ich weiß nicht, ob die Kommunisten ihre Ordnung damals noch mit der Tscheka (Spezielle Kommission, die noch von Lenin angeordnet wurde) hielten oder schon mit dem NKWD (Volkskommissariat für innere Angelegenheiten). Dass jeder, der einen politischen Witz erzählte, acht Jahre Lager in Sibirien riskierte, ist allerdings eine Tatsache. Meine Eltern kannten viele Leute, die wegen ihres losen Mundwerks verhaftet wurden. Aber obwohl Autos durch die Städte und Dörfer fuhren, in denen Andersdenkende verschwanden, meistens für immer, konnte man nicht das ganze Volk zwingen, den Mund zu halten.

Deshalb sang ich einmal, von der Straße kommend, meinen Eltern ein Lied: »Der Dampfer fährt, die Wellen rollen auf dem Wasser, und wir werden die Komsomolzen an die Fische verfüttern.« (Komsomol war die kommunistische Jugendorganisation) Vater war entsetzt: »Willst du, dass ich dich sehe und du mich nicht?« Und er machte mit den Fingern ein Gitter, also ein Gefängnisfenster. Ich war damals klein, etwa fünf oder sechs Jahre alt, aber Vaters Worte machten mir angst. Ich wurde vorsichtiger und begriff, dass ich nicht alles, was ich hörte, laut wiederholen durfte. Als ich größer wurde und uns in der Schule ständig erzählt wurde, in welch einem schönen Land wir lebten und dass in keinem kapitalistischen Land so eine Meinungsfreiheit herrschte wie bei uns, erinnerte ich mich an dieses Lied.

Zu dieser Zeit brachte mir vieles im Leben bei, listig zu sein. Deshalb fragte ich niemanden etwas, hörte aber begierig den Gesprächen der Erwachsenen zu. Und ich erinnere mich, dass mich die Frage brennend interessierte: Was für eine Meinungsfreiheit soll das sein, wenn man dich für einen Witz oder ein Lied in den Knast schicken kann? Wesentlich später fand ich entweder in der Verfassung oder in der Geschichte der Kommunistischen Partei diese Definition der Meinungsfreiheit: »Die Bürger der UdSSR haben volle Meinungsfreiheit im Interesse des Staates.« Das erklärte alles. Menschen, die politische Witze erzählten oder, noch schlimmer, antisowjetische Lieder sangen, Dichter und Schriftsteller, die einen Unpassenden lobten, Ärzte, die nach alten Methoden heilten, Lehrer, die versuchten, die Schüler so gut, wie in den zaristischen Zeiten zu unterrichten, und viele andere, die nicht mit dem Strom schwammen, all diese Leute wurden nach diesem Artikel verurteilt und zu Volksfeinden erklärt. Man durfte die Meinungsfreiheit nicht gegen die Interessen des Staates verwenden.

Ich glaube, ich war nicht die Einzige, die in dieser Welt der Doppelmoral aufwuchs. In der Schule wurde das eine erzählt, zu Hause und auf der Straße etwas anderes. Die Ideologen des Sozialismus und Kommunismus, insbesondere der Genosse Stalin, die im Kreml saßen und dort nicht schlechter lebten als die Zaren, schufen sich mit Hilfe der Organisationen der Oktoberkinder (benannt nach dem Monat der Revolution), Pioniere und Komsomolzen treue Kader. Und in jedem Betrieb gab es eine Parteiorganisation.

Einmal, als ich zu Oma kam, zeigte ich stolz einen Stern auf meiner Brust und erklärte, dass ich jetzt ein Oktoberkind sei. Oma schüttelte traurig den Kopf und sagte: »Schatz, ich werde nicht so lange leben, aber du wirst noch erfahren, wer Lenin und Stalin waren und was die Oktoberrevolution war.« Damals verstand ich das nicht, aber ich merkte mir alles. Ich mochte Oma und vertraute ihr. Doch damals konnte ich mir nicht vorstellen, wie recht sie hatte.

In die Organisation der Oktoberkinder bin ich in den ersten Schuljahren geraten. Vorher wollte ich so gern einen Kindergarten besuchen! Die Idee, Kitas zu organisieren, kam unseren Führern nicht ohne Grund. Erstens wurden die Frauen für die Arbeit frei, das Land brauchte ihre Hände. Es wurde doch immer mehr von der Industrialisierung des Landes gesprochen. Und zweitens war es wesentlich leichter, einer Gruppe von Kindern den Müll der kommunistischen Ideen in die Köpfe zu hämmern. Wie die Idee einer gemeinsamen Bettdecke, aus der später die Idee der Kolchosen hervorging.

Wie die Gehirnwäsche aussah, die damals für die Kinder verwendet wurde, weiß ich nicht. Aber als meine Kinder die Kita besuchten, gab es solche Gedichte: »Ich sitze auf einem Kirschbaum und kann mich nicht an den Kirschen satt essen, Onkel Stalin (oder Lenin, egal) sagt, ich muss der Mutter gehorchen.« Einfach und genial! Der Mutter muss man nicht deshalb gehorchen, weil sie die Mutter ist, weil sie erwachsen und klüger ist als du, sondern, weil Onkel Stalin es so gesagt hat. Und Punkt. Einen Schritt nach rechts oder links abgewichen – Erschießung. Dieses blöde Gedicht blieb mir das ganze Leben im Kopf.

Mit der Kita hat es leider nicht geklappt. Um es genau zu sagen, den Kindergarten, der gegenüber der Poliklinik stand, in der Mutter gearbeitet hat, besuchte ich drei Tage. Ich hatte nicht viele Haare auf dem Kopf, vielleicht gerade genug für zwei kleine Zöpfe, und sie waren nicht sehr dicht. Aber in der Kita wurde verlangt, auch diesen »Reichtum« nicht einfach zu schneiden, sondern kahl zu rasieren. Das war die Methode, einem Kind seine Individualität zu rauben. Die kahl rasierten Köpfe machten alle Kinder gleich. Mama brachte mich nicht mehr dorthin. Ich war lange wütend auf sie, aber später habe ich sie verstanden. Sie hat richtig gehandelt. Meine Kinder wuchsen in Kitas auf, weil ich eine arbeitende Mutter war. Und auch wenn man ihnen dort blöde Ideen in die Köpfe pflanzte, wurden sie groß und hatten genug Verstand, um zu verstehen, was richtig ist und was falsch. Nur dass sie man dort manchmal kränkte, tut mir leid. Ich bin der festen Ansicht, dass Kinder zu Hause, bei der Mutter aufwachsen sollten.

8

Ja, ich habe die Kita nicht besucht, aber auch bei Mama wuchs ich nicht auf. Sie arbeitete immer und hatte zwei, manchmal zweieinhalb Stellen. Sie musste oft zur Nachtschicht, und ich lungerte meist bei Oma herum. Als ich fünf Jahre alt war, starb Opa. Er arbeitete als Zugbegleiter in den Fernzügen. Wenn er aus der Kleinstadt Bachmatsch zurückkehrte, brachte er immer Äpfel mit, die waren dort wesentlich billiger. Ich erinnere mich gut an die Sorte »Antonowka«, große gelbe Äpfel, stark duftend und süß-sauer.

Also, an diesem unglücklichen Tag reiste in Opas Wagen eine Nachbarin mit, Frau Loboda. Wie Augenzeugen erzählten, lief sie ständig zu Opa, um ihn daran zu erinnern, einen Sack Äpfel am Park, an dem sie lebte, hinauszuwerfen. Diesen Sack sollten dann ihr Mann und ihr Sohn abholen. Ich glaube, sie wollten diese Äpfel verkaufen. Jetzt nennt man das ein Geschäft, damals nannte man es Spekulation, und am Bahnhof konnte die Polizei die Äpfel als spekulative Ware beschlagnahmen.

Zu der Zeit war die Eisenbahn nicht elektrifiziert, und die Signale waren nicht mit rotem, gelbem und grünem Licht ausgestattet, also als Lichtsignale. Ein Formsignal war ein hoher Mast aus Metall, oben befand sich ein Schild. Auf einer Seite war es länger, und am Ende besaß es eine flache rote Scheibe, groß wie ein Teller. Am anderen Ende war ein Draht befestigt, der dann durch Rollen zu einem Hebelstellwerk lief. Das Signal wurde von einem Dispatcher gesteuert. Das Schild hatte zwei Stellungen: 45 Grad – der Weg ist frei, waagerecht – der Weg ist gesperrt. Die Formsignale standen gewöhnlich an Einfahrt und Ausfahrt der Bahnstation, deshalb befand sich die Schaltzentrale in der Mitte. Entlang der Station gab es viele Pfosten, weil die beweglichen Drähte nicht durchhängen durften.

Die Äpfel musste man zwischen den Pfosten hinauswerfen. Ich glaube, Opa hat das oft gemacht. Aber dieses Mal lief alles anders. Der Sack traf den Pfosten und stieß Opa von der Wagenplattform, und der nächste Pfosten spaltete Opas Schädel. Er fiel nicht weit vom Sack mit Äpfeln zu Boden. Der Mann und der Sohn der Nachbarin sahen es und schleppten hastig den Sack nach Hause, ohne jemandem etwas zu sagen. Nach und nach kamen die Gaffer. Keiner erkannte Opa wegen der Kopfverletzung. Um diese Zeit kam sein Sohn Andrej von der Technischen Schule nach Hause und wollte herausfinden, warum sich da ein Menschenauflauf versammelte, und erkannte in dem Toten seinen Vater. Am nächsten Tag hatte Andrej Geburtstag. Nadja kam mit dem Schrei »Oh Mami!« nach Hause. Meine Mutter fragte, was mit ihrer Mutter passiert sei, denn sie war gerade krank, das Gesicht war geschwollen, und sie hatte Fieber. Aber mit Oma war alles in Ordnung, Opa war tot.

Die Straße, an der Opas Hof lag, war nach dem Durchqueren der Schtschorsstraße ziemlich schmal. Ich erinnere mich deutlich an den Moment, als der Sarg mit Opa in dieser Straße verschwand. Er wurde auf den Schultern getragen, die Leute zwängten sich buchstäblich hindurch, es waren viele. Ein Fremder nahm mich auf die Schultern, aber ich sah meine Verwandten nicht und begann zu weinen. Da gab mir jemand eine Papiermühle in die Hände, die an einem Stock befestigt war. Ich war sofort zufrieden. Wenn ich die Mühle durch die Luft bewegte, drehte sie sich mit einem lauten Geräusch, das fand ich interessant.

Der Friedhof war nah, etwa drei Häuserblocks entfernt, dort holten mich die Verwandten ab. An alles Weitere erinnere ich mich nicht, das wurde mir erzählt. Irgendjemand wollte, dass ich von Opa Abschied nähme, und damit die Papiermühle nicht störte, wurde sie mir weggenommen. Ich begann zu schreien, nicht wegen Opa, sondern wegen der Mühle. Als ich größer wurde und man mir das erzählte, fühlte ich mich schlecht. Und war böse auf den Erzählenden.

Während der NEP lebten nicht alle gut. Wer ein erfolgreiches Geschäft hatte, der lebte natürlich besser. Aber das einfache Volk, das vom Monatslohn lebte, darbte meistens. Jeder überlebte, so gut er konnte. Einer besuchte die Märkte der Nachbarsdörfer, kaufte billig ein, meist Lebensmittel, und verkaufte sie in der Stadt teurer. Ein anderer, wie beispielsweise meine Oma, kaufte dort einfach billig für die Familie ein. Trotz der Losung »Das Leben wird besser, das Leben wird fröhlicher!« wurde das Leben schlimmer und schlimmer.

Vorbei waren die Zeiten, als Opa eine Fuhre voll Wassermelonen nach Hause brachte. Sie wurden immer im Keller gelagert, und abends aßen wir sie, eine große Familie an einem großen Tisch sitzend. Die Melonen waren reif und süß. Ich bekam gigantische Stücke, konnte sie gerade noch in den Händen halten, sagte aber nie nein. Und als die Melone aufgegessen war, bekam ich noch das Mittelteil angeboten. Es war groß, rot, mit einer zuckrigen Schicht und ohne einen einzigen Samen. Ich begann zu weinen, weil ich es nicht mehr zu essen schaffte.

Die Zeiten des leckeren Brotes, das Oma selbst buk, waren auch vorbei. Schon am Abend vorher mixte Oma das Mehl in warmen Wasser mit Hefe und stellte den Teig an einen warmen Platz, um den Teig aufgehen zu lassen. Nachts wachte Opa auf und knetete den Teig. Einen Teig zu kneten, war schwierig und nichts für Oma. Morgens knetete sie ihn allerdings zum zweiten Mal selbst, schnitt ihn in Stücke und stellte ihn zum Backen in den Ofen. Alles schien so einfach, aber beim Backen gab es Geheimnisse, und meine Oma kannte sie alle. Ihr Brot war immer hoch und sehr lecker. Nicht jeder konnte ein solches Brot backen.

Einmal wurde eine Nachbarin krank. Sie hatte auch viele Kinder, genau wie Oma. Mit dem Kleinsten, Tolik Kizenko, besuchte ich später die Schule. Der Nachbar fragte Oma, ob sie auch für sie Brot backen könnte. Sie tat, worum er sie bat. Zwei Tage später kam er wieder und sagte: »Stepanowna, bitte back noch einmal Brot für uns, aber nicht so leckeres. Die Kinder haben alles in zwei Tagen aufgegessen, dabei muss es doch für die ganze Woche reichen!«

Ich erinnere mich auch an die Zeiten, als ich mit Vater in die Stadt ging. An jeder Ecke stand ein Mann mit einem Bauchladen um den Hals. Darin befanden sich Töpfe mit verschiedenen Eissorten. Der Verkäufer hatte auch ein paar Gussformen. Auf deren Boden legte er eine runde Waffel, dann füllte er die Form mit einem Löffel voll Eis. Die zweite Waffel kam hinein, anschließend presste er den Schatz mit einem Kolben raus. Die Gussformen hatten verschiedene Größen. Eine Portion kostete 20, 40 oder 50 Kopeken, soweit ich mich erinnere. Vater kaufte mir immer das größte Eis. So schlenderten wir durch die Stadt von einem Eisstand zum anderen. Mit Mutter in die Stadt zu gehen, machte mir keinen Spaß, sie kaufte mir nie etwas. Und in die Stadt zu gehen, war weit und deshalb mühsam.

All das war nun vorbei, auch Opa gab es nicht mehr. Es wurde eine Untersuchung über die Umstände seines Todes durchgeführt und entschieden, dass er in eine Spekulation mit den Äpfeln verwickelt war, obwohl sie ihm doch gar nicht gehörten. Und niemand half Oma. Der älteste Sohn Petja lebte damals schon in Leningrad, also blieben nur Wolodja und Andrej, die die Technische Schule besuchten, außerdem Nadja und Valja, die noch zur Schule gingen. Die Kleinste, Valja, war elf Jahre alt. Wolodja und Andrei verdienten sich als Heizer auf den Dampfloks etwas dazu. Die Familie blieb ohne Ernährer, aber man musste irgendwie überleben. Oma pendelte zwischen den Märkten der Nachbardörfer hin und her auf der Suche nach billigen Lebensmitteln.

Im Land war der Kampf gegen die Spekulation in vollem Gang. Von der Straße brachte ich ein Lied mit: »Spekulant, Spekulant, wohin gehst du? Nach Globino, um Melasse zu holen, weißt du das nicht?«

Globino, Sentscha, Potoki, Galeschtschina, diese Namen erklangen zu Hause ständig. Zum Glück hatte Oma dank der Kirche überall Bekannte, denn sie kehrte nachts oft nicht nach Hause zurück. Weil meine Mutter ständig auf der Arbeit war, wohnte ich öfter bei Oma als bei ihr, und in den Tagen, an denen Oma auf dem Markt blieb, kommandierten mich sogenannte Onkel und Tanten herum, das gefiel mir gar nicht.

9

1929 ging zu Ende. Die NEP wurde langsam abgewickelt. Es entstand das Wort Kollektivierung. Irgendwo in den Werken von Lenin wurde das Zitat ausgegraben: »Die kleinen Betriebe kommen aus der Not nicht heraus.« Deshalb wurden die kleinen Genossenschaften zu größeren Betrieben vereinigt. Wie ich schon erzählte, machte mein Vater die Buchhaltung selbst. Dann kam aus einer ähnlichen Genossenschaft ein Buchhalter und erzählte das Märchen, er habe sich mit der Führung verzankt und suche Arbeit beim Vater. Mama warnte Papa, dass die Juden aus dieser Genossenschaft etwas im Schilde führten, aber Papa hörte nicht auf sie, was er später sehr bereute.

Die Ereignisse entwickelten sich schnell. Es wurde eine Entscheidung getroffen, von wem, weiß ich nicht, dass Papas Genossenschaft, die technisch gut ausgerüstet war, von der Genossenschaft, aus der dieser Buchhalter kam und in der noch alles per Hand gemacht wurde, übernommen wird. Die Revisionen wurden meist in Papas Abwesenheit in der Stadt durchgeführt. Ich weiß nicht, welche Rolle der Buchhalter spielte, den Vater einstellte. Aber obwohl nichts in der Kasse fehlte, sondern über zwei Rubel zu viel waren, wurde Vater der Misswirtschaft bezichtigt und musste ins Gefängnis. Urteil: zwei Jahre plus Einziehung des Vermögens. Im Gefängnis in der Stadt, wo alle ihn als ehrbaren Menschen kannten, wollte er nicht sitzen und bat darum, ihn in die Verbannung zu schicken. Und so wurde er in die Wälder bei Archangelsk zu Holzbeschaffungsarbeiten geschickt.

Schon einen Tag nach der Verhaftung wurde Mutter bei ihrer Rückkehr von der Arbeit am Hauseingang von den Inhabern jener Genossenschaft, die Papas Genossenschaft geschluckt hatte, empfangen. Sie forderten sie auf, ihre persönlichen Sachen und das Kind mitzunehmen und das Haus zu verlassen. Mutter schlug ihnen eine andere Variante vor: Sie sollten auf der Stelle das Haus verlassen, andernfalls würde Mutter sie rauswerfen. Und die Ausrüstung und die Materialien könnten sie abholen, wenn sie für sie Zeit hätte, am Wochenende eben. Damals hatte man eine Fünf-Tage-Woche: Fünf Tage musste man arbeiten, der sechste war frei.

Die Konkurrenten waren schockiert: »Ihr Mann wurde nach einem entsprechendem Artikel verurteilt, mitsamt Einziehung des Vermögens.« – »Ich habe keinen Mann.« – »Und wer ist Rodinow, Nikolaj Michailowitsch?« – »Ein Liebhaber und ein Mieter. Ich habe das Grundstück vom Staat gepachtet, und alles, was hier steht: das Haus, die Werkstatt, der Schuppen, sogar die Toilette gehört mir. Und diesem Rodinow gehört vielleicht ein Koffer mit Kleidung.« Arme Geschäftsleute, ihre Empörung war grenzenlos. Sie konnten es nicht fassen, dass die Madam sie, die sich so klug dünkten, reingelegt hatte.

10

Mit der Verhaftung des Vaters hörte die Genossenschaft auf zu existieren. Im Hof wurde es ruhig, leer, und die Mutter konnte mich nicht mehr allein lassen, wenn sie zur Arbeit ging, ich war noch zu klein. Deshalb verbrachte ich die Tage meist bei Oma. Wenn Mutter Nachtschicht hatte, übernachtete ich auch dort. Meine schöne Kindheit, in der ich immer gut gekleidet, satt und von Liebe und Aufmerksamkeit umringt war und in der wir immer viele Leute zu Gast hatten, war plötzlich vorbei. Und mein Leben fing an, sich in ein Leben vom hässlichen Entlein zu verwandeln, das nur von den Faulen nicht gehänselt wurde.

Omas Familie wurde kleiner. Opa war nicht mehr da. Onkel Petja war wegen seines Studiums fort, aber er kam einmal nach Hause, vielleicht zu Opas Beerdigung. Leider verbinde ich mit ihm unangenehme Erinnerungen. Wir saßen am Tisch, alle redeten, und ich saß auf Onkels Schoß. Ich interessierte mich sehr für seine Pfeife, und er gab sie mir zum Spielen, nachdem er die Asche ausgeklopft hatte. Die Pfeife war aus schönem Holz, man konnte sie auseinanderschrauben. Sie roch berauschend. Ich schraubte sie zusammen, dann wieder auseinander und roch dabei immer wieder an ihr, bis ich sie kaputt machte. Das zuzugeben, hatte ich nicht den Mut. Heimlich legte ich die Pfeife auf den Tisch und wollte plötzlich dringend schlafen gehen. Ich erinnere mich noch gut an meine Angst nach dieser Tat. Komisch, viele gute und schlechte Taten in meinem Leben habe ich vergessen, aber an diese erinnere ich mich. Vielleicht, weil nicht zugelassen wurde, dass ich es vergesse. Ständig wurde ich daran erinnert. Zum Beispiel, wenn ich etwas auseinandernahm, um zu verstehen, wie es funktionierte. Immer gab es jemanden, der fragte, wie es mir ginge und ob ich nicht schlafen gehen wollte. Das war eine Anspielung auf die zerbrochene Pfeife.

Ja, wenn es galt, etwas zu erforschen und zu zerbrechen, war ich Meisterin. Einmal, als Papa noch zu Hause lebte, brachte er mir einen Spielzeugelefanten mit. Er war aus Pappe und etwa fünfundzwanzig Zentimeter groß. Aber ich war damals klein, deshalb erschien er mir riesig. Der Elefant wurde auf den Tisch gestellt, ich berührte seinen Kopf mit dem Finger, und er nickte plötzlich. Ich war erschrocken und wollte lange nicht mehr in seine Nähe kommen. Nachdem sie mit dem Elefanten gespielt hatten, gingen die Erwachsenen ins Esszimmer, und ich blieb mit dem Elefanten allein zurück. Unsere Zweisamkeit währte nicht lange. Die Erwachsenen waren noch am Tisch, als ich mit einem auseinandergenommenen Elefanten zu ihnen kam. In einer Hand hatte ich den Körper, in der anderen den Kopf. Dabei erklärte ich, dass man keine Angst vor den Elefanten haben müsse, sein Kopf sei mit einem Haken aus Draht befestigt. Was ein Draht war, wusste ich, wir hatten eine Menge davon auf dem Hof.

Und noch ein Spielzeug habe ich im Gedächtnis, eine Puppe. Papa brachte sie aus Odessa mit. Wir nannten sie auch so: Odesska. Die Puppe war schön, sie konnte die Augen schließen, wenn man sie hinlegte, und öffnen, wenn man sie aufrecht stellte. Ich weiß nicht, wie lange die Puppe bei mir in intaktem Zustand überlebte, ich erinnere mich nur, dass ich einmal an ihrem Nacken einen kleinen Kreis aus Papier oder Stoff entdeckte. Irgendwann war er verschwunden, ich weiß nicht, wann und warum. Aber ich erinnere mich gut an diese Puppe mit einem Loch im Kopf. Durch das Loch konnte man zwei Finger hineinschieben, ihre Augen aus den Haken lösen und sogar aus dem Kopf herausnehmen. Tja, Neugier ist keine Sünde, sondern eine große Schweinerei.

Außerdem erinnere ich mich, dass ich einen Bären hatte. Er konnte die Pfoten bewegen, und mich interessierte sehr, wie das bewerkstelligt wurde. Aber er blieb lange heil bei mir. Erst als ich größer war, nahm ich die Verbindung zwischen Pfote und Körper auseinander und sah die mit Draht verbundenen Ringe aus Holzspan in der Pfote und im Körper. Eine Weile quälte mich die Frage, wie es möglich war, in den zugenähten Pfoten und am Körper Drähte zu befestigen. Später, als ich schon nähen konnte, verstand ich, dass an den Pfoten und im Körper Löcher gelassen wurden, dadurch wurden die Drähte im Inneren befestigt. Anschließend nähte man die Löcher so sorgfältig zu, als wäre alles von innen genäht worden.

Zu nähen und zu sticken lernte ich früh. In unserem Zimmer stand eine Kommode, oben mit zwei kleinen Schubladen nebeneinander und unten mit drei großen untereinander. In den großen lag Unterwäsche und Bettwäsche. Auf die Ordnung konnte man nicht besonders stolz sein. Und was die kleinen Schubladen anging, das war überhaupt eine Katastrophe. In einer Schublade lagen Papiere, Dokumente, Briefe, Bleistifte, Federhalter und Wer-weiß-was noch. In der anderen lagen Zwirn, irgendwelche Lappen und Mamas selbstgemachte Stickmuster. Manchmal lagen dort auch eine Schere, ein Fingerhut und mehr. Es gab Zwirn in allen Formen: auf Rollen, in Knäueln, den Seidenzwirn auf Papierröhrchen. Zudem waren die Fäden in verschiedener Länge, verschiedenen Farben und verschieden dick, alles durcheinander.

Mein ganzes Leben habe ich in diesem Haus versucht, Ordnung zu schaffen. Vergeblich. Vielleicht hatte ich nicht genug Geduld. Während des Umzugs von Krementschuk nach Kiew ging dieser Klumpen aus Fäden verloren. Ich wunderte mich oft, wie Mutter es schaffte, immer wieder die Muster aus diesem Chaos herauszufischen, die sie gerade brauchte. Die Steppnähte und Stickereien dieser Muster waren so akkurat gemacht, dass ich nicht glauben konnte, dass meine Mutter dies im Alter von sechzehn Jahren angefertigt hatte. Sie nähte nicht nur für sich selbst, mich und Verwandte, sie nahm manchmal auch Bestellungen an. Einmal nähte Mama ein Kleid für Nadja, die darin zur Arbeit ging. Zuerst merkte niemand etwas. Aber bei näherer Betrachtung stellte man fest, dass Nadja das Kleid verkehrt herum angezogen hatte. Es war so akkurat genäht, dass es zunächst niemand bemerkte.

Im Alter von fünf oder sechs Jahren stocherte ich schon mit der Nadel herum und versuchte vergeblich, Mamas Muster nachzumachen. Trotzdem kannte ich mit sieben Jahren alle Steppnähte und konnte alle Grundarten von Stickereien sticken. Und mit vierzehn konnte ich mir bereits ein Kleid nähen. Unsere Nähmaschine »Singer« hatte übrigens auch eine Schublade, in der das gleiche Chaos wie in der Kommode herrschte. Dort lag auch alles durcheinander: die Schere, die Fingerhüte, die Spulen. In meiner Erinnerung sucht Mutter immer die Schere. Sie konnte überall sein: in der Schublade der Nähmaschine, in den Schubladen der Kommode, auf der Kommode, auf einem der unzähligen Fenstersimse, auf dem Tisch im

Esszimmer und sogar auf dem Bett im Schlafzimmer. Das gleiche konnte man über die Fingerhüte sagen. Von denen gab es viele, und sie lagen überall herum.

Deshalb habe ich wahrscheinlich das unglaubliche Theater behalten, als Vater einmal betrunken nach Hause kam und Mutter eifersüchtig fragte, wo sich ihr »Bachur« (Liebhaber) versteckte. Damals kannte ich dieses Wort nicht. Mutter antwortete: im Fingerhut. Und was geschah dann? Vater schüttete den Inhalt der Schubladen mit Zwirn, Papieren, Wäsche auf dem Fußboden aus, verschob Blumentöpfe auf den Fenstersimsen, schüttelte die Tischdecke und die Bettdecke. Er fand Fingerhüte, aber der »Bachur« war nicht darin. Das war vermutlich lustig, doch ich hatte Angst. Was würde geschehen, wenn Papa in einem der Fingerhüte den »Bachur« fände? Was würde er dann mit ihm machen? Wahrscheinlich würde er ihn töten. Die ganze Absurdität dieser Komödie verstand ich erst, als ich größer wurde, aber damals? Erwachsene dürfen nicht so einen Zirkus vor den Kinder aufführen. Als ich die ganze Dummheit der Geschehnisse verstand, verlor ich einen Teil meines Respekts vor Vater und Mutter.

Manchmal beeinflussen die komischen und unlogischen Handlungen der Erwachsenen dein künftiges Verhalten. Die ewige Suche nach der Schere, die unglaubliche Unordnung in den Schubladen, obwohl es im Haus immer sauber war und in den Zimmer kein Sperrmüll stand, beeinflussten mein Leben so: Ich wische nicht ständig Staub, ich sauge nicht jeden Tag, und ich wische auch nicht jeden Tag den Fußboden. Früher hatte ich keine Zeit, jetzt habe ich keine Kraft. Aber alle Sachen in meinem Haus, die unglückselige Schere eingeschlossen, haben ihren eigenen Platz. Ich lege die Sachen immer an ihren Platz. Manche befinden sich dort jahrelang. Ich könnte alles, was ich brauche, nachts mit geschlossenen Augen finden. Und es fuchst mich, wenn irgendwer meine Sachen nicht auf ihren definierten Platz legt. Ich suche nie etwas, weil ich immer weiß, wo bei mir etwas liegt.

Eigentlich ist das seltsam, weil ich zu Hause nie meinen eigenen Platz hatte. Ich kann mich nicht einmal erinnern, wo mein Spielzeug lag, wahrscheinlich verstreut im ganzen Haus. Bei Oma hatte ich überhaupt keinen Platz, ich irrte dort zwischen den Beinen der Erwachsenen herum. Als ob das nicht genug wäre, übernachteten viele Bekannte aus der Kirche, die nicht in der Stadt wohnten, bei Oma, weil ihr Haus in der Nähe des Bahnhofs lag. Oma war gutmütig und sagte nie nein. Ich kann überhaupt nicht begreifen, wie dieses Haus, das dreißig Quadratmeter maß, so vielen Leuten Platz bot. Also welchen eigenen Platz konnte ich dort schon haben?

Es ist schwer nachzuvollziehen, wie sich die Umwelt auf deine zukünftige Gewohnheiten auswirkt. Wer weißt das schon? Aber was man erwähnen muss: Trotz der vielen Besucher war Omas Haus sauber, und überall herrschte Ordnung. Es gab keinen Streit, keine Geschrei. Die schlimmsten Schimpfwörter waren »Hund«, »Seuche« und »Parasit«. Und der Gipfel der Beschimpfung war »Teufel«. Wenn irgendwer mal so ein Wort benutzte, trat im Haus für lange Zeit Stille ein. Und daheim? Obwohl mein Vater oft betrunken war, schimpfte er nicht und erlaubte es auch anderen nicht. Deshalb lernte ich Schimpfwörter erst kennen, als ich in die Schule ging.

Noch etwas zu Omas Haus. Trotz der vielen Gästen war es dort nie eng. In meiner Erinnerung steht Oma immer am Herd. Und obwohl dieser Platz direkt vor der Zimmertür lag, störte sie niemanden. Anderen stand sie nie im Weg. Am Tisch, der am Fenster zwischen der Eingangstür und der Schlafzimmertür stand, saß immer irgendein Gast und trank gewöhnlich eine Tasse Tee. Eins muss man sagen: Niemandem wurde in Omas Haus Tee, Zucker und ein Stück Brot verweigert, auch in schwierigen Zeiten nicht.

11

Wolodja, der nach meinem Eindruck immer zu Hause war, war irgendwie unsichtbar. Man konnte ihn weder sehen noch hören. Gebeugt und im Schneidersitz saß er im Winter in irgendeiner Ecke im Schlafzimmer, im Sommer draußen und las ein Buch. Wolodja war schweigsam und menschenscheu. Ich hatte ein bisschen Angst vor ihm und mochte ihn nicht. Es wurde erzählt, dass er in der Kindheit Angst vor Schnee hatte. Alle haben heimlich über ihn gelacht. Wenn er damals im Winter nach draußen geschickt wurde, kehrte er rasch zurück und sagte ängstlich: »Dort liegt Schnee.« Er war nicht dumm, lernte gut, war fleißig. Aber sein ganzes Leben lang hatte er Angst vor den Vorgesetzten, Angst, Entscheidungen zu fällen, und konnte den Mädchen nicht den Hof machen. Deshalb brachte ihn sein Partner, mit dem er auf einer Lok als Assistent des Lokführers arbeitete, mit seiner Verwandten, einer Dörflerin namens Hascha zusammen, die er bald zu fürchten begann. Dank seiner nicht besonders klugen Frau (und das ist noch eine Untertreibung) beging er viele Fehler im Leben. Davon später mehr.

Der dritte von Omas Söhnen, Andrej, war ganz anders als Wolodja: tatkräftig, schnell, mutig. Er war schon lange Lokführer, als Wolodja noch als Assistent arbeitete. Dazu musste man damals wirklich Mut haben. In diesen Zeiten wurde die Eisenbahn als Militärobjekt eingestuft, und es wurden drakonische Gesetze erlassen, was den Service dieses Objekts betraf. Die eiserne Faust des Narkom (Volkskommissars), ich glaube damals war es Kaganowitsch, hing jedem im Nacken, der für die Eisenbahn arbeitete, das war eine unbestrittene Tatsache. Am Beginn jedes Bahnsteigs, wo die Lok hielt, stand ein Stock. Die Lok musste genau dort stoppen, egal, ob es sich um einen Passagier- oder einen Güterzug handelte. Wer den Stock verfehlte, auch nur um einen Zentimeter, bekam acht Jahre Haft. Einmal kam Andrej nach der Reise zurück und sagte, dass er sich seine acht Jahre verdient hätte. Alle warteten, ob irgendwer ihn verraten würde. Das Verfehlen der Zielmarke technisch zu registrieren, war damals noch nicht möglich, doch Denunzianten gab es genug. Das war nicht schwierig, man musste dem Vorgesetzten nur einen Brief schreiben, dass der und der das Ziel verfehlt hätte. Ich glaube, man musste den Brief nicht einmal unterschreiben.

Noch eine strenge Regel gab es, die ich kannte (und wie viele gab es, die ich nicht kannte!). Bei Oma in der Küche hing eine Kuckucksuhr. Unter dem Zifferblatt, das mit bunten Blumen bemalt war, befanden sich zwei Enden einer Kette. An einem Ende hing ein Gewicht. Durch dieses Gewicht, das immer tiefer sank, wurde der Mechanismus der Uhr angetrieben. Wenn das Gewicht unten angekommen war, konnte man es am anderen Ende der Kette wieder hochziehen. Die Uhr ging nicht besonders genau. Deshalb konnte man zu Hause oft hören: »Stell die Uhr richtig ein, der Zug aus Charkiw ist gerade vorbeigefahren.« Die Züge waren damals pünktlicher als die Uhr! Das war super, aber wie schwer war das für die Lokführer? Eine punktgenaue Ankunft ist eine nicht einfache Arbeit. Und Verspätung oder (noch schlimmer) eine zu frühe Ankunft wurde streng geahndet: Haft.

Onkel Andrej wurde nicht verraten. Er blieb so fröhlich wie eh und je. In seiner freien Zeit erledigte er irgendwelche Aufgaben für die Komsomol (die Kommunistische Jugendorganisation). In seinem Alter waren alle in der Komsomol, versuch mal, da nicht mitzumachen! Dann machst du keine Karriere, und im schlimmsten Fall kommst du auf die Liste der Volksfeinde. Er trieb Sport, spielte Basketball, nahm jede Arbeit an. Einmal nähte er sich sogar eine Turnhose, dabei machte er den Stoff kaputt, der doch so knapp war und den Mama für andere Zwecke brauchte. Aber das Wichtigste: Er war immer fröhlich. Schon in der Kindheit spielte er gern Streiche.

In Russland, was auch in der Ukraine bedeutete, weil die Ukraine immer unter der Knute Russlands stand, liefen von Zeit zu Zeit Experimente im Kampf gegen Trunksucht. Das letzte Mal, zur Zeit von Gorbatschow, brachte dieses Experiment der Krim und der Schwarzmeerküste die Vernichtung von seltenen Weinstöcken und die Verbreitung von Schwarzbrennereien ein. In der Kindheit von Onkel Andrej wurde auch experimentiert. Wodka wurde nur vom Staat verkauft. Er hieß »Kasjonka« und war teuer. Mit dem Wein gab es ebenfalls Probleme, deshalb machten die Familien aus Obst sogenannte »Naliwka«, und in den Branntwein warfen sie verschiedene Kräuter, das hieß dann »Subrowka«.

Meine Oma, die damals im Krassin-Haus lebte, hatte einen riesigen Korb, aus einer Rebe geflochten und mit einem Deckel versehen, der mit einem Holzstöckchen geschlossen wurde. In dem Korb standen große Flaschen mit breitem Hals, darin befand sich »Naliwka«. Besonders lecker war er aus Pflaumen und Kirschen. Damals gab es keine Kindergärten. Die Kinder wurden ohne Bedenken allein zu Hause gelassen, oft wurde sogar die Eingangstür nicht abgeschlossen. Einmal blieb Andrej allein zu Hause, und als Oma zurückkehrte, empfing sie ein herrliches Bild: Der Korb mit »Naliwka« stand in der Mitte des Zimmers (alle wunderten sich später, wie er dorthin gekommen war), die Flaschen waren geöffnet, und Andrej lag auf dem Fußboden, sang Lieder und schrie: »Ich bin betrunken!« Omas Reaktion war seltsam: Sie war froh, dass sie beim Weggehen die Eingangstür abgeschlossen hatte und Andrej dadurch nicht von der oberen Etage herunterfallen konnte.

Sie konnte auch nicht vergessen und hat immer wieder erzählt, wie Andrej als Baby einmal durchs Zimmer flog. Das kam so: Obwohl Oma einen Haufen Kinder hatte, arbeitete sie eine Weile in der Geflügelfabrik. Dort musste sie den ganzen Tag Kisten werfen. Die Arbeit war ermüdend und eintönig. Einmal, als sie Andrej zu Hause gesäugt hatte, schlief sie ein und träumte, dass sie in der Fabrik Kisten warf. Und Oma warf dann auch, allerdings nicht die Kiste, sondern Andrej. Gut, dass die Säuglinge damals voll gewickelt wurden. Das Kind flog durch das Zimmer, blieb aber unversehrt.

Überhaupt konnte er sich in seinem Leben oft aus brenzligen Situationen herauswinden. Als er nach dem Lockruf der Komsomol als U-Boot-Matrose zur Marine ging und der Dienst ihm nicht gefiel, spielte er eine Komödie mit seinem Sehvermögen vor. Die Mediziner waren irritiert: Kein einziges Mal konnte er die Farbe richtig nennen. Also wurde er als Farbenblinder anerkannt und aus der Marine entlassen. Ja, er war ein Superonkel. Zudem belehrte er mich nie, deshalb mochte ich ihn sehr.

12

Man muss zugeben, dass alle Kinder von Oma (abgesehen von zwei Kindern, die früh starben: Lyda war anderthalb Jahre alt und ein Junge noch ein Baby) gesund heranwuchsen. Natürlich konnten sie Kinderkrankheiten nicht vermeiden, obwohl sie nicht an allen litten. Dazu kamen noch Epidemien von Typhus und Cholera. Wer Cholera hatte, daran kann ich mich nicht mehr erinnern. Aber über das Wüten des Typhus' im Haus wurde oft erzählt, und ich habe diese Geschichte noch jetzt parat.

Das war in den Zeiten des Bürgerkriegs. Eine Bande verteidigte die Stadt gegen eine andere Bande, und es wurde Licht- und Lärmdämpfung verordnet. Zu Hause lag fast die ganze Familie mit Typhus flach. Nur meine zukünftige Mutter, damals noch jung, war auf den Beinen und pflegte die anderen. Besonders schwer waren die Jungs betroffen, und Opa war überhaupt schon nicht mehr richtig im Kopf. Er versuchte ständig, aus dem Bett aufzustehen und das Haus zu verlassen, weil er glaubte, dass im Hof noch etwas zu tun sei. Alle hatten hohes Fieber. Um es zu senken, holte Mutter ständig kaltes Wasser aus dem Brunnen, tauchte die Laken hinein und wickelte die Kranken darin ein. Wie hat sie das nur geschafft? Die Männer waren groß und, wie ich vermute, schwer. Das alles dauerte ein paar Tage und Nächte.

Eines Nachts stürmte ein Stadtverteidiger ins Haus und schrie, dass man draußen das Licht aus dem Haus sehen könne, sobald die Tür geöffnet werde. Außerdem könne man hören, wie ein Eimer an die Wände des Brunnens schlage, wenn Wasser herausgeholt werde. Aber als er sah, dass im Haus ein Krankenhaus eingerichtet war und er von der Mutter hörte, dass es sich um Typhus handelte, drehte er sich um und verschwand schleunigst. Danach kam niemand mehr ins Haus.

Auch Mama entging dem Typhus nicht, aber wie durch ein Wunder wurde sie ihn wieder los. Sie war geschäftlich in Globino oder Shlobino unterwegs, besorgte wahrscheinlich Lebensmittel für die Familie. Als sie von ihren Bekannten zum Bahnhof zurückkehrte, spürte sie, dass sie krank wurde. Die Merkmale des Typhus kannte sie gut. Sie war besorgt und betete, dass Gott ihr Kraft gebe, um es bis nach Hause zu schaffen. Als sie nach oben schaute, sah sie etwas Großes, Schwarzes, Bedrohliches. Eine Weile stand sie da und versuchte zu verstehen, was das war, und dann erkannte sie, dass sie vor dem Denkmal von Taras Schewtschenko stand. Es war wirklich groß und schwarz. Sie war oft an diesem Denkmal vorbeigelaufen, aber nie hatte es so einen Eindruck auf sie gemacht. Eine Weile stand sie da, dann ging sie weiter zum Bahnhof. Dabei staunte sie, dass der Schüttelfrost fort war, auch stand kein Schweiß mehr auf ihrer Stirn, und das Fieber war verschwunden, als hätte es das nie gegeben. Als sie nach Hause kam, war sie gesund.

13

Jedenfalls wuchsen Omas sechs Kinder trotz des schweren Lebens nach der Revolution, trotz aller Epidemien und Kinderkrankheiten kräftig und gesund heran (Erst später, als sie schon erwachsen waren, fingen das Schicksal und manche Regel im Land an, ihnen wegzunehmen, was für einen Menschen das Wichtigste ist: die Gesundheit). Es hatte seinen Grund, dass die Kinder gesund waren: Im Haus war es immer sauber, es herrschte Ordnung, es gab keinen Streit. Die finanzielle Situation nach der blöden Revolution war natürlich schwierig, aber Oma konnte gut wirtschaften. Im Hof liefen Hühner herum, manchmal gab es auch ein Schwein. Ihre Kinder mussten nicht mit einem Stück Brot auf die Straße.

Oma stand früh auf und kochte eine leichte Suppe, so bekamen alle vor der Schule oder vor der Arbeit ein warmes Essen. Nach der Schule oder der Arbeit servierte sie ein Drei-Gänge-Menü: entweder Borschtsch, eine Suppe mit sauren Gurken oder Kohlsuppe, dann der zweite Gang und unbedingt Kompott. Das Kompott war eine Tradition nicht nur in Omas Familie. Als überall im Land öffentliche Kantinen entstanden, war ein Kompott das Leckerste, was es dort gab.

Jeden Tag Fleisch war für die Familie viele Jahre hindurch unerschwinglich. Aber Oma hatte tolle Ideen. Für den zweiten Gang erfand sie mal Quarkpfannkuchen, mal Buletten aus Kohl, Möhren und anderem Gemüse. Fleisch gab es ab und zu an den Wochenenden, wenn sich die Familie am Tisch versammelte. Was es abends gab, habe ich nicht in Erinnerung. Aber ich weiß noch, wie Oma in den Hungerjahren 1932/1933 sagte: »Kinder, geht jetzt schlafen, sonst wollt ihr bloß etwas essen.« In dieser Zeit war sogar ihre Fantasie machtlos, es gab keine Lebensmittel.

Ich aß gern bei Oma, wenn alle da waren. Irgendwer erzählte immer eine Geschichte. Es wurde gewitzelt, manchmal wurde jemand auf den Arm genommen, aber die Späße waren nicht böse gemeint.

Oft fragte jemand vor dem Essen: »Wer hat heute den Borschtsch noch nicht gesalzen?«, und alle lachten. Die Geschichte dazu ging so: Opa und Petja saßen am Küchentisch, Opa las Zeitung und Petja ein Buch. Oma kochte Borschtsch, meine Mutter half ihr dabei. Oma musste in den Keller und bat meine Mutter, den Borschtsch zu salzen, weil sie nicht mehr wusste, ob sie es bereits getan hatte oder nicht. Meine Mutter salzte ihn, ohne zu probieren, und war dann auch verschwunden. Nach einer Weile hörte Opa auf zu lesen, stand auf und salzte den Borschtsch ebenfalls. Als Oma zurück war, sagte Opa mit ernstem Gesicht zu Petja, er solle aufhören zu lesen und zum Ofen gehen, um den Borschtsch zu salzen, weil Oma, Marusja und er das bereits getan hätten, und jetzt sei Petja an der Reihe. Ich weiß nicht, was dann mit dem Borschtsch geschehen ist. Ich glaube, Oma war böse.

Aber mit Opa zu streiten war schwer. Wenn die unzufriedene Oma zu brummen begann, sagte er immer: »Katja, gib mir die Bettdecke für 80 Kopeken zurück, die ich bei der Heirat mitgebracht habe, und ich gehe.« Bei der Erinnerung an die billige Bettdecke, die schon lange weg war, musste Oma lachen, und der Streit war zu Ende.

Gute Stimmung am Tisch beeinflusst angeblich die Gesundheit positiv. Ich glaube, deshalb nahm mein Mann, der in einer Zeitschrift gelesen hatte, dass schlechte Stimmung am Tisch nicht gut für die Gesundheit sei, Experimente an unserem Sohn vor. Jedes Mal schikanierte er ihn beim Essen, bis Tränen flossen. Ich versuchte, dagegen anzukämpfen, aber wahrscheinlich nicht hart genug. Vermutlich aus diesem Grund hatte unser Sohn, sonst kräftig und gesund, Probleme mit dem Magen.

Die jüngeren Schwestern meiner Mutter wuchsen auch gesund auf. Ich erinnere mich nicht, dass sie irgendwann mal krank waren. Nadja hatte allerdings einen jähzornigen Charakter. Oft entflammte sie wie ein Streichholz und gab niemals und niemandem nach. Ihr Hobby war, auf Bäume zu klettern. Einmal kletterte sie in einem neuen Kleid, das ihr meine Mutter genäht hatte und mit einer großen Schleife versehen war, auf einen Ahornbaum auf der Straße vor dem Haus und blieb mit der Schleife an einem Ast hängen. Ihr Spitzname in der Kindheit lautete »Otter«. Ich erinnere mich nicht, dass irgendjemand je mit ihr stritt. Wenn sie in der Kindheit oder auch später irgendwelchen Unsinn machte, zuckten andere schweigend mit den Achseln und gingen in ihre Ecken. Es gab niemanden zum Streiten, und Nadja beruhigte sich.

Ich habe Nadjas hysterische Anfälle gemocht. Zum Glück hatte ich selbst nie solche. Das Einzige, was ich mir erlaubte, war, dass ich manchmal nach einem Streit mit den Kindern auf der Straße (meist mit Jungs) zu Oma lief und schrie: »Ich töte ihn! Ich töte sie alle!« Dann belehrte mich Oma, dass die Rache Gott allein gehört. Und Mama meinte, dass ich als so ein nervöses Kind geboren wurde, weil mein Vater Alkoholiker war. Das gefiel mir nicht. Ich hörte viele Gespräche der Erwachsenen und schloss daraus, nervös bedeute, eine Psychopathin zu sein. In unserer Familie war das ein Schimpfwort. Auf keinen Fall wollte ich, dass die anderen mich Psychopathin nennen. Vielleicht lernte ich deshalb früh, meine Gefühle unter Kontrolle zu halten.

14

Aber die Lust zum Bäumeklettern übernahm ich von Nadja. Ich saß in unserer Straße auf allen Zweigen der Ahornbäume, die mich tragen konnten. Gern kletterte ich hinauf, um reife Maulbeeren zu pflücken. Dabei beschmierte ich mir nicht nur Mund und Hände, sondern auch die Kleidung mit den violetten Flecken, die schwer zu entfernen waren. Dann gab es da noch drei Dornbäume. Trotz der Kratzer auf Armen und Beinen kletterte ich bis in die Wipfel, wenn die Beeren, die wie kleinen Pflaumen aussahen, reif waren. Die Beeren ganz oben waren süßer als unten und ein bisschen säuerlich. Oma machte aus den Dornbeeren Wein, der hieß »Ternowka«. Aber für diesen Zweck pflückte ich, glaube ich, keine Beeren. Ich erinnere mich, dass Oma, wenn sie mich auf dem Baum sah, fragte: »Und was für ein ›Benderja‹ brachte dich dorthin?« Wer oder was »Benderja« war, wusste keiner.

Als ich sechs war, brachte dieser geheimnisvolle »Benderja«

Nadja dank einer Anwerbung durch die Komsomol freiwillig-gezwungenermaßen nach Donbass und Andrej zuerst zur Marine und dann nach Kasachstan, wo er die Hälfte seines Lebens steckte. Viel später, bei meinen Besuchen in Krementschuk, hörte ich mit offenem Mund seine Erzählungen, wie der gleiche »Benderja« ihn durch ganz Fernost trieb. Andrej besuchte sogar die Jüdische Autonome Republik.

Aber das war später. Ich erinnere mich gut daran, weil damals ein großer Rummel darum gemacht wurde. In den Zeitungen und in der Schule wurde viel darüber geredet, dass Genosse Stalin persönlich vorgeschlagen hatte, ein autonomes Gebiet für das jüdische Volk zu organisieren, damit die Juden ein eigenes Territorium hätten. Dabei wurde verschwiegen, dass es am Ende der Welt liegen würde. Und mit der Landwirtschaft standen die Juden nie auf freundlichem Fuß. Die Juden, die mein Onkel dort traf, wurden entweder dorthin ausgewiesen oder waren aus ideologischen Gründen dort, das konnte er nicht beurteilen. Aber sie waren überwiegend reich. Und alle Arbeiten wurden entweder von der dortigen Bevölkerung oder von Leuten wie mein Onkel erledigt. Er erzählte, dass die Bezahlung sehr gut war.

Juden sind überall Juden. Sie müssen schlau sein und halten zusammen, wahrscheinlich weil sie immer verfolgt wurden. Zudem ist dieses Volk sehr talentiert, besonders in der Musik. Und sie kennen kein Mittelmaß. Entweder sind sie klug oder kranke Dummköpfe. Vielleicht weil sie viele Jahrhunderte hindurch oft enge Verwandte geheiratet haben. Ich habe in vielen Firmen mit einer großen Zahl Juden gearbeitet und gesehen, wie sie mit geistig Behinderten umgehen.

Im Architekturbüro, in dem ich arbeitete, in der Abteilung Projektausgabe, war der Leiter ein Jude, ein sehr gescheiter Mann. Die Abteilung war nicht gerade pflegeleicht, aber er hatte alles im Griff. Er konnte mit jedem verhandeln, konnte auch, wenn es sein musste, Druck auf die Mitarbeiter ausüben, ohne das Vertrauensverhältnis zu zerstören. Er war wirklich talentiert, das kann man ruhig sagen! Oft besuchte ihn sein Sohn, der damals noch jung war. Der war ein richtiger Dummkopf. Das ganze Institut lachte über ihn. Aber der Vater erzählte allen, dass er klug und talentiert sei. Und, was glauben Sie wohl? Nach etlichen Jahren absolvierte er die Fachhochschule und kam zu uns auf des Vaters Posten. Allerdings arbeitete ich nicht mit ihm zusammen, denn ich war damals schon im Ruhestand.

Oder sprechen Sie mit einer Jüdin über ihre Kinder. Es gibt in der Welt keine Kinder, die schöner, klüger, talentierter sind als ihre. Nicht ohne Grund gibt es diesen Witz: »Sarah hatte so ein hübsches, kluges Kind. Aber die Dumme hat abgetrieben.« Als ich das alles beobachtete, kamen mir die Bilder aus der Kindheit wieder ins Gedächtnis.

In unserer Stadt lebte Petja Loboda. Er war recht erwachsen, konnte allerdings schlecht sprechen. Ständig liefen die Jungs hinter ihm her, ärgerten ihn und bewarfen ihn manchmal sogar mit Steinen. Er war eigentlich friedlich, aber manchmal brachten sie ihn zur Verzweiflung, und er begann vergeblich, sie zu verfolgen. Die Kinder hatten richtig Spaß. Früher nahm die Kirche geistig Behinderte auf. Petja Loboda war eine regelrechte Sehenswürdigkeit unserer Stadt. Wenn in Omas Familie jemand den anderen nicht direkt einen Dummkopf nennen wollte, fragte er: »Bist du etwa Petja Loboda?«

Ich wunderte mich nicht schlecht, als ich mit ihm mal vor dem Krieg ins Gespräch kam. Wie gebildet war dieser Mensch! Er erzählte mir viel über Bücher, verschiedene Ereignisse, weltweite Reisen. Ich habe schon vergessen, was er mir alles erzählte, aber die Bewunderung ist geblieben. Als die Deutschen die Stadt eroberten, wurde Petja im Zuge der Säuberung der Bevölkerung von Behinderten erschossen. Ich dachte immer, wäre Petja ein Jude gewesen, hätte er vor dem Krieg vielleicht ein anderes Leben gehabt. Obwohl er trotzdem im Krieg erschossen worden wäre.

15

In den Jahren 1929–1931 musste Papa ständig die Straflager wechseln. Irgendwann wurde er in die Autonome Republik Mordwinien geschickt. Ich weiß gar nicht, wo das ist. Irgendwo im Norden, dort war es jedenfalls sehr kalt. Die Tomaten der Amateurgärtner wuchsen dort auf den Fensterbänken in großen Kisten. Mama bekam die Erlaubnis, Papa zu besuchen, und wir fuhren zu ihm. Ich erinnere mich an eine Station Poti. Dort mussten wir lange warten. Dann fuhren wir auf einem Fuhrwerk weiter. Die Gegend ringsherum war deprimierend, hässlich und ungemütlich. Eine schrecklich schmutzige Straße mit kaputter Fahrrinne, endlose Pfützen, grau-schwarze Häuser, die auf kahlen Plätzen weit auseinander lagen. Keine Höfe, keine Zäune, keine Gemüsegärten. Von Blumen, die so typisch sind für die Ukraine, selbst in den Dörfern, will ich gar nicht erst reden. Sogar an Bäume erinnere ich mich nicht. Wenn eine Birke neben einem Haus stand, hatte man das Gefühl, sie hätte sich dorthin verirrt.

Als Mutter einen Passierschein fürs Lager beantragen wollte, wurde ihr mitgeteilt, dass sie ihn nicht brauche, ihr Mann lebe im Dorf, nicht im Straflager. Aber er sei zur Zeit nicht zu Hause, sondern mit der Lagerführung in den Wäldern auf der Jagd. Und überhaupt sei er ein Freiwilliger. Mutter konnte das nicht verstehen. Wir fuhren zu Papas Haus. Es war genauso ungemütlich wie die anderen Häuser im Dorf. Im Inneren sah das Haus wie ein Schuppen aus, rohe Balken, dazwischen Werg. Die Wände waren kahl, keine Bilder, keine Fotos, die Tür und die Fenster nicht gestrichen, die Möbel auch nicht. Ein Albtraum!

Zwei Tage später kehrte Vater von der Jagd zurück. Mutter befragte ihn nach seinem freiwilligen Aufenthalt. Vater staunte nicht schlecht und ging zur Führung, um das aufzuklären. Dass er sich ziemlich frei bewegen konnte, erklärte er sich so: Als er bei Archangelsk war, schlug er einem Chef vor, für ihn einen Koffer zu fertigen. Mein Vater hatte goldene Hände, und so fing alles mit diesem Koffer an. Später machte er für die Chefs Möbel. Er wurde von einer Hand zur anderen weitergereicht. Zum Holzschlagen musste er nicht und hatte sogar eine eigene Tischlerei. Weil Papa ein geselliger, fröhlicher und interessanter Mensch war, nahmen die Chefs ihn zu ihren Partys mit. Dort war er teils Diener, teils Saufkumpan (Vater trank gern). Deshalb dachte er, dass er für diese »Verdienste« solche Freiheiten genoss. Als er zur Lagerleitung ging, um zu fragen, wie er den freiwilligen Aufenthalt bekommen hätte, wurde ihm folgendes erzählt:

Ein oder anderthalb Jahre zuvor waren Papiere mit der Entscheidung über seine Freilassung gekommen, aber im Lager gab es einen Häftling mit gleichem Nachnamen, und so ging ein Mörder mit langer Haftzeit in die Freiheit. Als der Fehler entdeckt wurde, teilte man es Vater nicht mit. Er wurde nach Mordwinien geschickt, und ihm wurde ein freiwilliger Aufenthalt gewährt. Er arbeitete sogar als Wachmann. Dabei dachte er, dass er sich das alles verdient hätte!

Kurz gesagt, wir fuhren zusammen mit Vater nach Hause.

16

Nach diesem Mordwinienbesuch blieben bei mir ein paar Wortfetzen auf Mordwinisch hängen und dazu die Erinnerung an einen Kirchenbesuch. Die Besitzer des Hauses, in dem Papa lebte, nahmen mich mal während eines orthodoxen Festes in die Kirche mit. So war ich das erste Mal in meinem Leben in einem Tempel. Das Interessanteste war, dass all diese Leute zu diesem Fest in den nationalen mordwinischen Trachten erschienen. Man muss zugeben: Das war sehr schön. Ich war total begeistert. Aber was den Tempel selbst betraf ...

Äußerlich war die Kirche im Vergleich zu den schwarzen Holzhäusern schön. Das Kircheninnere allerdings ... Ringsherum brannten Kerzen, überall hingen Bilder von bärtigen Männern. Mir wurde erklärt, dass es Heilige seien, aber ich fand sie bedrohlich. In der Kirche hielten sich viele Leute auf, es war eng, warm, und wegen des Rauchs aus dem Weihrauchfass konnte man kaum atmen. Zudem begeisterten die Stimmen von Pfarrer und Küster nicht wirklich. Außerdem gab es einen Chor: Drei alte Weiber blökten wie Schäfchen mit klirrenden Stimmen. Der Gottesdienst dauerte etwa anderthalb Stunden, und das alles im Stehen. Deshalb mag ich die orthodoxen Tempel nicht, und den Geruch von Weihrauch hasse ich.

Vielleicht weil ich diese Kirche mit der evangelischen Kirche verglich, in der meine Oma betete. Bis zur Verhaftung des Pfarrers und der Auflösung der Gemeinde nahm sie mich oft mit zum Gottesdienst. Er fand in einem großen Raum statt mit viel Luft und Licht.

Alle saßen, nur am Anfang und am Ende musste man aufstehen. Manche knieten auch beim Gebet. Vorn stand ein Katheder, von dort predigten verschiedene Leute, nicht nur der Pfarrer, in verständlicher Sprache verständliche Ideen. Man erzählte verschiedene Abenteuer aus der Bibel und lehrte, wie man sich nach Gottes Gesetzen verhalten solle. Alles klar und verständlich. Was dagegen die orthodoxen Geistlichen erzählen, dazu noch in einer alten Sprache, versteht meiner Meinung nach keiner. Vielleicht war der erste Eindruck schuld, aber ich mag die orthodoxen Pfaffen nicht.

Man muss erwähnen, dass es in allen Jahren des Sowjetregimes eine heftige Propaganda gegen die Kirche gab. Unzählige Plakate wurden hergestellt, auf denen die Pfaffen fett, satt und gierig abgebildet worden waren. Und die Pfaffenfrau ebenfalls dick wie ein Schrank, sodass sie es nicht mal durch die Tür schaffen würde. Oder ein magerer, total betrunkener Küster, der kein Wort zustande bringt. Das beeinflusste die Weltanschauung. Ich mochte lediglich die orthodoxen Pfaffen nicht. Als die Kirchen zerstört und die Geistlichen in Massen nach Sibirien verbannt wurden, war ich natürlich im Stillen darüber empört. Zusammen mit den anderen wurde auch der Pfarrer aus Omas Kirche nach Sibirien geschickt. Mit den Gottesdiensten war es vorbei. Das Haus der Gläubigen wurde beschlagnahmt. Aber in meiner Seele blieb als heiteres Gefühl der Glaube, und mit dem lebe ich mein ganzes Leben lang.

17

Also kehrten wir aus Mordwinien mit Papa zurück. In den Jahren, die Papa in den Gefängnissen verbracht hatte, hatte sich viel verändert. Die NEP war endgültig vorbei. Die Industrialisierung blühte. Wie Pilze schossen Maschinenbauwerke aus dem Boden. Die Jugend fuhr in Massen nach Donbass oder Dnipro-HES, einem Wasserkraftwerk am Fluss Dnipro. Ich besaß ein Kinderbuch über den Bau von Dnipro-HES. Es wurde mir so oft vorgelesen, dass ich die Reime auswendig kannte. Im Buch gab es viele Bilder über das Leben der Bauarbeiter dort. Die Bilder waren ziemlich hässlich, das Papier schlecht. Heutzutage sieht das Toilettenpapier besser aus. Ich glaube, die Reime waren auch schlecht. Leider blieben mir nur ein paar Zeilen über einen Bagger im Gedächtnis. Ich stellte ihn mir als außerirdisches Wesen vor. Als ich nach vielen Jahren einen Bagger im wirklichen Leben sah, war ich regelrecht enttäuscht. Das soll ein Bagger sein?

Damals waren das die Großen Baustellen des Kommunismus, die dann bis zum Auseinanderbrechen der Sowjetunion dauerten, und sie weckten bei vielen romantische Gefühle. Und in den Dörfern begann die Große Kollektivierung. Agitation war so mächtig! Die Plakate hingen überall, wo es nur möglich war: »Dicke Männer, Kulaken (Großbauern), raffen alles zusammen.« Auf die junge Bevölkerung wirkte das. Das Wort Kulak wurde ein Schimpfwort. Es wurde alles getan, um dem Volk klarzumachen, wer schuld ist, dass das Leben so unerfreulich wurde: der Kulak!

Zuerst war die Agitation, dann begannen die Repressalien. Wohlhabende Familien wurden einfach deportiert. Wie ich später erfuhr, bekamen sie eine halbe Stunde für die Reisevorbereitungen. Die Leute nahmen nur mit, was sie selbst tragen konnten. Dann wurden sie in die Güterwaggons geladen und nach Sibirien oder, was noch schlimmer war, nach Kasachstan gebracht und dort einfach im Wald oder in einer Steppe ausgeladen. Überlebe, wer kann. Über diese Ereignisse drangen Gerüchte ins Volk, deshalb verkauften viele wohlhabende Besitzer ihr Hab und Gut, wenn es ging. Aber meist ließen die Leute alles hinter sich, nahmen nur mit, was sie auf ein Fuhrwerk laden konnten, und flüchteten in die Städte oder andere Gebiete der Ukraine. Keiner wollte nach Sibirien oder Kasachstan.

So tauchten in Omas Häuschen Leute verschiedenen Alters auf, von Säuglingen bis zu Greisen. Haufen von Koffern, Körben, Säcken lagen herum. Omas Haus verwandelte sich in einen Umschlagplatz. Manche verweilten ein paar Tage oder auch einen Monat. Andere übernachteten nur und fuhren am nächsten Tag weiter. Die Leute schliefen überall zu zweit oder zu dritt: auf Betten, auf Bänken, auf dem Ofen, hauptsächlich auf dem Boden. Oma konnte nicht nein sagen, alle waren doch Glaubensschwestern und -brüder.

Weil meine Mutter immer auf der Arbeit war, trieb ich mich natürlich den ganzen Tag bei Oma herum und hörte mit offenen Mund Erzählungen über die Große Kollektivierung in den Dörfern, wie für sie agitiert und wie sie tatsächlich durchgezogen wurde. Natürlich erzählten es die Leute, die alles verloren hatten, auf ihre Weise. Aber was interessant ist: Die Meinung, die ich mir damals in der Kindheit bildete, blieb mir fürs ganze Leben. Und je länger ich lebte, desto sicherer war ich, dass die Bibel recht hat: »Machtausübung ist immer eine Vergewaltigung.«

Die Geschichten über die armen Kühe trieben mir die Tränen in die Augen. Wenn eine Familie freiwillig-zwangsweise in die Kolchose (Kollektivwirtschaft) eintrat, wurde ihr alles weggenommen, bis auf das letzte Huhn. Die Kolchosen stampften riesige Schuppen für die Mengen an Vieh und Geflügel aus dem Boden. Sie wurden schlecht gebaut, und das Vieh, das jeder Bauer pflegte und verwöhnte, kam in eine Umgebung mit schrecklichen Bedingungen: Schmutz, Kälte, Hunger. Viele starben, viele wurden geschlachtet. Jetzt schaltete und waltete in allem der Vorsitzende, den die Partei schickte, meist aus der Stadt. So ein Mensch verstand natürlich gar nichts von der Landwirtschaft. Und überhaupt, in der Kolchose hatten ehemalige Kleinbauern das Sagen, die meist faul und Trinker waren. Es wurde erzählt, als die Kühe aus den Höfen weggeführt wurden, muhten sie traurig, als ob sie spürten, was sie erwartete. Den Schuppen in den Kolchosen näherzukommen, in denen das neue Vieh stand, war verboten, so wurde gemunkelt. Es war eine Qual für die Seele, dem Gebrüll der Kühe zuzuhören. Als ich das hörte, weinte ich aus Mitleid. Ich hasste alle, die diese Kolchosen aufbauten, und die Komsomolzen, die dabei halfen.

18

Der Frühling 1931 war in unserer Stadt durch Hochwasser gekennzeichnet. Man vermutete, dass der existierende Damm nicht hoch genug sei, deshalb wurden die männliche Bevölkerung, die keinen unverzichtbaren Berufen nachging, Studenten und Schüler mobilisiert. Mein Onkel Andrej war auch beim Dammbau. Der Sand wurde auf Lastern und Fuhrwerken herangekarrt, Säcke wurden damit gefüllt und dann verschnürt. Die Säcke legte man auf den alten Damm, um die Stadt vor dem Hochwasser zu schützen. Die Bevölkerung im unteren Teil der Stadt wurde benachrichtigt, dass die Unversehrtheit des Damms nicht garantiert war.

In unserem Haus wohnte eine Mieterin, die Studentin Lyda. Ihr Vater war Arzt und sie ziemlich klug. Jeden Morgen und jeden Abend putzte sie ihre Zähne mit einem Pulver aus einer runden Dose. Wenn meine Mutter ihr abends etwas Leckeres anbot, verzichtete sie immer und sagte: »Ich habe schon die Zähne geputzt.« Das war für mich erstaunlich. Meine Mutter putzte nie die Zähne. Komisch, sie war doch Medizinerin! Deshalb hatte sie wahrscheinlich schon mit fünfzig Zahnprothesen. Dabei hat sie immer behauptet, dass sie seit ihrer Kindheit schlechte Zähne habe.

Zurück zum Hochwasser. Mutter packte mit Hilfe von Lyda alle Sachen ein und schleppte sie für alle Fälle auf den Dachboden. Möbel wurden auf ein paar Ziegelsteine gestellt. Aber dann kam das Klavier an die Reihe. Hier muss ich eine Geschichte über Jaroschewski erzählen, einen jüdischen Bekannten von Papa. Seine Tochter Sonja besuchte die Hochschule für Musik in Odessa. Der Sohn beschäftigte sich mit jüdischen Fragen, war für die Geheimdienste suspekt und flüchtete schließlich nach Jerusalem. Dann begann das NKWD (Innenministerium) sich für Jaroschewski zu interessieren. Er hatte Angst, dass eines schönen Tages bei ihm alles beschlagnahmt werden würde.

Damals ging das ganz einfach. Du wurdest zum Volksfeind erklärt und verhaftet. Dein Vermögen wurde beschlagnahmt, man nahm dir alles bis zum letzten Faden weg. Und wenn es später keine ernsten Beweise gab und du sozusagen in die Freiheit entlassen wurdest, bekamst du dein Hab und Gut nicht zurück, weil alles bereits auf einer Auktion verkauft worden war. Auf diese Art wurden Löcher im Staatshaushalt gestopft. Darunter litten viele Ärzte, Juristen, hochqualifizierte Lehrer, kurz, Leute, denen man noch etwas wegnehmen konnte. Und die Schuld des jeweiligen Menschen konnte man sich einfach ausdenken. Viele verloren nicht nur ihr Vermögen. Zuerst wurden sie in sibirische Straflager verbannt und dann im Jahr

1937 einfach erschossen. Nach Stalins Tod 1953 erhielten die Verwandten die Rehabilitationspapiere. Mit der unterschwelligen Botschaft: Na gut, das war ein Fehler des ehemaligen Regimes.

Deshalb gab Jaroschewski alle Wertsachen seinen Bekannten. Wir bekamen das Klavier. Es stand bei uns bereits das zweite Jahr. Mama nahm sogar Klavierunterricht und konnte schon ein bisschen spielen. Mich wunderte, warum ich keinen Musikunterricht bekam. Kurz gesagt, als die Panik mit dem Damm losging, schlug Mama Jaroschewski vor, das Klavier zumindest zwei Wohnblocks bergauf zu Bekannten zu fahren. Er erwiderte: »Ach Madam, warum solche Panik, sie sollten sehen, wie viele Tausende von Helfern dafür sorgen, dass dieser Damm hält.« Und half, das Klavier auf drei Ziegelsteine zu heben.

Aber der Damm brach doch, und das Wasser strömte in die Stadt. Onkel Andrej erzählte, wie das ganze Volk in die höheren Stadtteile flüchtete. Das Wasser holte die Menschen ein, und sie liefen im Wasser weiter. Wichtig war, nicht zu fallen, sonst erwischte einen die nächste Welle. Ich glaube, an der Stelle, an der der Damm brach, kamen Hunderte von Menschen um. Die nächsten Tage über herrschte Schweigen, es gab keine einzige Zeile darüber in den Zeitungen.

Unser Fluss lief jedes Jahr über. Zuerst wurde wie immer der Garten überflutet, dann unsere Straße. Unsere drei Häuser lagen plötzlich auf einer Insel. Aber nach dem Dammbruch stieg das Wasser vor unseren Augen merklich immer höher. Mama, Lyda und ich saßen auf dem Fenstersims und schauten auf die Straße. Ich erinnere mich gut: Das Wasser floss wellenartig aus der Innenstadt, und mit jeder Welle schnellte das Level etwa fünf Zentimeter hoch. Auf der Straße schwammen Bretter, Stöcke, Eimer und verschiede Lebewesen: Mäuse, Käfer und Schlangen. Aus dem Küchenfenster sah ich, wie sich ein Insekt in die Wand der Werkstatt bohrte. Es versuchte wahrscheinlich, sich zu verstecken. Aber wegen der Bretter unter dem Putz konnte es sich nicht durchbeißen. Deshalb machte es eine Furche im Putz bis zum Dach. Diese Furche existierte noch ein paar Jahre und erinnerte an das Hochwasser, weil natürlich zuerst das Haupthaus renoviert wurde.

Unser Haus hatte ein hohes Fundament, und als das Wasser in

den Häusern gegenüber schon bis an die Fenster reichte, flutete es bei uns gerade den Fußboden. Ich watete im Wasser, es war warm und angenehm. Aber Mama war aus einem unbestimmten Grund nervös. Bald konnte ich nicht mehr waten. Jetzt watete die Mutter. Zuerst reichte ihr das Wasser bis an die Knie, dann bis zur Taille. Schließlich bedeckte es die Klaviertasten und stieg nicht weiter. Auf der Straße erschienen Boote. Leute wie wir wurden eingesammelt und zum Park gebracht, auf die Rampe. Dort stand ein Güterzug, und die Menschen wurden auf die Wagen verteilt. Auf der Rampe stand eine Feldküche, die die Leute ernährte.

An den Moment, als wir mit dem Boot abgeholt wurden, erinnere ich mich nicht, aber wie wir zur Rampe fuhren, habe ich noch im Gedächtnis. Die Soldaten im Boot waren wegen der Strudel nervös, die entstehen, wenn sich das Wasser im Kreis dreht. Alles, was in so einen Strudel gerät, wird in die Tiefe gesogen. Man sagt, so einem Strudel kann man nicht entgehen. Als das Wasser wieder abfloss, blieben an den Stellen mit den Strudeln zwei oder drei Meter tiefe Gräben. So einen Graben gab es direkt auf dem Weg gegenüber Omas Haus. Der Weg wurde eine lange Zeit renoviert. Es wurden Schotter und Sand herangekarrt, man schüttete den Graben zu, aber am nächsten Tag war er wieder da. Ich denke, dass an dieser Stelle Schwimmsand herauskam.

In meiner Arbeit gab es folgenden Fall. Man baute ein Kinderkrankenhaus nicht weit von der Straße, in der ich jetzt wohne. Ich war die Leiterin dieses Projekts. Das Gebäude wurde errichtet, nur die Überdachung des Haupteingangs fehlte, zwei Pfähle und das Dach, dann würde man zu den Verputzarbeiten übergehen können. Der erste Pfahl wurde bis in die nötige Tiefe eingerammt, aber er sank von allein weiter und verschwand im Boden. Man probierte es mit dem zweiten und dritten. Alle waren weg – Schwimmsand. Gott sei Dank war keiner unter dem Hauptgebäude. Wir waren gezwungen, dort eine große Platte aus Stahlbeton für dieses blöde Dach zu legen.

Im Wagen des Güterzugs wohnten wir drei oder vier Tage. Das Wasser floss dann ab, und wir kehrten nach Hause zurück. Und dort wartete Arbeit ohne Ende.

19

In Herbst jenes Jahres ging ich in die Schule, in die Vorbereitungsklasse. Ich glaube, das war einfach eine Mode. Oder vielleicht war es wirklich besser, in der Schule zu sitzen, als sich bei Oma herumzutreiben. Bis zu dieser Klasse war ich meiner Meinung nach ein glückliches Kind. Natürlich versuchten meine Onkeln und Tanten mich manchmal zu erziehen. Aber ich verschwendete keine Gedanken daran. Außerdem hatte ich das Gefühl, dass sie mich doch auf ihre Art liebten. Und Oma war überhaupt so liebevoll, ihre Liebe reichte für alle und besonders für mich. Ich war doch die Kleinste in der Familie und wurde nie bestraft. Zu Hause, als die Werkstatt noch funktionierte, war ich überhaupt ein Liebling der Erwachsenen. Ich war nicht launisch und nicht zu verwöhnt, aber mit einem großen Mundwerk. Sie nannten mich »paschtschikuwata«. Was es genau bedeutet, weiß ich bis heute nicht. Aber ich hatte immer eine schnelle Antwort parat und nie Angst, meine Meinung zu äußern.

Zu meinen Geburtstagen kamen immer die Erwachsenen. Damals war es nicht üblich, Kindergeburtstage zu feiern. Einmal bei so einem Geburtstag sagte Mama zu den Gästen: »Essen, essen!« Ich schloss mich ihr sofort an: »Essen, essen! Nach euch dürfen es auch die Schweine nicht mehr fressen.« Mutter musste erklären, dass es einen Witz gab: Wenn ein Pfaffe in ein Haus kam und zum Essen eingeladen wurde, musste er alles aufessen, weil dieses Essen dann als heilig galt. Die Essensreste hinterher wegzuwerfen, galt als große Sünde. In meiner Anwesenheit wurden solche Dinge immer erzählt, auch die Witze.

In einem Satz: Ich hatte ein freies Leben. Und plötzlich musste ich zur Schule. Ich habe keine Erinnerung an die Lehrerin und die Kinder, nur an das Gefühl von Verlorenheit inmitten von dreißig Kindern meines Alters, die während der Pausen laut schrien und schwiegen, wenn die Lehrerin in die Klasse kam. Ich schrie vermutlich auch in den Pausen. Und schlug mich mit den Jungs, das konnte ich gut. Auf der Straße gab ich nie nach. Ich konnte mich nicht damit abfinden, dass sich die Jungs für etwas Besseres hielten. Ich weiß nicht, welchen Streit ich in der Schule verursacht habe, aber die Vorbereitungsklasse schaffte ich nicht. Mama wurde nahegelegt, mich aus der Schule zu nehmen. Begründung: Ich sei zu klein.

Ich erinnere mich, wie ich ein Los nach Hause brachte, das ich entweder auf der Straße oder im Laden bekam. Ich war entzückt. Jetzt werden wir ein Haufen Geld haben! Bald kommt die Ziehung, in der Zeitung wird eine Tabelle gedruckt, und dann tauschen wir das Los gegen Geld. Irgendwer hatte mir diesen Quatsch eingeredet. Aber zu Hause erklärten mir alle, dass dieses Los aus der vorigen Ziehung stammte und jetzt nur ein wertloses Stück Papier war. Ich wartete dennoch auf die Ziehung. Und als die Tabelle in der Zeitung erschien, war ich richtig enttäuscht.

Noch etwas zum Geld. Mutter oder Vater brachten einmal eine Sparbüchse aus der Bank mit. Das war so ein Fässchen aus Metall mit der Aufschrift »Staatliche Sparkasse« und einem Wappen der UdSSR. Das Fässchen war abgeschlossen, der Schlüssel befand sich in der Bank. Später ging das Schloss kaputt. Irgendwann wuchs mein Interesse an diesem Fässchen, ich verstand, wie ich es mit einer Haarnadel öffnen konnte, und spielte noch lange damit. Das Fässchen erfüllte seinen Zweck allerdings nicht. Die Agitationsschrift auf dem Boden »Spare jede freie Kopeke auf dem Sparbuch« funktionierte nicht. Das war noch so ein Versuch vom Staat, dem Volk Geld aus der Tasche zu ziehen.

Diese Versuche gab es schon seit ein paar Jahren. Zuerst wurde ein »Torgsin«-Laden (Allunions-Gesellschaft zum Handel mit Ausländern) geöffnet. Um zu überleben, verkauften die Menschen dort ihre Hausreliquien aus Gold, Broschen, Ringe, Ohrringe, Ketten und sogar Eheringe. Das waren in der Regel die vermögenden Bürger. Für die Armen wurde »Die Staatliche Anleihe« aus der Taufe gehoben. Die Anleihen wurden überall verkauft: auf den Straßen, in den Läden, auf der Arbeit. Später wurde eine obligatorische Anleihe auf einen oder zwei Monatslöhnen eingeführt.

Weil die NEP langsam zu Ende ging, verschwanden die Privatläden, stattdessen kamen die Staatsläden. Ihre Regale waren leer, als wären sie ausgekehrt worden. Neue Begriffe bereicherten unser Leben: Defizit, auftreiben, in der Schlange stehen. Einmal brachte Papa einen Teekessel nach Hause. Er klagte, dass er ein paar Stunden in der Schlange verloren hätte, aber gleichzeitig war er stolz darauf, dass er den Teekessel für 1 Rubel und 99 Kopeken bekommen hatte. Mama erklärte ihm lächelnd, dass er nicht so lange hätte anstehen müssen. Einen Wohnblock weiter könnte man den gleichen Kessel in Moischas Laden für zwei Rubel kaufen. Papa schimpfte lange, dass er wegen einer Kopeke so viel Zeit verloren hatte.

20

Die Jahre 1932 und 1933 sind in meinem Gedächtnis verschwommen. Ich weiß, dass ich eine Dorfschule besuchte. Aber wo? Es war entweder die Kolchose »Wirischalni«, in der Mama eine medizinische Betreuungsstelle eröffnen musste, oder es war in Leschtschinowka, wohin sie geschickt wurde. Dort musste sie sich um die alten Eisenbahnarbeiter kümmern, so konnte sie uns vor dem Hunger in der Stadt retten.

Um uns herum wurde nur über »Prodraswerstka« gesprochen. Die Parteiarbeiter und Komsomolzen fuhren in die Dörfer und nahmen in jedem Hof das Getreide weg. 1932 wurde den Bauern noch die Möglichkeit gegeben, Getreide zu säen, doch anschließend begann das Chaos. Alles wurde weggenommen. Die Bauer versuchten, etwas zu verstecken. Meist wurde alles gefunden, und dann wurde das beschlagnahmte Getreide mit Liedern und wehenden Fahnen auf Fuhrwerken in die Stadt gebracht. Wohin es danach verschwand, wusste keiner so richtig. Aber die Fotos von all diesen Autos, Fuhrwerken und Fahnen waren in allen Zeitungen. Es wurde berichtet: Dieser Bezirk führte die »Prodraswerstka« aus! Und jener gab alles vor der Zeit dem Staat. In Wirklichkeit bedeutete es, dass den Bauern alles weggenommen wurde.

Mama und ich kamen in die Kolchose »Wirischalni«. Uns wurde ein Haus zugeteilt, in dem die Familie vor Hunger gestorben war. Als wir dort wohnten, wurden unterm Haus zwei Säcke mit Getreide gefunden. Sie hatten natürlich Sprossen getrieben und wurden in den Müll geworfen. Dort stanken sie noch eine Weile. Die Bauern hatten die Säcke begraben, konnten sie aber später nicht mehr herausholen.

So kam die ganze Familie um.

Vom Bahnhof fuhren wir auf einem Fuhrwerk zur Kolchose. Irgendwo in den Feldern sahen wir ein verendetes Pferd. Damals starben nicht nur Menschen, sondern auch Tiere. Neben dem Pferd saß ein junger Mann, nach Mamas Vermutung ein Student. Er breitete auf dem Boden ein schneeweißes Tuch aus und legte die abgeschnittenen Fleischstücke hinein, ein schreckliches Bild.

Vor dem Leben in der Kolchose waren Mama und ich mal in der Stadt. Auf der Zentralstraße Leninska gab es einen ganzen Wohnblock mit Läden. Diesen Platz nannte man »Passage«. Mama erzählte, wie sie in ihrer Kindheit zusammen mit ihrer Mutter, meiner Oma, diese Straße besucht hatte. Die Besitzer oder Verkäufer von jedem Laden standen in den Türen und überfielen die Passanten mit Angeboten. Meiner Mutter gefiel das gar nicht. Ich erinnere mich auch an diese Läden. Aber in meiner Zeit stand niemand in den Türen und niemand bot etwas an. Und in den Hungerjahren waren alle Läden geschlossen, keiner verkaufte Eis auf der Straße, und die Menschen lagen auf dem Erdboden. Ich fragte meine Mutter: »Warum schlafen sie hier?« Sie antwortete etwas undeutlich. Erst später verstand ich, dass es sich um Menschen handelte, die vor Hunger gestorben waren. Es waren so viele, dass man es nicht schaffte, sie rechtzeitig wegzuschaffen. Die Erwachsenen erzählten immer öfter von vor Hunger gestorbenen Bekannten.

Am meisten beeindruckte mich die Geschichte einer meinen Bekannten, Pascha. Einmal kam sie zu uns. Ich kannte sie gut, sie arbeitete früher bei Papa in der Genossenschaft. Ich war allein zu Hause, und sie fing an, mich zu überreden, meine Puppe einem ihr bekannten Mädchen zu geben, das angeblich kein Spielzeug besaß. Ich erinnere mich, dass sie das lange versuchte, bis ich schließlich nachgab. Als Mama nach Hause kam, erzählte ich ihr alles. Sie schüttelte nur den Kopf: »Es gibt kein Mädchen, Pascha verkauft die Puppe. Gut, wenn sie dieses Geld nimmt, um etwas zu Essen zu kaufen. Aber wahrscheinlich vertrinkt sie es.«

In der Kolchose war ich, solange Mama die medizinische Betreuungsstelle organisierte, frei wie ein Vogel. Im Dorf hatte ich eine Clique. In vielen Häuser waren Fenster und Türen zugenagelt, und wir flüsterten einander zu: »Hier sind alle gestorben.«

Eines Tages kam eine Agitationsbrigade ins Dorf. Die Jungs und Mädels bauten Zelte auf und gaben abends Konzerte, spielten Episoden aus Theaterstücken. So lernte ich das erste Mal die Theaterkunst kennen. Wir lungerten den ganzen Tag um diese Zelte herum und wurden nicht weggeschickt. Im Gegenteil, man brachte uns verschiedene Agitationsgedichte und Lieder bei. Unglaublich1 Ich war damals sechs oder sieben Jahre alt, aber ich habe sie bis jetzt im Gedächtnis. Wie viel Müll steckt in unserem Gehirn!

Als wir aus der Kolchose zurückkehrten, kam der Hunger langsam auch zu uns. Ich erinnere mich, wie ich mit anderen Kindern im Unkraut nach Nachtschatten und anderen essbaren Kräutern suchte. Wir kauten sie, weil das Hungergefühl nie wegging. Ich hatte die ganze Zeit Hunger. Mutter tastete ständig meine Beine und Arme ab und weinte. Ich konnte das nicht verstehen. Ich, die ich doch immer so dürr war, hatte jetzt runde Arme und Beine. Warum weinte sie?

Eines Tages hielt der Oberarzt der Poliklinik Mutter an und sagte, dass ihm nicht gefiel, wie sie aussah. Natürlich, sie aß ja nur wenig, sie versuchte, mich zu retten. Wir waren beide vom Hunger angeschwollen. Die Läden waren leer. Beim Brot wurde 400 Gramm pro Arbeitenden verteilt. Der Oberarzt schlug Mama vor, nach Leschtschinowka zu fahren, ins Kurhaus für die alten Eisenbahnarbeiter. Dort wurde uns Frühstück, Mittagsessen und Abendbrot garantiert, wenn auch nur jeweils eins für uns beide. Wir fuhren dorthin. Wo sich in dieser Zeit mein Vater herumtrieb, davon habe ich keine Ahnung. Und wer auf das Haus aufpasste, weiß ich auch nicht. Ich weiß nur, dass Mutter deswegen sehr nervös war. Und nicht ohne Grund. Ein paar Jahre später kam der Moment, in dem wir unser Haus fast verloren.

21

Aber jetzt wohnten wir in Leschtschinowka. Das Haus, in dem die alten Eisenbahner wohnten, stand auf einem hohen Platz, drumherum befanden sich Häuser für die Mitarbeiter, jedes Haus mit zwei

Wohnungen. In der zweiter Hälfte des Hauses, in dem wir uns niederließen, lebte ein sogenannter »Mechaniker« mit seiner Familie. Er hatte zwei Kinder: Ljonja, ein Jahr jünger als ich, und Raja, ein Jahr älter als ich. Ihr Nachname war Burak (Rote Bete). Ihre Mutter habe ich nicht in der Erinnerung, aber die Oma! Von ihr erzähle ich später.

Raja war ein ruhiges Mädchen. Sie hatte irgendwelche Probleme mit den Ohren und hörte deshalb schlecht. Ljonja war ein ganz normaler Bub. Wir liefen jeden Tag durch die Gegend um das Kurhaus und steckten unsere Nasen überall rein, wo es möglich war. Ich mochte es, in den Maschinenraum des Elektrokraftwerkes zu schauen. Dort arbeitete Ljonjas Vater. Das Kraftwerk und das Kesselhaus belieferten nur das Kurhaus und waren sehr klein, aber für mich war alles riesig. Dazu zischte, klimperte und krachte irgendwas im Maschinenraum. Ich hatte das Gefühl, dass dort ein lebendiges Wesen aus Eisen lebte. Wir konnten stundenlang dort stehen, auf irgendwelche rotierenden Räder und sich bewegenden Kolben schauen und diesem schrecklichen Lärm zuhören.

Die Zeiten waren schwierig, nicht nur was das Essen betraf, sondern auch in Bezug auf die Kleidung. Deshalb liefen wir natürlich barfuss. Einer der Mitarbeiter besaß eine Imkerei. Die Bienen flogen in Schwärmen durch die Gegend. Sie krochen auch auf dem Boden herum, ich trat immer wieder unabsichtlich auf sie, und sie stachen mich. Dann lief ich zu Mutter, und sie zog mir die Stacheln mit der Pinzette heraus. Ich hatte Schmerzen und war aufgebracht: »Irgendwer isst später den Honig, und ich habe jetzt die Qualen!« Wahrscheinlich kannte auch der Imker meine Meinung, denn im Frühling nach der Honigernte brachte man mir einen Teller voll Honig. Das war die Kompensation für mein Leiden. Der Honig machte auf mich einen unvergesslichen Eindruck. Er roch so gut, war süß, transparent und bernsteinfarben.

Einmal beobachteten wir etwas Schreckliches. Unter einem Haus nisteten sich Kreuzottern ein. Ein paar Männer zogen sie mit Fischhaken heraus und töteten sie. Das sah sehr unangenehm aus. Die Kreuzottern waren dünn, grau und nur etwa zwanzig Zentimeter lang. Aber es waren viele, wahrscheinlich Junge. Seit diesen Zeiten mag ich keine Schlangen. Ich kann ohne Probleme einen Frosch oder eine Eidechse in die Hand nehmen, aber eine Schlange ... Auch eine Ringelnatter, obwohl sie harmlos ist, nehme ich nie in die Hand.

Aber die markanteste Erinnerung aus dieser Zeit war die Oma von Ljonja und Raja. Oder genauer ihre Erzählungen an den Abenden. Wenn Mama Nachtdienst hatte, blieb ich allein zu Hause, deshalb verbrachte ich solche Abende bei der Familie Burak. Dort blieb ich bis sie schlafen gingen. Wie ich schon erzählte, war das Kraftwerk klein, deshalb gab es abends aus Sparsamkeitsgründen Licht nur bei den Alten, in unseren Häusern war es dunkel. Wenn das Licht erlosch, setzten wir uns aufs Bett, und die Oma erzählte uns Märchen. Sie waren Angst einflößend. Eigentlich war ich nicht ängstlich. Jeden Abend nach dem Besuch bei Buraks musste ich den dunklen Hof überqueren und im Dunkeln schlafen gehen. Ich durfte keine Kerze anzünden, denn aus Sicherheitsgründen waren Streichhölzer tabu.

Das dauerte ziemlich lange. Und Omas Märchen wurden von Tag zu Tag gruseliger. Es kamen immer neue Personen hinzu: Meerjungfrauen, Teufel, Hausgeister und so weiter. Sie erzählte das meisterhaft. Zuerst hörte ich alles ruhig an, ein Märchen ist doch nur ein Märchen. Aber Oma behauptete ernsthaft, dass das alles existiere. Ich weiß nicht, wie es Ljonja und Raja ging, aber ich bekam langsam Angst. Und schließlich erreichte die Angst ihren Höhepunkt, und ich wollte nicht allein nach Hause gehen. Einer der Erwachsenen begleitete mich. Ich konnte fast die ganze Nacht nicht schlafen.

Als Mutter morgens vom Nachtdienst zurückkehrte, fing ich an, allen möglichen Unsinn zu erzählen: »Auf dem Dach hat die ganze Nacht der Teufel gepoltert. In der Zimmerecke saß ein Hausgeist und schaute mich an. Und eine Hexe hat unsere Schränke in der Küche durchsucht und wollte all unsere Lebensmittel aufessen.« Mama hörte mir zu und verbot mir, die Buraks abends zu besuchen. Der Befehl stand nicht zur Diskussion. Wenn es dunkel geworden ist, geh schlafen! Ich erinnere mich nicht, wie ich mich von meinen Ängsten befreit habe. Aber als ich größer wurde und Nikolai Gogol las, dachte ich, dass Ljonjas Oma von den gleichen Teufelsdingen erzählte, nur noch beängstigender.

Über Raja weiß ich nichts, aber Ljonja traf ich irgendwann in der achten Klasse wieder. Die Eltern zogen in die Stadt um, und Ljonja besuchte meine Schule eine Klasse unter mir. Ich hatte keinen Kontakt zu ihm, aber ich beobachtete ihn. Ein guter Junge war er geworden.

22

Mutter lernte irgendwo die Oberschwester eines Sanatoriums kennen. Es lag auf der anderen Seite der Eisenbahn und gehörte dem Gebietskomitee der Kommunistischen Partei der Ukraine. Damals war Charkiw unsere Hauptstadt. Die Parteileute lebten in diesem Sanatorium wie die Götter. Das Essen war hervorragend und das neue dreistöckige Gebäude hell und geräumig.

Als ich das erste Mal die Kantine besuchte, war ich erstaunt, wie schön es dort war: schneeweiße Tischdecken, Blumen auf den Tischen. Und dann wurde das Essen gebracht! Bis heute habe ich in Erinnerung, wie Mama mir ihre Portion gab. Ich aß und konnte nicht glauben, dass Essen so lecker sein kann. Zwei Frauen saßen mir gegenüber mit Tränen in den Augen und beobachteten, wie ich mit Überschallgeschwindigkeit alles von den Tellern wegputzte. Besonders erstaunlich war die Tatsache, dass auf dem Tisch ein Korb mit Brot stand und ich so viel nehmen durfte, wie ich wollte. Und dazu noch Butter! Zum Essen stand jedem vierzig Gramm Butter zu. Ich hatte das Gefühl, dass das viel war. Schon im Kurhaus hatten wir nicht gehungert, aber hier war alles so lecker!

Mutter wechselte dorthin. Ich erinnere mich nicht, wo wir wohnten oder mit welchen Kindern ich dort spielte. Nur der Sohn des Leiters blieb mir im Gedächtnis. Er war kleiner als ich und hatte Sprachprobleme. Weil er Omeletts »Hamlet« nannte, bekam er diesen Spitznamen. Keine Ahnung, wie sein wirklicher Name war.

Gewöhnlich holte ich das Essen aus der Küche. Wir waren nur zu einer Portion berechtigt, doch uns wurde immer mehr gegeben. Die Fleischnorm bestand aus zwei Stück Fleisch und zwei Buletten, in diesen Jahren ein wahrer Luxus. Wir als Kinder der Mitarbeiter des Sanatoriums bekamen noch ein zusätzliches, sozusagen illegales Essen. Wir wussten genau, dass wir uns während des Mittagessens am besten in der Nähe der Küche aufhalten sollten. Dann erschien der Koch Petro Pawlowitsch auf der Küchenschwelle und sagte: »Los Kinder, greift euch Löffel.«

Ich sehe jetzt noch in meiner Erinnerung ein Gericht von damals. Eine riesige Pfanne, und dort zischt alles. Fettgrieben und viele Eigelbe darin. Wir aßen natürlich alles in einer Sekunde weg. So lag meine Hungerzeit hinter mir. Ich wurde wieder dünn. Kurz gesagt so dürr wie »Koschtschei der Unsterbliche« aus dem Märchen. Und das war ganz normal.

Im Sanatorium lernte meine Mutter einen Kurgast kennen, Ljolja Libon, eine Parteiangestellte, die in Charkiw arbeitete. Sie begann meine Mutter zu agitieren, von Krementschuk nach Charkiw zu ziehen. Von irgendwoher tauchte auch Vater auf und versuchte ebenfalls, sie dazu zu überreden. Sein Motiv war, dass er in Krementschuk nie würde mit dem Trinken aufhören können, der Einfluss der saufenden Verwandten und Bekannten war einfach zu groß. So zogen wir nach Charkiw um, zuerst Mama und ich.

Am Anfang wohnten wir bei Ljolja Libon in der Puschkin-Straße. Mama fand schnell Arbeit, und ich schlenderte mit der Kinderclique aus unserem Haus durch die Straßen von Charkiw. Der Anführer war bei uns der Junge Mischa aus der Wohnung im Erdgeschoß.

Die meiste Zeit verbrachten wir im Zoo. Das Gelände war natürlich eingezäunt, aber hinten am Zaun begann eine Schlucht, und dort war zwischen Zaun und Boden ein Loch entstanden. Durch dieses Loch gelangten wir in den Zoo, denn das Geld für Eintrittskarten hatten wir natürlich nicht.

Mama arbeitete in einem Entbindungsheim in der Kinderabteilung. Das war eine schwere Arbeit. Oft kamen viele Kinder an einem Tag zur Welt. Und weil man sie alle in Windeln wickeln musste, kam Mutter oft mit geschwollenen Händen nach Hause. Schon damals habe ich mich entschieden, keine Krankenschwester zu werden. Aber eine Ärztin ... Nach Mamas Erzählungen waren die Ärzte Nichtstuer, die nichts taten, nur die anderen herumkommandierten und dabei ein gutes Gehalt bekamen.

Mamas Monatslohn betrug vierzig Rubel. Das war nicht viel,

deshalb nahm Mama »Bestellungen« an. Sie nähte Kleider für die, die das nicht selbst konnten. Eine solche Kundschaft war die jüdische Familie von Sarah Moissejewna. Sie hatte eine Tochter und eine Enkelin. Die Enkelin und sogar Sarah Moissejewna selbst habe ich kaum in Erinnerung, aber die Tochter Lisa machte auf mich einen starken Eindruck. Sie war hübsch, obwohl ein bisschen mollig. Ich mochte sie. Später, als ich das Bild »Die nackte Maja« von Francisco de Goya sah, erinnerte ich mich an Lisa. Ehrlich gesagt, wenn ich dieses Bild von Goya anschaue, denke ich: Warum gefiel ihm diese fette Kuh? Aber die Erinnerung an Lisa, so lebendig und hübsch, obwohl im Unterschied zum Bild bekleidet, rechtfertigt Goya irgendwie in meinen Augen.

Sarah Moissejewna war berühmt für ihre Witze. Für jede Situation hatte sie einen Witz oder ein Sprichwort parat. Jedes Mal, wenn Mama von dort kam, brachte sie neue Witze mit. Viele Jahre sagte man in unserer Familie: »Wie Sarah Moissejewna schon sagte ...« oder »Und im Witz von Sarah Moissejewna ...« .

Einen von ihren Witzen habe ich bis jetzt im Gedächtnis: Die Tochter will zum Arzt gehen und sagt zur Mutter: »Gib mir bitte die neue Unterhose.« Darauf die Mutter: »Wozu brauchst du die neue Unterhose, du gehst doch zum Zahnarzt.« Die Tochter antwortet: »Und wenn er frech wird?« Ich stellte mir deutlich vor, wie Lisa die Mutter um ihre neue Unterhose bittet, aber wie sich ein Arzt verhält, wenn er frech wird, verstand ich erst später.

Vater brachte von der Arbeit ganz andere »Witze« heim. Das alles nur Farce und Witz war, verstand ich erst später. Damals hörten wir mit offenem Mund die Berichterstattung über den Werksbesuch von Postyschew selbst. Nicht nur wir, das ganze Werk glaubte an diese Farce. Postyschew war so ein »Statthalter von Rom (Russland)« in der scheinbar freien Republik Ukraine. Er war damals ein Sekretär des Zentralkomitees der KP der Ukraine. Er kam in das Werk, lief durch die Werkhallen und beschimpfte die Werksleitung, als sei er auf Seiten der Arbeiter. Die Arbeiter erzählten, dass er sogar in der Werkskantine zu Mittag aß und dort auch alle beschimpfte. Wie naiv und leichtgläubig ist das Volk!

Nach vielen Jahrzehnten, als die Sowjetunion zugrunde ging und die geheimen Dokumente zugänglich waren, wurde bekannt, dass gerade dieser Postyschew die besten Menschen der Ukraine aus dem Weg geräumt hatte. Er war dabei sehr fleißig. Nach vielen Jahren fiel er allerdings bei Stalin in Ungnade und wurde beseitigt. 1939 wurde er nach einem Jahr Haft erschossen. 1956, als Chruschtschow an der Macht war, wurde er rehabilitiert.

Es ist schwierig zu sagen, was für einer Mensch Pavel Petrowitsch Postyschew war. Er hat viele Denker und Talente der Ukraine vernichtet. In Laufe der von ihm organisierten Prodraswerstka kamen eine Menge Menschen um. Aber 1936 wurde auf seine Initiative hin wieder erlaubt, den Weihnachtsbaum aufzustellen. Und Postyschew wurde vom Volk wie ein Held gefeiert.

Zurück zu Charkiw. Ich erinnere mich nicht, wie lange wir bei Ljolja Libon lebten, die uns nach Charkiw gelockt hatte. Aber einen Eindruck von Ljolja bekam ich später, als im Kino und in den Büchern die Komsomol- und Parteimitarbeiterinnen malerisch beschrieben wurden: mit roten Kopftüchern, in männlichen Militärhemden, kurz frisiert und sehr beschäftigt. So sah ich auch Ljolja Libon. Ich glaube, sie war sogar hübsch, mit einer guten Figur. Zu uns war sie auch herzlich. Aber sie war kein Vorbild für mich. Irgendwie benahm sie sich komisch. Manchmal hatte ich das Gefühl, dass sie verrückt war. Aber sie war eine auffallende Persönlichkeit in meinem Leben, das ist eine Tatsache. Ich glaube, die Begegnungen mit solch ungewöhnlichen Leuten formten meine Persönlichkeit.

23

Im Winter kam Papa nach Charkiw. Wir mieteten eine Wohnung und verließen Ljolja. Ich sah sie nie wieder. Es war warm. Wir besichtigten verschiedene Häuser mit der Absicht, eins zu erwerben. Unser altes Haus in Krementschuk wollten wir verkaufen. Vor der Abreise hatte Vater Mieter dort wohnen lassen.

Ich erinnere mich an die Besichtigung von einem Haus mit einem großen Hof, in dem Unkraut wuchs, mit zwei Eingängen und vielen Mietern. Das Haus wurde nur vermietet angeboten. Ein passendes

Haus fanden wir nicht und wohnten daher in einer Ein-Zimmer-Wohnung.

Am 1. September ging ich in der Hauptstadt in die Schule. Es war eine ukrainische Schule, von denen gab es damals viele. Die fortschrittlichen Menschen in der Ukraine wollten an das glauben, was man in der Zeitung, in den Schulen, den Arbeiterversammlungen ständig herunterleierte: dass unser Land das schönste, das reichste, das stärkste, das freieste ist. Wie es in einem Lied hieß: »Wo der Mensch so frei atmen kann.« Deshalb wurden in den Dörfern ukrainische Schulen eröffnet und Aufführungen der Theaterstücke von Kropiwnitzki, Starizki und anderen ukrainischen Schriftstellern der zaristischen Zeit erlaubt. Man besang die Dichter Taras Schewtschenko und Lesja Ukrainka und unterrichtete Gogol in den Schulen. Die Namen von Kulisch und anderen zeitgenössischen ukrainischen Freiheitskämpfern wurden bekannt.

Keiner ahnte, dass das Jahr 1937 kommen würde, in dem die Werke von Kulisch verboten und alle, die für die Ukraine waren, als Nationalisten und Volksfeinde gebrandmarkt wurden. Um ihr Schicksal waren sie nicht zu beneiden. Wer ins Ausland flüchten konnte, verbrachte sein Leben fern der Heimat, und wer zu Hause blieb, wurde im besten Fall vergessen und im schlechtesten lernte er die Straflager in Sibirien kennen oder wurde erschossen. Aber bis dahin plapperte unsere ukrainische Gesellschaft noch munter vor sich hin.

Also, ich ging in die zweite Klasse. An meine Klassenkameraden kann ich mich absolut nicht erinnern. Die Lehrerin war jung. Bevor ich in die Schule kam, besaß ich meine Würde. Egal, was geschah, ich bekam Aufmerksamkeit, stand niemals abseits, reagierte immer schnell und war nie um eine Antwort verlegen. Aber hier ... Ich glaube, gerade hier, in einer hauptstädtischen Schule, begann man, mich als Persönlichkeit zu zerstören. Mehr als dreißig Kinder plapperten auf Russisch. Die Lehrerin sah niemanden, nur ein bestimmtes Mädchen. Sie tanzte regelrecht um sie herum. Und da war ich, verloren in dieser Menge, ohne Aufmerksamkeit und Unterstützung. Ich, das Mädchen aus der Provinz, ungepflegt und schlecht gekleidet, sah ganz anders aus als die Kinder aus der Hauptstadt. Zu Hause war unsere Sprache »Surshik«, eine Mischung aus Ukrainisch und Russisch. Das war natürlich ein Gegenstand des Spottes. Und ich begann, mich wie eine Schnecke in mein Schneckenhaus zurückzuziehen. Wobei, manchmal wehrte ich mich noch.

In der zweiten Klasse unterrichtete man keine ukrainische und russische Literatur. Aber wir kannten unseren größten Dichter Schewtschenko und auch die russischen Dichter Puschkin und Lermontow. In der Schule organisierte man oft Literaturabende, die einem Dichter oder Schriftsteller gewidmet waren. Die Schüler aus einer der höheren Klassen spielten Theaterstücke, sangen Lieder, rezitierten Gedichte. Die Kleinen waren auch manchmal an diesen Abenden anwesend. Das Schönste war, an so einem Abend ein Gedicht vorzutragen. Vor einem Puschkin-Abend verkündete die Lehrerin einmal: »Wer gut ein Gedicht lernt, darf an diesem Abend auftreten.« Und ich, die Naive, glaubte ihr. Ich wühlte in irgendwelchen Büchern herum und grub das Gedicht »Gefangener« von Lermontow aus. In der Klasse konnte ich es gut aufsagen.

In der Kindheit kannte ich etliche Gedichte, ich hatte viele Bücher. Oft erzählte ich den Inhalt und sagte die Gedichte vor den Erwachsenen auf. Ich hatte nie Angst und war nie verlegen. Wenn Gäste ins Haus kamen, war mein Mund niemals zu.

Nachdem mich die Lehrerin gehört hatte, sagte sie: »Sehr gutes Gedicht.« und schlug ihrer Lieblingsschülerin vor: »Lerne dieses Gedicht auswendig. Du trägst es dann an dem Abend vor.« Ich war am Boden zerstört. Ich hasste alle und alles: die Lehrerin, die Kinder in der Klasse, die Schule und sogar die Stadt. Ich kam nach Hause und erzählte den Eltern von meinem Kummer. Es war für mich wirklich ein Kummer. Aber ich kann mich nicht an die Reaktion meiner Eltern erinnern, weder an die meiner Mutter noch an die meines Vaters. Die Wand der Gleichgültigkeit gegenüber meinem Leben und meinen Gefühlen spürte ich von allen Seiten. Ich glaube, auch meine Lernerfolge waren allen herzlich egal.

24

Als Erwachsene dachte ich oft, dass ich eigentlich nicht dumm gewesen bin. Warum lernte ich dann so schlecht in der Grundschule? Ich kann auch nicht sagen, dass mir Liebe fehlte, ich war doch das einzige Kind. Aber meine Mutter war ständig mit der Arbeit beschäftigt, anderthalb Stellen, zwei Stellen. Es fehlte immer an Geld. Wir lebten irgendwie ungemütlich. Und Mutter war immer streng und unterkühlt. Ich kann mich nicht erinnern, dass sie mich je geküsst oder umarmt hat. Doch im Großen und Ganzen widmete sie mir ihr Leben. Nur war ich damals ein Kind und verstand das nicht.

Und mein Vater? Papa war gut zu mir. Aber die »Grüne Schlange«, die Alkoholsucht, verfolgte ihn trotz all seiner Versprechen und unserer Hoffnungen auch in Charkiw. Er begann eine Arbeit im berühmten ChTS, dem Charkower Traktorenwerk. Als er sich bewarb, wurde er gefragt, was er machen könne. Und er antwortete frech: Alles. Ein Arbeiter mit einem breiten Profil. Zugegeben, er war ein guter Tischler. Und auch das Leben, zuerst im Lager und dann während der Hungerzeiten, brachte ihm viel bei. Weil er so selbstsicher war, schickte man ihn in die gesundheitsschädliche Maschinenlackiererei. Die Maschinen wurden mit einer speziellen Einrichtung lackiert: An einen Behälter mit Farbe schloss man einen Schlauch mit einem Zerstäuber an. Der hatte viele Knöpfe: mehr Farbe, weniger Farbe, ausschalten. Natürlich sah mein Vater dieses Wunder der Technik zum ersten Mal. Aber statt zu fragen, wie das Ding funktioniert, überrollte er den ersten Arbeiter, den er traf: »Du machst alles falsch!« Der war verblüfft und versuchte zu zeigen, dass er alles richtig macht. Auf diese Wiese erfuhr Vater, wie die Einrichtung funktionierte, und konnte selbst beginnen, die Maschine zu lackieren. Niemand erfuhr, dass er diese Arbeit zum ersten Mal machte. Und er bekam eine hohe Einstufung. So war mein Vater! Ich glaube, das habe ich von ihm. Ich traute mir oft neue Tätigkeiten zu, die ich nie vorher gemacht hatte. Und alles klappte.

Papa hatte viel Positives. Er war gutmütig, fröhlich, schlagfertig. Faul konnte man ihn auch nicht nennen. Aber den Wodka konnte er nicht besiegen. In Charkiw fand er schnell Freunde, und alles lief genauso wie in Krementschuk. Nach der Arbeit steckte er irgendwo in der Kneipe, und nach Hause kam er total betrunken. Einmal im Winter, nach der Lohnauszahlung, kam er nach Mitternacht nur in Unterwäsche und barfuss. Wie er es bis zum Haus geschafft hat – unbegreiflich. Danach war er lange krank, und ich glaube, dieser Zwischenfall führte zu einer weiterer Krankheit: Tuberkulose.

Aber noch lebten wir in Charkiw. Papa und ich unternahmen Ausflüge in die Stadt. Und ich kam nie mit den leeren Händen zurück. Er kaufte mir immer etwas Ungewöhnliches. Mama schimpfte jedes Mal. Ich erinnere mich an drei Geschenke.

Das erste war ein sogenanntes »Kino«. Auf einen Draht wurden zwei Kreise befestigt, einen davon konnte man drehen. Ein Kreis hatte eine Spalte, auf dem anderen befanden sich die Bilder. Es gab ein paar Kreise mit verschiedenen Bildern: ein Mädchen, das Ball spielt, ein Mädchen, das über ein Springseil springt, eine kriechende Raupe und so weiter. Wenn der Kreis mit dem Draht gedreht wurde, erwachte das Bild zum Leben. Das Mädchen spielte mit dem Ball und sprang über das Springseil, die Raupe kroch.

Ein anderes Mal kauften wir ein Kaleidoskop. Natürlich nahm ich es mit meiner Neugier bald auseinander und fand dort einfach einen Haufen bunter Glasstücke. Die Frage war, wie aus diesen Glasstücken so ein schönes Bild entstehen konnte.

Den Gipfel von Mamas Missmut erregte der lebendige Stieglitz, den wir eines Tages nach Hause brachten. Wie schön er den Winter über sang! Und im Frühling entließen wir ihn durchs Klappenfenster in die Freiheit. Ich konnte es nicht ertragen, dass er in einem Käfig sitzen musste, während andere Vögel in Freiheit zwitscherten. Gut, dass ich damals nicht wusste, dass Vögel, die lange in Unfreiheit leben, nicht für das Leben in der Wildnis geeignet sind, besonders nicht in der Stadt. Sie sterben schnell.

Bald flatterten auch wir aus Charkiw davon, genau wie dieser Stieglitz. Ich war froh, ich mochte Charkiw nicht. Beim Wort Charkiw denke ich immer an Shurawlewka. So hieß der Stadtteil, in dem wir wohnten. Auf dem höchsten Platz stand ein Irrenhaus. Es hatte Fenster mit Gittern, und im Fenster stand oft jemand und schrie mit unmenschlicher Stimme. Ich verließ Charkow ohne jedes Bedauern.

25

In Krementschuk war ich zu Hause. Aber wie wir feststellen mussten, besaßen wir kein Haus mehr. Die Mieter, denen Vater das Haus vermietet hatte, waren eine Großfamilie mit vielen Kindern. Mit wem Mama auch sprach: mit Anwälten, mit dem Gericht, mit Behörden, alles war vergeblich. Ihr wurde erklärt, dass man diesen Mietern nach sowjetischen Gesetzen nicht kündigen durfte. Und ich fing langsam an, die Sowjetmacht nicht besonders zu mögen.

Wir wohnten im Flur. Gut, dass Sommer war. Wir schliefen auf dem Boden und bereiteten uns Essen auf einem Petroleumkocher. Alle liefen sozusagen über uns hinweg. Es stank nach Kerosin und Mietern. Ich erkrankte an Masern. Dann riss Vater der Geduldsfaden. Er trank jeden Tag, stürmte ins Haus und stritt mit dem Vater der Familie. Und er schwor immer wieder, dass er alle töten würde: ihn, seine Frau und seinen Nachwuchs. Und dass er keine Angst vor dem Knast hätte, er wäre schon dort gewesen. Aber seine Tochter werde in dem Haus wohnen, dass er mit eigenen Händen gebaut habe. Der Mieter lief zur Polizei, aber dort wurde ihm geantwortet: »Er hat Sie nicht geschlagen, nur bedroht. Wenn er Sie tötet, dann kommt die Polizei.« Alles sah düster aus. Vielleicht würden sie uns zum Winter ein Zimmer überlassen, aber sie selbst würden vermutlich für immer bleiben. Papa fuhr mit dem Streit fort, begann allerdings keine Schlägereien. Ich lag krank darnieder. Endlich zogen die Mieter im Winter aus. Wahrscheinlich waren Papas Drohungen doch überzeugend.

Jetzt fühlte ich mich richtig zu Hause. Alles um mich herum war mir vertraut. Im Hof floss der Fluss, ich mochte ihn sehr. Nicht weit entfernt wohnte Oma und neben ihr meine Freundin Luda Anikejewa, mit der ich als Kind im Sand gespielt hatte.

Luda besuchte die 8. Eisenbahnschule. Dort war ich in der Vorbereitungsklasse. Um in diese Schule zu gelangen, musste man am Zaun des Stadtgartens vorbei. Es gab damals noch Zaunreste aus den Vorrevolutionszeiten. Der Unterbau bestand aus Ziegelstein, alle drei bis fünf Meter standen Säulen, dazwischen konnte man die Reste des ehemaligen Prunks sehen: den Zaun aus Metallstäben mit vielen

Verzierungen, Monogrammen und Wappen. Für mich schien alles unglaublich schön. Ein paar Jahre später sah ich etwas Ähnliches in Leningrad, das war der Zaun des Sommergartens. Der war Gott sei Dank in einem guten Zustand. Vor dem Krieg war der Zaun des Stadtgartens abgerissen und der Garten mit einfachen Holzbrettern umzäunt worden. Jetzt sah er genauso aus wie der Zaun des städtischen Elektrokraftwerks gegenüber mit seinem hohen Kamin, aus dem immer Rauch entwich, und seinem riesigen Kohlelager unter freiem Himmel. Wo sich dort das Kesselhaus befand, konnte ich nie erfahren. Aber an die Sirene des Kraftwerks erinnere ich mich gut. Die klang morgens um sechs, mittags um zwölf und abends. Der Ton der Sirene war tief und lang, ganz anders als die Sirenen der Lokomotive, die aus dem Depot ausfuhren.

Hinter dem Zaun des Stadtparks stand ein zweistöckiges Gebäude. Damals befand sich dort die Fachschule für Landwirtschaft. Allerdings erinnere ich mich nicht an die Studenten. Hinter diesem Gebäude lag der Schulhof. Die Schule hatte nur ein Erdgeschoß. An der Fassade gab es drei Flügel. Links und rechts befanden sich die Klassenzimmer. In einem wurde unsere damalige achte Klasse unterrichtet. In der Mitte befand sich ein Haupteingang, der zu meiner Zeit zugenagelt war. In die Schule gelangte man durch einen Dienstboteneingang. Auf beiden Seiten vom Haupteingang wuchsen schöne große Tannenbäume.

Diese Schule besuchten alle, sogar meine Mutter, glaube ich. Auf jeden Fall meine Onkel und Tanten. Und alle erinnerten sich an diese Tannen. Als ich 1981 das letzte Mal Krementschuk besuchte, standen die Tannen noch. Aber im Gebäude gab es keine Schule mehr. Dieses Gebäude nannte man die »Große Schule«, die Schüler der oberen Klassen besuchten sie während der sowjetischen Zeit. Die Kleinen besuchten die »Kleine Schule«. Die bestand aus ein paar Gebäuden gegenüber dem Eingang zum Stadtgarten. Man erzählte, dass früher gegenüber der »Großen Schule« eine schöne Kirche gestanden hatte. Etwas weiter, näher zur Stadt hin, standen Häuser, in denen früher die Geistlichen gewohnt und sich die Amtsräume befunden hatten. In eben diesen Räumen wurde später die sogenannte »Kleine Schule« eingerichtet.

Hinter dem Zaun der »Großen Schule« befand sich der Stadtgarten. Das war ein interessanter Platz. Gleich hinter der Schule begann der Zaun, der wenig von seiner ehemaligen Pracht behalten hatte. Dann kam der Garteneingang: zwei Türen an den Seiten und in der Mitte ein Tor. Die linke Tür war immer zugenagelt. Dabei fehlten die rechte Tür und das Tor ganz. Die Säulen für die Türen und das Tor waren aus Ziegelstein, zweifarbig gestrichen. Das Dach hatte eine ungewöhnliche Form und war mit einer Farbe gestrichen worden, die nicht zu den Farben der Säulen passte. Alles wurde nicht oft gestrichen, der Eingang zum Garten sah schmutzig und unglücklich aus, obwohl man die ehemalige Schönheit noch ahnen konnte.

Als ich älter war, machte ich oft auf dem Platz vor dem Eingang zum Stadtgarten Halt und betrachtete diese früher vielleicht schöne Erbauung. Sie erinnerte mich an ein stolzes Tier, das während der Revolution bespuckt, verschmiert, kaputt gemacht wurde. Und als Kompensation wurde es jetzt mit unglaublichen Farben gestrichen.

Für den Garten war die Eisenbahn verantwortlich, deshalb wurden die Wege mit Meersand und kleinen Muscheln bestreut. Den Sand karrte die Eisenbahn aus dem Süden. Das war sehr schön. In der Mitte des Gartens stand die »Kurhalle«, ein rundes Gebäude mit einer Terrasse herum und einem wunderlichen Dach. Darin befand sich ein großer Saal, in dem standen Billardtische; man konnte die zusammenstoßenden Kugeln hören. Die Tische waren mit einem grünen Tuch bespannt, und an den vier Ecken glänzten kupferne Billardlöcher. Ich wollte immer alles berühren und streicheln. Aber als Jugendliche wurde ich dort nicht eingelassen, und als ich älter war, war alles in einem Kriegsfeuer verbrannt.

Ich erinnere mich nicht, wo das Orchester saß, aber abends konnte man aus dem Garten die Blasmusik hören. Ich habe gute Erinnerungen an die Theateraufführungen: »Oh, geh nicht, Grizju«, »Der Gierige oder die Spinne« und andere. Sie wurden in einem großen, aus Holzbrettern zusammengezimmerten Sommertheater gespielt. Dazu gab es im Garten eine »Muschel«, während die Zuschauer unter freiem Himmel saßen. Dort spielte oft das Streichorchester unter der Führung von Golubnjak. Das Orchester war ziemlich gut, und alle Musiker stammten aus der Schule Nummer 8.

Im Garten gab es auch einen Teich, natürlich genauso vernachlässigt wie alles in den Jahren der Sowjets. Damals standen überall Häuser mit kaputtem Putz, jahrelang nicht gestrichen. Seit dem Zarismus waren die Straßen nicht renoviert worden. Dort, wo ich lebte, gab es überhaupt keinen Straßenbelag. Doch zurück zum Teich. Irgendwann in den alten Zeiten wollte die Zarin ihre geknechteten Ländereien besuchen. Der Weg führte durch Krementschuk. Zu ihrem Besuch wurde eben dieser Teich angelegt und »Zarenbad« genannt. Man munkelte, dass sich unter Wasser ein Bau aus Marmor befunden hatte. Soso. Auch das, was während der Revolution nicht verbrannt oder kaputt gemacht worden war, wurde nicht bewahrt. Ich glaube, dass in diesen Zeiten auch der Stadtpark entstand.

Heute enden die Röhren mit dem warmen Wasser aus dem Kraftwerk in diesem Teich, der jetzt als hässliche Kühlungslösung anstelle eines Kühlturms missbraucht wird. Wir gingen dorthin baden. Mama erzählte, dass der Garten in den NEP-Zeiten voll mit Menschen war, Tag und Nacht. Auf den Wegen flanierten die Bürger, einer spielte Billard, ein anderer hörte Musik, noch ein anderer las Zeitungen in der Bücherei oder saß im Café. Natürlich war der Stadtgarten auch der Platz für Verabredungen und Bekanntschaften.

Mama erzählte, wie sie mit mir einmal im Urlaub war. Papa konnte natürlich nicht zu Hause sitzen. Beim einem Spaziergang mit den Mädels im Garten verkündete er, dass er und seine Frau sich getrennt hätten. Die Mädchen begannen sofort, ihn zu umwerben. Papa gefiel den Frauen. In meiner Erinnerung war er immer akkurat und gut gekleidet, seine Schuhe waren immer geputzt. Er hat stets enge Schuhe getragen. Wahrscheinlich dachte er, dass es so besser aussah, und litt schrecklich unter Hühneraugen. Er roch auch gut. Aber das Wichtigste: Er war immer lustig und hatte damals noch Geld. Nachdem er den ganzen Abend mit den Mädchen gelacht hatte, begann er auf die Uhr zu schauen. Auf die Frage, warum er ihre lustige Gesellschaft verlassen wollte, antwortete er, dass bald ein Zug käme und er seine Frau und seine Tochter treffen müsse. Da war das Staunen groß. »Ihr habt euch doch getrennt!« – »Ja«, antwortete er, »meine Frau ist mit dem Zug in den Urlaub und ich bin mit der Kutsche in den Stadtgarten gefahren.«

Ich habe keinen Zweifel, dass auf dem Platz vor dem Stadtgarten eine Kutsche auf ihn wartete, um ihn zum Bahnhof zu fahren, obwohl es dorthin bloß zwanzig Minuten zu Fuß waren. Mama und mich mit der Kutsche zu treffen und uns nach Hause in unsere ungepflasterte Perejaslawskastraße zu fahren, um den Neid von allen Nachbarn zu wecken, das war Papas Stil.

Was meine Mutter noch erzählte: In der Stadt gab es zwei Orte für Spaziergänge, den Stadtgarten, der sich nicht weit von uns befand, und die Uferstraße des Dnipro auf der anderen Seite der Stadt. In den wunderbaren Zeiten der NEP besaß mein Vater ein Motorboot. Mit seinen Wassershows lockte er beträchtliche Mengen von Zuschauern an. Ein Seil wurde an das Motorboot befestigt, an das andere Ende des Seils wurden zwei Bretter gebunden, darauf stellte man einen Stuhl, auf dem Papa mit einem Sonnenschirm saß und so tat, als läse er ein Buch. Eine Art Surfing. Die Leute empfanden das zuerst als ein Wunder. Das Boot war ziemlich weit vom Stuhl entfernt, man begriff den Trick nicht sofort. Auf dem Fluss fährt ein Stuhl, auf dem ein Mensch sitzt, der dazu noch ein Buch liest! Unglaublich! Und Vater fiel kein einziges Mal vom Stuhl. Obwohl das auch nicht schlimm gewesen wäre, er konnte ja gut schwimmen. Er konnte locker den Fluss durchqueren, und der Dnipro war damals wesentlich breiter als jetzt.

26

Die Vorbereitungsklasse besuchte ich in der Schule Nr. 8, die auch meine Kindheitsfreundin Luda besuchte. Aber im Herbst schickten mich meine Eltern in die Schule Nr. 6, keiner weiß, warum. Ja, die Schule befand sich in der Nähe, am Ende des nächsten Wohnblocks. Sie war neu, zweistöckig, die Klassenzimmer waren groß und hell, deshalb wurde ich wahrscheinlich dorthin geschickt. Aber sie gefiel mir nicht. Ringsherum standen meist große Gebäude. Nur das Haus der Familie Nesterow war schön: umzäunt, im Hof viel Grün, das Haus selbst weiß, der Zaun gestrichen. Dieses Haus ließ die Hässlichkeit des Schulgebäudes umso deutlich hervortreten. Aber vielleicht erinnere ich mich nur deshalb so an die Schule, weil ich dort Ärger hatte. Das war ein richtiger Schlag, zudem bereits der zweite.

Den ersten hatte ich noch vor der Schule bekommen. Es betraf das Bettnässen. Ich kann mich nicht daran erinnern, dass dieses Problem bei mir zu Hause aufgetreten ist. Auch bei Oma, bei der ich lange wohnte, habe ich keine Erinnerung daran. Aber ich denke, dass ich das Problem vielleicht doch hatte. Die ganze Familie behandelte es allerdings sehr delikat.

Nach dem Umzug aus Charkiw erinnerte ich mich an das freie Leben bei Ljolja Libon, und ich wollte meinen ehemaligen Freunden einen Brief schreiben. Weil ich nur die Adresse von Mischa aus dem Erdgeschoß kannte, schrieb ich ihm. Ich glaube, in diesem Brief stand nichts Besonderes, jedenfalls erinnere ich mich nicht an irgendwelche Gefühlsbekundungen. Mischa war einfach ein Anführer und eine Autorität, kurz gesagt: eine auffallende Persönlichkeit. Auf jeden Fall kam der Brief aus irgendwelchen Gründen zurück.

Zu der Zeit hatte Oma einen Mieter, der auch Mischa hieß, ein junger Kerl. Er öffnete zusammen mit Valja und Nadja diesen Brief. Und als ich zu Oma kam, lachte er mich aus. Das war böse gemeint, der Schlag ging unter die Gürtellinie. Er sagte: »Statt den Jungs zu schreiben, solltest du lieber auf trockenen Bettlaken aufwachen.« Das war grob. Das erste Mal in meinem Leben geriet ich in Verwirrung und konnte nicht kontern. Besonders ärgerlich war, dass es keiner meiner Verwandten war, sondern irgendein Mieter aus einem stinkenden Dorf. Welches Recht hatte er, mich so zu behandeln? Seitdem hasste ich Mieter, ohne eine Ahnung zu haben, mit wie vielen ich noch in meinem Leben zu tun haben würde.

Aber es bewirkte auch etwas Positives. Ich öffnete in meinem Leben nie einen Brief von meinen Kindern. Das führte manchmal zu absurden Situationen. Als mein Sohn woanders wohnte, sammelte ich seine Briefe auf dem Fensterbrett. Einmal kam ein Brief mit der Aufforderung, die Grundsteuer zu zahlen (er war Eigentümer). Und weil ich den Brief nicht öffnete, wurde die Zahlung versäumt.

Die Frage der feuchten Bettlaken war niemals Gegenstand des Spotts in unserer Familie. Ich weiß nicht, vielleicht war die Medizin damals machtlos. Vielleicht beschäftigte sich meine Mutter nicht genug mit meinem Problem. Vielleicht war ich einfach so. Aber mit der Zeit hörte es auf.

Nun zur Schule Nr. 6. Das Einzige, woran ich mich erinnere: Ich saß hinten in der letzten Bank. Hinter meinem Rücken gab es noch viel Platz, und weit entfernt befand sich die Tür zum Flur. Ich war nicht lange in dieser Schule. Einmal musste ich dringend auf die Toilette und versuchte, mich zu melden. Aber meine Trage-das-Licht-des-Wissens-in-die-Massen-Lehrerin wollte mich nicht sehen. Als sich unter der Schulbank eine Pfütze zu bilden begann, sammelte ich meine Bücher und Hefte in die Schulmappe und verließ diese blöde Schule für immer. Ich erinnere mich nicht, wie die Lehrerin sich verhielt, aber dass ich nie zurückkehrte, daran erinnere ich mich gut.

Irgendwann in der fünften Klasse begriff ich die ganze Peinlichkeit des Geschehens. Fast jeden Tag musste ich an dieser Schule vorbei und bekam Angst, dass die ehemaligen Schulkameraden mich erkennen könnten. Mit dieser Angst musste ich lange leben. Deshalb benutzte ich nie die Straßenseite, auf der diese unglückselige Schule lag.

Ich besuchte nun also die Schule Nr. 8. Sie lag weiter entfernt und war für mich in den ersten Klassen nicht besser, aber ich vermute, dass meine Mutter die Lehrerin vorgewarnt hat, dass sie mich rauslassen müsse, wenn ich darum bat. Das Problem hatte ich nicht mehr.

Dafür hatte Mutter mir einen anderen Schlag verpasst. Der Fluss hinter dem Hof diente uns im Winter als Eisbahn. Super! Du öffnest die Hintertür, und da bist du schon auf der Eisbahn. Neben dem Zaun wuchs eine Weide. Sie war hoch, und die Zweige hingen über den Zaun bis auf die Wasseroberfläche hinab. Im Sommer sah das schön aus, und auch im Winter, wenn auf den Zweigen Schnee und Reif lagen, war es wie in einem Märchen. Beim Schlittschuhlaufen zogen wir an den Zweigen, der Schnee fiel auf uns herab, und wir kreischten wie die Ferkel. Aber einmal spielte diese Weide eine traurige Rolle in meinem Leben.

Damals verkaufte man für Jugendliche wie mich (ich war damals etwa zehn Jahre alt) Schlittschuhe, die »Snegurki« hießen. Die musste man jedes Mal an der Sohle der Schuhe befestigen. Die Befestigung war unzuverlässig, deshalb wurden die Schlittschuhe mit zusätzlichen Schnüren an die Füße angebunden, so fest wie möglich. Außerdem strickte mir Mama Hose und Strümpfe aus Wolle. Darunter war natürlich eine Unterhose. Im Notfall konnte man das alles schwer ausziehen. Zwar befand sich draußen eine Toilette, aber ich lief komischerweise immer ins Haus. Das war nicht so nah, man musste den ganzen Garten durchqueren.

Einmal kam ich nach Hause und begann, mich hektisch auszuziehen. Dabei hatte ich noch die Schlittschuhe an den Füßen. Und dann explodierte Mutter und beschimpfte mich, weil ich bis zur letzten Minute gewartet hatte. Und es hätte ihr doch so viel Mühe bereitet, um mir diese Hose zu stricken. Ich glaube, die Hose war die Ursache ihres Zorns. Zu meinem Pech befand sich gerade ihre Schwester Valja bei uns. Mama schickte sie, Weidenzweige zu holen, was Valja mit großem Vergnügen tat. Und ich wurde zum ersten Mal in meinem Leben geschlagen. Ich erinnere mich nicht, ob es schmerzhaft war und wie lange es dauerte. Aber auch jetzt noch meine ich, dass es ungerecht war. Die Schläge brachten mich nicht zur Reue, ich war nur gekränkt und verbittert. Mama – die böse Stiefmutter. Valja – eine hinterlistige Schlange.

All diese Zwischenfälle beendeten mein sorgloses Leben. Ich hatte Minderwertigkeitsgefühle. Und obwohl ich es damals nicht verstand, wurde ich langsam anders. Ich war nicht mehr so mutig bei meinen Meinungsäußerungen. Ich sprach weniger. Ich ging seltener auf die Straße. Ich hatte Angst, dass meine Altersgenossen meine Probleme erfahren würden. Gott sei Dank klatschte Mutter nie mit den Nachbarinnen auf der Straße. Aber die Bekannten, die uns besuchten, wussten, was in unserem Haus geschah. Und ich begann, den Gästen auszuweichen.

27

Im Winter lief ich nicht mehr Schlittschuh. Im Sommer saß ich gern den ganzen Tag am Fluss und beobachtete Frösche, Libellen und andere Insekten, die auf der Wasseroberfläche liefen. Besonders mochte ich die Frösche. Sie kletterten auf die Blätter von Seerosen. Lilien wuchsen nicht in unserem Fluss, aber von den gelben Seerosen gab es viele. Auf dem Blatt sitzend begann der Frosch, seine Wangen aufzublähen, die wie transparente Kugeln an den Seiten aussahen. Dann gingen die Kugeln zurück, und der Frosch begann, laute Schreie zu produzieren. Jeder Frosch hatte meiner Meinung nach eine eigene Stimme. Zur Dämmerung veranstalteten die Frösche ein richtiges Konzert.

Ich war oft bis spät am Fluss. Hinter dem Zaun saß ich auf einem Platz von der Größe von weniger als einem Quadratmeter. Er bestand aus Brettern; ich weiß nicht, wer ihn gemacht hatte. Ich saß, hörte zu und beobachtete. Und auch, wenn es dunkel und geheimnisvoll wurde, hatte ich keine Angst. Worüber ich nachdachte? Keine Ahnung.

Aber ich vermute, nicht über die Schule. Ich lernte schlecht. Ich habe keine Erinnerung an meine Bemühungen, das Wissen der dritten Klasse zu begreifen. An die Lehrerin auch nicht. In der fünften und sechsten Klasse traf ich im Flur ab und zu eine prüde große Dame aus der Vorrevolutionszeit. Ich wusste, dass sie meine ehemalige Lehrerin war, aber ich suchte nicht ihre Nähe. Außerdem war sie immer von den anderen Kindern umgeben. Das war die Elite unserer Klasse: Galja Sergienko, Alla Melnik, Lilja Schtscherbak, Ljalja Prokopenko. Bei den Jungs waren Wolodja Kuchar und Petja Petunko die Favoriten. Der letzte war, wie die Zeit zeigen sollte, wirklich ein kluger Junge. Leider begann nach der achten Klasse der Krieg, und er wurde getötet. Wolodja war auch klug und fleißig.

Bei den Mädchen, mit denen die Lehrerin sich abmühte, war es anders. Warum Galja ein Liebling war und was ihre Eltern machten, weiß ich nicht. Vielleicht war sie wirklich klug. Sie war klein und mollig, hatte aber ein schönes Gesicht. Später wurde sie Schauspielerin. 1944, sie war gerade achtzehn, bekam sie beim Schminken eine Blutvergiftung. Wahrscheinlich benutze sie irgendwelchen Schrott. Es war Krieg, und sie hatte vielleicht irgendwo einen Kratzer. Während der Besatzung gab es keine richtige Medizin, das kann man ruhig sagen. Alle Krankheiten wurden mit rotem und weißem Streptocid (Antibiotikum) behandelt, den konnte man bei den Deutschen besorgen. Das rote Streptocid war, wie später festgestellt wurde, schädlich. Galja war nicht mehr zu retten, sie starb.

Wie Alla Melnik lernte, weiß ich nicht, aber ihre Mutter trieb sich immer in der Schule herum. Alla war eine Favoritin. Rothaarig, mit Sommersprossen, immer gut gekleidet und mit Zöpfen mit riesigen Schleifen. Ich hatte das Gefühl, dass sie jeden Tag neue Schleifen hineinflocht. Meine waren alt und ausgeblichen. Ich schaffte es sogar, sie mit Tintenflecken zu beklecksen. Und die Schleifen bügeln? Das war ein Problem. Wir hatten ein Dampfbügeleisen. Die Holzkohle (ich weiß nicht, woher die kam) wurde mit Kleinholz angezündet, dann musste man das Bügeleisen schwingen oder hineinpusten, bis die Holzkohle rot wurde. Anschließend musste man warten, bis das Bügeleisen heiß wurde. Das dauerte lange und war kompliziert. Wir hatten allerdings noch ein weiteres Bügeleisen, ich besitze es heute noch. Dieses musste man auf dem Ofen zwischen den mit den Ruß überzogenen Töpfen heiß machen. Aber der Ofen war nicht immer warm, deshalb fand ich einen Ausweg und wickelte die Schleifen um einen Bleistift.

Ja, ich war auf Allas Schleifen neidisch. Aber einmal hatten wir eine medizinische Untersuchung und bekamen Spritzen. Vorher mussten wir uns ausziehen. Und plötzlich sah ich auf Allas Unterhemd an einer gewissen Stelle einen gelben Fleck. Was war das? Benutzte sie das Hemd statt Toilettenpapier?

Solange ich mich erinnere, lief ich immer in Unterhöschen herum. In welchem Zustand sie waren, weiß ich nicht. Aber meine Unterhemden waren immer sauber. Ich war ziemlich schlampig angezogen und hatte immer Probleme mit Löchern in meinen Strümpfen. Und meine Frisur hätte besser sein können. Nicht von ungefähr gab mir Tolka Schepeljawi, einer der Anführer unserer Klasse, den Spitznamen »Schmierfink«. Wahrscheinlich traf das zu. Ich wurde nicht mal sauer auf ihn. Aber das Unterhemd als Toilettenpapier benutzen? Von da an war ich nicht länger auf Allas Schleifen und ihre schönen Kleider neidisch. Innerlich verachtete ich sie lange Zeit. Und was war mit mir? War ich irgendwie besser als dieses elitäre Püppchen?

Nach vielen Jahren, als wir schon aus der Schule waren (in der 9.

und 10. Klasse besuchte Alla nicht unsere Schule, vielleicht war sie noch evakuiert), traf ich ihre Mutter. Sie erzählte mir begeistert, wie erfolgreich ihre Alla war, die an irgendeiner Hochschule studierte. Sie redete ununterbrochen, sodass ich ihr nicht mitteilen konnte, dass ich auch Studentin war. Ich wollte sie nur fragen: »Was, geht Alla auch im schmutzigen Unterhemd zur Hochschule?« Danach hörte ich nie wieder etwas von ihr.

Lilja Schtscherbak war die Tochter eines bekannten Arztes aus der Stadt. Sie war natürlich sehr gepflegt. Weil sie blond war, sah sie wie Goldmarie aus dem Märchen aus. Sie war ruhig und bescheiden. Ich kann über sie nichts sagen, nicht Gutes, nicht Schlechtes. Aber ihr Vater! Über ihn gab es viele Witze.

In der guten alten Zeit absolvierte er die Medizinische Fachschule als Feldscher. Obwohl er seine Ausbildung in den Zeiten der Massenabfertigung bekam, war er ein begnadeter Arzt. Aber sein komisches Verhalten führte zu unzähligen Witzen. Er konnte zu einem Kranken kommen, sich lange und sorgfältig die Hände waschen, auf der Schwelle des Zimmers stehen und sich mit dem Kranken aus der Entfernung unterhalten. Dann stellte er in einem anderen Zimmer die Diagnose fest und verschrieb ein Rezept. Das war alles. Seine Diagnose bezweifelte man nicht. Sein Vorname war Kusma, aber alle nannten ihn liebevoll Kusja. Und wenn Kusja etwas sagte, dann war es halt so. Als mein Vater 1938 erkrankte, hörte Kusja ihn mit einem Stethoskop ab. Dabei versuchte er, ihm nicht zu nahe zu treten. Und dann sagte er: Tuberkulose. Papa wurde zum Röntgen geschickt, und es stimmte: In seiner Lunge gab es zwei Löcher.

Zur Elite in unserer Klasse gehörte auch Ljalja Prokopenko. Sie war die Nichte unserer Ukrainischlehrerin, die uns später in den höheren Klassen unterrichtete. Ljalja war ein großes, mageres Mädchen mit wenig schönem Gesicht, aber sie war geschäftstüchtig.

Auch Nina Stepaschko gehörte dazu, die Tochter des Kraftwerksleiters. Sie glänzte meiner Meinung nach nicht im Lernen, aber sie saß trotzdem in den ersten Reihen und wurde von der Lehrerin verwöhnt. Alle anderen, an die zwanzig Schüler, waren eine graue Masse. Ich gehörte auch dazu. Wer war ich wirklich? Papa war ein Säufer, Mama Krankenschwester. Sie besuchte nie meine Schule.

Einmal geschah Folgendes: Mama wurde als Vertretung für eine erkrankte Krankenschwester in die Schule geschickt. Ein Lehrer erkannte sie: »Oh, die Mutter von Rodinowa ist da!« Und Mama erklärte ihm stolz, dass sie nicht wegen mir gekommen war, sondern beruflich. Es kümmerte sie offenbar nicht, dass ich schlecht lernte. Die weißen Flecken aus den ersten Klassen waren offensichtlich. Ich machte viele Fehler beim Schreiben, kannte das kleine Einmaleins nicht. Dabei konnte ich fließend lesen. In der vierten Klasse hatte ich laute Vierer. Ich weiß nicht, durch welch ein Wunder ich in die fünfte Klasse versetzt wurde.

28

Dafür eignete ich mir in der vierten Klasse andere Kenntnisse an. Vor mir saß ein Junge, Ivan Slipez. Meist saß er so, dass sein Gesicht der Schulbank zugewandt war, in der Julia Krawzowa und ich saßen, und nicht der Lehrerin. Sein Mund war nie zu. Er warf uns verschiedene Gemeinheiten und schmutzige Schimpfwörter an den Kopf. Er war nicht aus der Stadt und kam in der vierten Klasse zu uns. In dem Dorf, in dem er aufwuchs, kannte man keine andere Sprache als Fluchen.

Neben mir saß Julia, berührte mich unter dem Rock und wollte von mir, dass ich das gleiche tat. Das war mir unangenehm, deshalb konnte ich mein Leben lang ein solches Verhalten nicht als normal akzeptieren. Nach vielen Jahren traf ich Julia im Gebetshaus wieder. Als ich sie an ihre Kinderspiele erinnerte, erschien auf ihrem Gesicht das blanke Entsetzen. In der fünften Klasse saß ich dann mit einem anderen Mädchen zusammen

Außerdem ging auch Julias Bruder Petja in unsere Klasse. Die Erinnerung an ihn bringt mich auf den Gedanken, dass es nicht gut ist, dass Kinder bis zur fünften Klasse nur eine Lehrerin haben. Egal wie klug sie ist, sie kann nicht bei jedem Kind feststellen, wie begabt es ist. Ich habe gehört, dass jedes Kind talentiert auf die Welt kommt und alle Kinder später kluge Erwachsene werden können. Petja war der Beweis dafür. Bis in die fünfte Klasse gehörte er wie ich zur grauen Masse. Aber später hatten wir verschiedene Lehrer für jedes Fach. Die Bildenden Künste unterrichtete Chariton Larionowitsch Mirgorodski, der alle meine Verwandten unterrichtete. Bei Petja entdeckte er ein Maltalent, und bis zum Krieg hingen die Portraits der Führer, Dichter und Schriftsteller, die Petja malte, an allen Wänden im Flur und in den Klassenzimmern. Sogar nach dem Krieg erinnerten manche Portraits, die wie durch ein Wunder heil geblieben waren, an ihn. Er selbst wurde allerdings im Krieg getötet.

Zur Elite konnte man auch Sveta Iwanenko zählen. Ihr Vater war Arzt. Ein guter Arzt, stadtbekannt. Ihre Mutter war auch Ärztin. Als Sveta klein war, litt sie an einer Magenkrankheit, die lange erfolglos behandelt wurde. Als nichts mehr half, hat ein Gremium der Ärzte die Entscheidung getroffen: keine weitere Behandlung. Sveta wurde einfach Muttermilch verschrieben. Meine Mutter stillte mich gerade, und sie hatte viel Milch. Svetas Vater kam mit dem Fahrrad drei Mal täglich zu uns und holte eine Flasche mit der Milch ab. Sveta überlebte. So wurde sie meine Milchschwester. Aber in den jüngeren Klassen hatten wir keinen Kontakt, ich erinnere mich nur schlecht an sie. Erst in der siebten und achten Klasse näherten wir einander an. Als die Klassenkameraden unsere Geschichte hörten, lachten sie: »Sveta hat dir das ganze Essen weggeschnappt. Deshalb sieht sie jetzt wie eine wohlgenährte Kuh aus, und du bist so dürr.« Ich glaube nicht, dass ich dürr war. Solche wie mich gab es viele in der Klasse. Dabei war ich groß und hübsch. Leider verstehe ich das erst jetzt. Damals drückte alles auf mein Gemüt und beeinflusste mein Verhalten, wie ich glaube.

Aber Sveta war richtig gut. Wie schön war es für sie, dass die Eltern ihr in der Kindheit viel Aufmerksamkeit geschenkt hatten! Sie hatte einen Bruder. Als wir in der Schule waren, studierte er an der Pädagogischen Hochschule in Krementschuk. Die Vorfahren von Svetas Mutter waren überwiegend Geistliche. Ihr Urgroßvater war sogar Bischof. Sveta und ihr Bruder bekamen Musikunterricht und nahmen Englischunterricht bei einem Hauslehrer. Das alles war bekannt in der Klasse, und Sveta wurde als Bürgerliche bezichtigt, was damals ein Schimpfwort war. Aber sie verhielt sich stolz. Auch als ihr Vater 1937 nach einer Denunziation verhaftet wurde und die Familie zu »Volksfeinden« erklärt wurde, blieb sie selbstsicher.

Das war vor der fünften Klasse. In der fünften bekamen wir verschiedene Lehrer, überwiegend der alten vorrevolutionären Prägung. Ich glaube, sie kannten Svetas Geschichte. Und ich glaube, dass ihre Sympathien auf ihrer Seite lagen. Auf jeden Fall, noch vier Jahre lernte sie mit uns zusammen, bis der Krieg ausbrach. Und ich erinnere mich nicht, dass irgendwann in der Klasse die Frage nach Svetas Vater gestellt wurde. Ich weiß auch nicht, worin seine Schuld bestand. Er war ein guter Arzt und hatte möglicherweise viele Neider. Eine Denunziation zu schreiben und einen Menschen ins Gefängnis zu bringen, war leicht. Ich sah Svetas Vater ein paar Mal. Er war ein großer, gut aussehender Mann mit dem typischen Äußeren eines gebildeten Ukrainers. Ich weiß nicht, vielleicht war er in irgendeine antirussische Bewegung verwickelt, die damals antisowjetisch genannt wurde. Es ist jedenfalls eine Tatsache, dass seine Familie nach Stalins Tod Rehabilitierungspapiere bekam. Wo und wie er erschossen wurde, erfuhr Svetas Mutter nie. Aber das war schon im Jahr 1953.

Nach der Schule studierte Sveta an der Medizinischen Hochschule in der Westukraine. Im fünften Jahr wollte sie heiraten. Weil ihr Bräutigam Westukrainer war und dort die Kirche größeren Einfluss hatte, entschieden sie sich dafür, sich in der Kirche trauen zu lassen. Irgendjemand wurde neidisch, man prüfte Svetas Lebenslauf und entdeckte, dass der Vater Repressalien unterworfen gewesen war. Sveta wurde aus der Hochschule ausgeschlossen, kurz vor dem Staatsexamen.

Ich lebte damals mit Mama in Kiew. Svetas Mutter kam nach Kiew, machte bei uns Halt und ging zu Sydir Kowpak. Er leitete während des Krieges eine Partisanenvereinigung in der Ukraine, und es gab Gerüchte, dass er ein guter Mensch war. Er half. Sveta erhielt die Erlaubnis, das Examen zu absolvieren.

Ich studierte damals auch und erwähnte nie, dass mein Vater im Gefängnis gewesen war. Ich erzählte nie von Mordwinien und den Wäldern bei Archangelsk, weil ich wusste, dass dieses Thema Tabu war. Wegen Svetas Geschichte bekam ich Angst. Wenn man all diese Dinge in meinem Lebenslauf entdecken würde, was dann? Hoffnung machte mir der Gedanke, dass ich damals ja erst fünf Jahre alt gewesen war und mich im Zweifelsfall an nichts erinnern konnte. Zudem war mein Vater oft verreist, war manchmal da und dann lange weg. Dieses Thema wurde zu Hause nie angeschnitten. Aber ich glaube, wenn irgendjemand gewollt hätte, hätte er in meinem Lebenslauf nachforschen können, dann wäre auch ich aus der Hochschule geflogen.

29

Ein bemerkenswertes Mädchen war auch Tamara Schmakowa. Ich glaube, sie lernte nicht besonders gut. Aber ihre Eltern waren Parteifunktionäre, und Tamara war ideologisch geprägt. In der siebten und achten Klasse leitete sie die Pionierorganisation. Sie war ungefähr ein Jahr älter als ich. Zu Beginn des Krieges ging sie freiwillig an die Front und wurde dort getötet, genau wie Evgen Tereschtschenko.

Evgen Drobacha nannten wir Shenja, aber Tereschtschenko war Evgen. Shenja war der Sohn eines Leiters der Eisenbahn. Wir neckten Klawa Isajenko, die ihm gefiel, dass sie Glück mit einem Bräutigam aus so einer Familie hätte. Shenja war ein krankes Kind. Er war dick, zog ein Bein nach, und ein Arm funktionierte nicht richtig. Seine Spur verlor sich nach dem Krieg. Über Klawa weiß ich nicht viel. Sie heiratete, hatte aber keine Kinder. Als ich 1981 Krementschuk besuchte, erzählte mir irgendjemand, dass sie krank gewesen und früh gestorben war.

Tolik Dmitrenko wohnte im Haus am Ufer unseres Flusses, direkt gegenüber vom Stadtgarten. Das Haus war irgendwie ungepflegt, als ob es nie gestrichen würde. Der Hof war nicht umzäunt, es gab keine Bäume oder Büsche. Es wurde gemunkelt, dass seine Eltern aus Russland zu uns gezogen waren, und dort lebt man eben so.

An Tolik erinnere ich mich nur deshalb, weil mit ihm Folgendes passiert ist. Während des Deutschunterrichts musste er ein Gedicht auswendig aufsagen. Er kannte es natürlich nicht. Er begann: »Mein Kind, wir waren Kinder ...« Und dann Schweigen. Lautes Flüstern, und dann Tolik munter weiter: »Zwei Kinder, klein und ...« Er kannte das letzte Wort nicht, das irgendein Spaßvogel ihm vorsagte. Und Tolik wiederholte fröhlich und laut: »... Frosch!« Es folgte eine Lachexplosion, die Schulwände bebten. Tolik konnte das nicht verstehen, bis irgendjemand ihm erklärte, dass er »froh« hätte sagen sollen und nicht »Frosch«.

Die Komik bestand darin, dass Tolik ein flaches Gesicht hatte mit hervortretenden Augäpfeln. Er sah ein bisschen mongolisch aus und erinnerte sehr an einen Frosch. Viele Schüler kannten ungefähr die Übersetzung, und denen, die sie nicht kannten, wurde sie erklärt. Dann begannen auch sie zu lachen. Die Lehrerin konnte die Klasse lange nicht beruhigen. Und Tolik wurde seither nicht »Shaba« (ukrainisch), sondern »Frosch« (deutsch) genannt. Wahrscheinlich habe ich auch gelacht. Aber bis heute habe ich Mitleid mit Tolik, wenn ich an diese Geschichte denke. Für einen Mob aus dreißig Kindern war es ein Spaß. Aber wie mag sich Tolik gefühlt haben?

An Vitja Kortschatschenko erinnere ich mich seit der achten Klasse. Er war mit Wolodja Kuchar befreundet. Wolodja war groß, schlank, aber irgendwie langsam. Er sprach ohne Eile, dachte über jedes Wort nach. Vitja war klein, schnell und sprach auch schnell und abgehackt, als würde er Erbsen ausschütteln. Wolodja lernte gut und Vitja schlecht. Was sie einte, weiß ich nicht. Während der Besatzung und auch später arbeitete Vitja als Elektriker und starb tragisch bei einem Kurzschluss, direkt auf dem Mast. Seine Mutter zog nach Alexandria um, nicht weit von Krementschuk am Dniproufer. Wolodja hielt sein ganzes Leben lang den Kontakt zu ihr aufrecht.

Die Gebrüder Wasja und Serjosha Skirta waren sehr verschieden. Wasja war klein und tat sich nicht hervor, aber aus irgendeinem Grund gefiel er Ljuda Korolewa. Und Serjosha war gut im Sport und hatte eine gute Figur.

Meine Freundschaft mit Ljuda Korolewa und Vera Litowtschenko begann irgendwann in der sechsten oder siebten Klasse. Ich war verliebt in Ljuda. Sie war brünett, hatte zwei nicht sehr dicke Zöpfe und trug nach meinem Gefühl immer das gleiche Kleid, weiß mit Polka-Dot-Muster. Das Kleid war immer sauber, als käme es gerade vom Bügeln. Ich wunderte mich, wie sie das hinbekam.

Als ich 1981 Krementschuk besuchte, war ich mit meiner Mutter bei ihr zu Besuch. Sie hatte zwei Töchter und einen anständigen Mann, wie ich fand. Als wir sie besuchten, kam er gerade vom Angeln. Ljuda fing an, den frischen Fisch zu braten. Ich erinnere mich bis heute an den Geschmack von diesem Fisch. Wenn ich jetzt im Handel Fisch sehe, sehe ich die große Pfanne von damals mit den riesigen gebratenen Fischstücken vor mir. Heute gibt es so einen leckeren Fisch nicht mehr.

Ljuda und ich schrieben uns noch ein paar Jahre lang, bis ein Brief von ihrem Mann kam, dass sie gestorben sei. Früh schied auch Sarah Chmara aus dem Leben. Sie verließ unsere Welt entweder während der Besatzung oder kurz nach dem Krieg.

Außerdem war in unserer Klasse noch Sina Suslowa, ein hübsches Mädchen. Ich kannte sie kaum. Sie war mit Ljuda Koroljowa befreundet, ich war deshalb eifersüchtig und mochte sie nicht. Ihr Schicksal nach dem Krieg ist mir unbekannt.

Der größte Unruhestifter in der Klasse war Tolik Schepeljawi. Er gab allen Spitznamen. Meiner Meinung nach mochte er Vera Litowtschenko. Er quälte sie ständig, sie antwortete bissig. Deshalb nannte er sie »Hexe«. Dieser Spitzname blieb an ihr kleben. Im Krieg kämpfte Tolik in der Marine und kam als Held nach Hause. Aber er begann zu trinken, vielleicht vor lauter Freude, dass er überlebt hatte, und kam herunter. Er wohnte nicht weit von mir und Vera, lief oft die Perejaslawska Straße entlang und konnte nicht vergessen, dass Vera die »Hexe« war. Nach der Schule zog ich zum Studieren nach Kiew und verließ später Krementschuk für immer. Die Spur von Tolik ging verloren.

30

Außerdem besuchte Jascha unsere Klasse. Er war ein typisch jüdisches Kind aus einer kinderreichen Familie. Hinter unserer »Kleinen Schule« befand sich eine Brücke, dahinter begann die richtige Stadt. Links auf dem Weg in die Stadt standen ein paar zweistöckige Häuser, in der überwiegend Juden wohnten. Die Häuser waren heruntergekommen, schmutzig, mit kaputtem Putz. Die Eingangstüren fehlten.

Die fehlenden Türen erklärte mir später mein zukünftiger Mann, damals Schüler der oberen Klassen, Mitja Kuchar. Er mochte Chemie und machte mit Freunden verschiedene Experimente mit Schießpulver. Einmal entschieden sie, ihre nächste Erfindung an den Türen auszuprobieren, hinter denen ihre Mitschülerin Etja lebte. Das Experiment war erfolgreich. Aber die Türen fehlten eigentlich in allen Häusern. Es gab nicht mal einen Bürgersteig.

In so einem Haus wohnte jedenfalls Jascha. Gegenüber von seinem Haus befand sich eine riesige Wiese. Darauf standen fast immer Zigeunerzelte, und zahllose Kinder und Pferde liefen dort herum. Irgendwie empfand ich die Zigeuner auf der Wiese und die Juden in den Häusern als ein einheitliches Ganzes. Bei beiden gab es immer großen Lärm. Die Zigeuner und die Juden schrien jeweils in ihrer Sprache. Damals beherrschten die Juden noch ihre eigene Sprache. Der Unterschied zwischen ihnen bestand für mich darin, dass ich vor den Zigeunern ein bisschen Angst hatte. Und die Juden...

Dieses Thema wurde in unserem Haus nie angesprochen. Aber aus manchen Gesprächsfetzen wusste ich, dass uns gerade diese hinterlistigen Juden beinahe unser Haus weggeschnappt hatten. Auf der anderen Seite respektierten alle in meinem Haus Jaroschewski, auch ein reinrassiger Jude. In der Schule wurde Jascha von jedem beleidigt, der Lust dazu hatte, nur weil er jüdisch war. Er war ein kleiner, schmächtiger Junge und konnte seinen Beleidigern nicht Paroli bieten. Ich hatte großes Mitleid mit ihm.

Aber eine gewisse Feindseligkeit gegenüber dieser Nation gab es doch im Volk, weil sie manchmal dazu eine Vorlage lieferten. Die Gesamtstimmung beeinflusste auch mich. In der Hochschule hatten wir viele Studenten, die jüdisch waren. Ich erinnere mich nicht, dass es mich störte. Ich hatte viele jüdische Freundinnen. Sogar einem jüdischen Jungen gefiel ich sehr. Ich mochte ihn auch.

Das letzte mal hörte ich von Jascha während der Besatzung, als die Deutschen begannen, Juden zu erschießen. Jascha kam bei Ljuda Korolewa vorbei. Obwohl sie selbst fast nichts besaßen, fanden sie für ihn etwas zu essen für den Weg. Jascha ging Richtung Front, mit der Hoffnung, zu den Unsrigen zu finden. Ob es ihm gelang, ist mir nicht bekannt. Und die Häuser, in denen Jascha und Etja wohnten, wurden im Krieg entweder von den Deutschen zerbombt oder von den Sondereinheiten unseres Militärs verbrannt, als unsere Soldaten fliehen mussten. Nach dem Krieg befand sich dort lange ein kahler Platz.

Eine richtig gute Schülerin in unserer Klasse war Nina Bashan. Sie gehörte nicht zu den auserwählten Lieblingen in den kleineren Klassen, sondern war einfach gut im Lernen. Ihr Bild hing immer an der Ehrenwand. Sie lebte in Tscheredniki in Omas Haus zusammen mit ihrer Mutter und ihrer kleinen Schwester, die noch in die Vorschule ging. Ihr Vater war angeblich Ingenieur. Aber er verließ sie schon früh. Es wurde gemunkelt, dass ihre Mutter gern ausging. Ihre Oma erzog Nina streng und passte auf, dass sie die Hausaufgaben machte. Sie besuchte eine Musikschule in der Stadt. Dort war sie auch erfolgreich. Bei ihr war alles klar geordnet, wann sie im Haus und wann im Hof sauber machen musste. Ihre Oma baute etwas an, was sie anschließend verkaufte. Nina musste dabei helfen. Nach dem Krieg besuchten wir zusammen die 10. Klasse. Wegen einem Fehler im Aufsatz bekam sie keine Goldmedaille. Wir fuhren zusammen nach Kiew, um die Eingangsprüfungen in der Medizinhochschule zu absolvieren. In Kiew trennte uns das Schicksal. Nina schaffte die Prüfungen, beendete die Hochschule und wurde in irgendeine Stadt geschickt. Das Haus in Krementschuk verkaufte sie.

Ihr Haus war unserem ähnlich. Mama erzählte, dass Ninas Oma vor der Errichtung ihres eigenen Hauses vorbeigekommen war und sich für den Grundriss unseres Hauses interessiert hatte. Mit dem Hausverkauf hatte Nina später Pech. In allen Zeiten, auch jetzt noch, verhandelt man zuerst über den Hauspreis, und dann, um nicht zu viele Steuern zahlen zu müssen, setzt man in den Papieren einen wesentlich niedrigeren Preis ein. Ninas Käufer entpuppte sich als Schuft. Er zahlte ihr genauso viel, wie in den Papieren stand.

Wenn man vor dem Friedhof, auf dem mein Opa begraben wurde, auf der Straße stand, lag rechts der Hof von Katja Globa. Ich wunderte mich immer, dass sie neben den Gräbern leben konnte. Wir waren nicht befreundet.

31

Nun zu Luda Anikeewa. In den Sommern vor der vierten Klasse und nachher verbrachte ich viel Zeit bei Oma, und das bedeutete auch bei Luda. Dort erfuhr ich vieles, was in meiner Familie zu erfahren nicht möglich war. Ludas Papa war ein Altersgenosse meiner Mutter. Sein eigener Vater, Ludas Opa, war ein gebrechlicher Greis, aber sehr laut. Er stritt oft und quiekte dabei mit hoher Stimme. So blieb er in meinem Gedächtnis. Dabei war Ludas Vater ein friedlicher Mensch. Meine Mutter erzählte, dass er auch in der Kindheit und Jugend beherrscht und ruhig war. Er arbeitete bei der Eisenbahn, wie alle anderen in der Gegend. Vorher absolvierte er eine Eisenbahnfachschule. Er schied auch unbemerkt aus dem Leben, ich weiß gar nicht, wann.

Ludas Mutter arbeitete nicht, sie war immer am Herd, auf dem irgendwas briet, kochte, überlief und zischte. Sie war klein, dick, mit hervortretenden Augäpfeln, man sagte glotzäugig. Sie trug schöne Morgenröcke aus Seide, aber die waren verschmiert und nicht besonders sauber auf ihrem Bauch, der unglaublich vorstand. Sie passten auch nicht besonders zu der nicht eben wohlhabenden Familie. Ich verband diese Morgenröcke mit den Geschichten, die ich bei den Erwachsenen aufschnappte.

Während des Zarismus' war es so gewesen, als hätten die Brüder von Ludas Mama auf ihre Art gegen Bürgerliche gekämpft, nämlich indem sie sie einfach beraubten. In den stürmischen Jahren der Sowjets setzten sie das eine Weile fort, nun unter der Schirmherrschaft der neuen Macht. Als niemand übrig blieb, den man noch berauben konnte, vernichtete die neue Sowjetmacht einfach alle Zeugen. Wer irgendeine Verbindung zu diesen Taten hatte, wurde verhaftet, in die Güterwagen gesetzt, aus der Stadt in Richtung des Stadtteils »Hinter der Aufschüttung« gebracht und in einer Sandgrube ohne Prozess und Gerichtsverhandlung erschossen. Vermutlich befanden sich zwischen diesen Leuten auch Ludas Onkel. Ich konnte nicht verstehen, warum. Sie kämpften doch gegen die Bürgerlichen. Vielleicht war es in Wirklichkeit anders. Man darf in Anwesenheit von Kindern nicht zu viel quatschen. Oft tragen Unwissen, geringes Urteilsvermögen und ausufernde Fantasie der Kinder komische Früchte.

Viele Jahre später, als meine Tochter in der Grundschule war, hörte sie mal Gespräche zwischen mir und meinem Mann mit an. Dann kam sie in die Schule und sagte: »China beginnt einen Krieg gegen uns.« Und ich wurde in die Schule beordert. Über was sprechen Sie zu Hause? Was für ein Krieg beginnt China?

Aber egal, was man über Ludas Familie erzählte, ich besuchte sie trotzdem gern. Die Mutter immer am Herd, ein Haufen Leute in einem Zimmer. Das Haus war groß, aber nicht fertig gebaut. Wir saßen oft auf dem Balken der sogenannten Veranda, ließen die Füße baumeln und führten Gespräche. Bei Luda gefiel mir alles: der Vater, den ich nie betrunken sah, die Mutter, die immer am Herd stand. Nicht wie meine Mutter, die immer auf der Arbeit war. Ich weiß nicht, wie Luda mich empfand, aber ich verstehe jetzt, wenn ich mich an alles erinnere, dass ich sie sehr mochte.

Luda war in der Familie die Älteste, dann kamen die Brüder Gennadi, Sewa und Vitalik. Gerade in dieser Umgebung, denke ich, lernte ich meine ersten Schimpfwörter. Die Jungs selbst benutzen sie nicht oft. In dieser Kategorie konnten sie Iwan Slipets nicht das Wasser reichen. Aber sie hatten viele Lieder, Gedichte und Sprichwörter mit Schimpfwörtern in ihrem Repertoire, da schnappte ich einiges auf. Das eine oder andere habe ich heute noch im Gedächtnis. Unglaublich! Später las ich so viel schöne Poesie, ich lernte vieles sogar auswendig, nur für mich selbst, weil ich schöne Gedichte mochte. Aber nein, das meiste davon ist vergessen, und der Müll steckt im Kopf fest.

32

Und meine Bekanntschaft mit den geheimen Teilen unseres Körpers? Das war überhaupt ein Horror. Neben der Eisenbahn gab es eine öffentliche Toilette. Als meine Freundinnen erfuhren, dass ich keine Ahnung hatte, was sich bei den Jungs in der Hose befindet, wollten sie mich aufklären. In die Trennwand der Toilette wurde nah am Boden ein Loch gebohrt. Wir schlossen uns alle zusammen in einem Abteil ein. Wenn irgendwer in das andere Abteil kam, glotzten wir nacheinander durch dieses Loch. Ich hatte Pech, die männlichen Schätze sah ich nicht. Und die weiblichen verursachten mir einen Schock. Und obwohl ich wieder und wieder aufgefordert wurde zu schauen, wollte ich das nicht mehr, auf keinen Fall! Dieses Kino gefiel mir nicht.

Wenn man Richtung Bahnhof lief, gehörte der letzte Hof der Familie Litowtschenko, in der es nur Jungs gab. Wie viele, weiß ich nicht. Einer, Schurka, war mein Altersgenosse. Manche waren älter, so alt wie meine Tante Valja (sie war sieben Jahre älter), manche waren jünger. Luda und ihre Brüder lungerten ständig bei Litowtschenkos herum. Sie erzählte mir mit Begeisterung, was sie dort auf dem Ofen machten. Ich war damals bei diesen Fragen so dumm, dass ich nichts verstand. Aber ich wollte trotzdem auch dorthin. Und ich schaffte es, Gott sei Dank ohne Folgen.

Im Sommer bummelten wir in einer großen Clique über die Gleise des Güterbahnhofs. Ich glaube, das war sehr gefährlich. Auf den vielen Gleisen fuhren Züge und Loks mit ein paar Wagen hin und her. Manchmal war es nur ein Wagen, den die Lok in die richtige Richtung stieß. Außer uns benutzten auch die Einwohner des Stadtteils »Hinter der Aufschüttung« die Gleise. Sie waren zu faul, um den Übergang zu benutzten, der abseits vom Güterbahnhof lag. So konnten sie Zeit sparen.

Weichensteller waren auch da. Sie liefen von einer Weiche zur anderen und schalteten sie mit Hilfe von einem etwa einen Meter großen Hebel um, dann liefen die Wagen in die erforderliche Richtung. Auf ersten Blick sah das ziemlich chaotisch aus. In Wahrheit besaß die Arbeit der Weichensteller und Rangierer Sinn und Ordnung. Und alles das steuerte eine männliche oder weibliche Stimme, die aus den Lautsprechern auf den Pfosten kam. Das hieß Manövrierung. Die Rangierlok schleppte die Wagen auf den Gleisen hin und her und fand für sie die richtige Position innerhalb des Zuges. Die Rangierer verbanden die Wagen miteinander. Der Zug wurde auf die Startlinie gebracht. Vorn wurde eine mächtige Dampf- oder Diesellok angeschlossen, und dann schickte man den Zug in die richtige Richtung.

In diesen Zeiten kam allmählich das Wort »Sozialistischer Wettbewerb« in Gebrauch. Die Lokführer steigerten im Laufe des Wettbewerbs ständig die Zahl der Wagen in ihrem Zug. Die Zeitungen nannten jeden Tag die neuen Helden. Hundert Wagen! Das ist was!

Wir hatten auch so einen Helden. Aber es wurde erzählt – vor den Leuten kann man nichts verheimlichen –, dass er am Kriegsanfang, als die deutschen Geschosse auf die Stadt fielen, als Erster zusammen mit den anderen Helden und Leitern mit einem Zug aus der Stadt floh. Die Wagen waren sehr komfortabel. Und weil die Brücke über den Dnipro zerbombt wurde, vielleicht sogar von unserer eigenen Armee, fiel der Eisenbahnknoten Krementschuk mit sämtlichen Anlagen in deutsche Hände. Und das sollen Helden sein?

Ich glaube, die richtigen Helden, über die nie etwas in der Zeitung stand, waren die Dispatcher, die eine Zusammenstellung der Züge steuerten. Ihrer Stimme aus den Lautsprechern gehorchten alle: die Lockführer, die Rangierer. Ich war sehr stolz auf meine Freundin Luda, als man mir erzählte, dass sie nach der Fachschule als Dispatcher auf unserem Bahnhof arbeitete.

Aber zunächst liefen wir über die Gleise und krochen unter die Wagen und verstanden nicht die Bohne, was der Dispatcher über die Lautsprecher sagte, verstanden nicht, dass wir unser Leben riskierten, wenn wir unter die Wagen krochen, statt sie zu umgehen. Nicht für jeden zahlte sich dieser Mut aus. Ludas Brüder kamen nacheinander durch die Eisenbahn um.

Wir liefen über die Gleise, und unser Ziel war immer die Rampe. Dort stand meist ein Zug, der be- oder entladen wurde. Wir strolchten von einem Wagen zum anderen auf der Suche nach irgendetwas. Wenn wir Glück hatten, gab es ein paar Kühlwagen. Dort fanden wir zwischen weggeworfenen Eisstücken (das Eis wurde ständig ausgetauscht) uns unbekannte, heruntergefallene Südfrüchte. Und in den gewöhnlichen Wagen suchten wir nach getrocknetem Fisch, der aus zerrissenen Säcken gefallen war. Das war der leckerste Fisch meines Lebens.

Ich glaube, unsere Begeisterung über die Funde war verständlich. Obwohl wir nach der Ernte 1934 keine Hungersnot mehr hatten, war die Lebensmittelsituation prekär. In den Dörfern blieben fast keine

Leute zurück. Viele starben, die anderen wurden nach Sibirien verbannt. Ein Teil floh in die Städte. Den Kolchosen fehlten die Arbeiter. Das Vieh, das den Bauern weggenommen wurde, verreckte langsam. Auf dem Boden verbreitete sich Unkraut. Meist arbeiteten die Frauen in den Kolchosen. Die Männer waren oft Faulpelze und Säufer. Die richtigen Bauern wurden enteignet und flohen aus den Dörfern. Der Nachwuchs versuchte, auch zu fliehen. Der Vorsitzende, der Buchhalter und der Kämmerer lebten gut, sie konnten die Kolchose leicht bestehlen. Auch die übriggebliebenen Bauern beklauten die Kolchose nach Kräften, alles, was nicht niet- und nagelfest war.

Als Mama und ich 1981 das Dorf Krasnoje bei Belgorod besuchten (dort hatten wir Verwandte), wurden wir Zeugen des folgenden Bildes. Am Abend wollten unsere Verwandten, die keinen Bezug zur Kolchose hatten, dort heimlich Johannisbeeren pflücken. Ich wunderte mich: »Das ist doch Diebstahl.« Sie wunderten sich umgekehrt: »Das gehört doch der Kolchose, also niemandem!«

Wohin war die moralische, ehrliche Dorfbevölkerung verschwunden? Früher schloss man sogar Häuser und Viehställe nur mit einem Holzstock ab. Ein Diebstahl war die Domäne der Zigeuner. Und wenn man wusste, dass die Zigeuner weg waren, ließ man auch die Pferde und die Kühe auf der Wiese frei herumlaufen. Angst hatte man überwiegend wegen Füchsen und Wölfen. Aber nach der Kollektivierung wurde alles verschlossen: Hühnerställe, Häuser, Speicher. Doch keine Schlösser, keine Überwachung, keine strengen Gesetze konnten verhindern, dass sich die Diebstähle mehrten. Und die Gesetze waren sehr streng, besonders in den Hungerjahren. Und sie wurden sorgfältig umgesetzt. Wenn irgendjemand nach der Ernte auf dem Feld beim Pflücken von Ähren- oder Gemüseresten ertappt wurde, wurde derjenige hart bestraft. Die Jugendlichen schickte man in die Straflager für minderjährige Verbrecher. Für die Erwachsenen war die Ziffer 8 populär: Acht Jahre Haft war eine übliche Strafe.

Aber nichts konnte die Diebstähle stoppen. In den Städten trug man aus den Fabriken und Werken alles heraus, was man durch die Pförtnerloge schleusen konnte. Oder man warf das Diebesgut über den Zaun, sofern der keinen Stacheldraht wie in den Gefängnissen hatte. Ich habe mal diese Geschichte gehört: In einem Werk in Kiew gab es eine Wette, ob es möglich sei, einen Amboss durch die Pförtnerloge hinauszutragen. Und es wurde bewiesen, dass es ging. Man band den Amboss einem Arbeiter unter dem Mantel an den Bauch. Zwei andere Arbeiter halfen ihm durch die Pforte unter dem Vorwand, dass der gebeugte Mann Magenschmerzen habe und sie ihm helfen müssten. Dem Erfindungsgeist des sowjetischen Volkes waren keine Grenzen gesetzt!

Die wachsenden Diebstähle waren das Ergebnis des immer schlechter werdenden Lebens nach der Revolution, die viel versprochen, aber außer Armut nichts gebracht hatte. Nur ein halber Satz aus der Hymne »Die Internationale« (»... wir zerstören die alte Welt, und dann ...«) wurde verwirklicht. Alles, was zu zerstören ging, wurde zerstört. Und es gab alles Mögliche, aber nichts für das Wohl des Volkes. All diese Kollektivierung, Industrialisierung, Militarisierung, Liquidierung und andere »...ungs« führten dazu, dass sich ein schlecht ernährtes, aber starkes Land in ein Monster verwandelte, das der ganzen Welt mit der Atombombe drohte.

Und das Volk? Soweit ich mich erinnere, war das meistbenutzte Wort »Defizit«. Defizit war allgegenwärtig: bei der Kleidung, bei den Schuhen, bei den Lebensmitteln. Kein Defizit gab es bei den Lügen für das Volk. Die produzierten die Dichter in den Gedichten, die Schriftsteller in den Romanen, die Komponisten in den Liedern. Die wunderbare Erfindung, Radio gab es noch nicht in jedem Haus. Aber an allen einigermaßen großen Straßen klangen die Lieder aus großen Lautsprechern, in den Schulen organisierte man Chöre, in den Kinos gab es vor dem Film ganze Konzerte. Viele Komponisten aus dieser Zeit sind jetzt vergessen. Manche schufen jedoch trotz der Zensur Meisterwerke.

Andererseits wurde in einem berühmten Lied gesungen: »Ich kenne kein anderes Land, wo der Mensch so frei atmen kann.« Woher wollte dieser arme Dichter wissen, wie die Menschen in den anderen Ländern atmen? Die Grenze war doch geschlossen. »Der eiserne Vorhang« gab den Leuten keine Möglichkeit, andere Länder anzuschauen. Die Oberklasse reiste natürlich überall hin. Zu Beginn der Sowjetmacht gelang es dem sogenannten proletarischen Schriftsteller Maxim Gorki sogar, die USA zu besuchen und sich einer Kur auf der italienischen Insel Capri zu unterziehen. Und das, obwohl er die USA bespuckte und die Revolutionsbewegung besang. Als er irgendetwas Unpassendes offen aussprach, wurde jedoch auch er schnellstens beseitigt.

Wie man einem Land helfen kann, das auf den Abgrund zusteuert, wussten unsere Führer nicht. Die Kolchosen funktionierten schlecht, die Werke waren mit Militärproduktion beschäftigt. Export und Import existierten in diesen fernen Jahren 1935 bis 1936 praktisch nicht. Handwerk wurde vernichtet, und die Industrie, die es ersetzen sollte, nicht aufgebaut. Wer von der Bevölkerung dazu in der Lage war, lief im Land umher auf der Suche nach irgendetwas. Mein Vater trieb sich auch irgendwo herum. Ich kann mich nicht an ihn während dieser Zeit erinnern.

Unsere »heiß geliebten« Führer erfanden Folgendes. Den Bauern in den Dörfern wurden die Pässe fürs Inland abgenommen, wegfahren durfte man nur mit Erlaubnis der Kolchose. Aber weil alles der Vorsitzende entschied, der die Direktive hatte, niemanden fortzulassen, waren die Bauern an ihre »geliebte« Kolchose gekettet.

Und in den Städten wurde die Anmeldung eingeführt. Im Pass besagte ein Stempel, dass man in dieser oder jener Stadt wohnen dürfe. Es wurde sogar die volle Adresse hineingeschrieben. Ich weiß nicht, unterm welchen Motto das eingeführt wurde, aber es erinnerte an die Zeit der Sklaverei.

Mitte der dreißiger Jahre, ich war damals neun oder zehn Jahre alt, holte mich Mama jeden Arbeitstag um vier oder fünf Uhr aus dem Bett, und wir gingen zwei Wohnblocks zu unserem berühmten Laden TPO. Dort stellte mich Mutter in die Schlange und versuchte, meinem schläfrigen Verstand einzuprägen, hinter wem ich stand. Gewöhnlich war ich unter den ersten Zehn. Dann setzte ich mich an die Ladenwand und schlief sofort ein. Mama bat eine Bekannte, mich zu wecken, sobald das Brot da war. Sie selbst eilte zur Arbeit. Das Brot kam zu verschiedenen Zeiten. Manchmal war ich dann schon wach. Manchmal weckte man mich und zeigte mir, hinter wem ich stand. Ich konnte es mir selbst nicht merken.

Man muss sagen, dass Not nicht nur trennt, sondern manchmal auch vereint und die besten Gefühle in den Menschen weckt. Ich kann mich nicht erinnern, dass ich jemals nicht geweckt oder nicht anerkannt wurde. Die Broteinteilung besagte: ein Kilo pro Person. Zwei Kilo zu kaufen, war nicht möglich, die Leute überwachten das sorgfältig. Dabei sagte niemand »Brot gekauft«, sondern »bekommen«. Damals »bekam« man alles. Wenn man das Wort »gekauft« verwendete, bedeutete es, dass ein »Defizit« plötzlich im Laden frei verfügbar war.

Das warme Brot an die Brust drückend ging ich nach Hause. Mama kochte immer irgendetwas, entweder morgens oder abends. Ich weiß nicht, wie ich die Kälte in der Schlange ertrug. Zu Hause musste ich im Winter immer Feuer anmachen. Wenn ich warm essen wollte, musste ich nicht nur den Ofen, sondern auch den Herd anheizen. Den Ofen heizten wir meistens mit Kohle, das war leichter. Aber zuerst musste man das Holz anzünden. Manchmal wurde mit Sägemehl geheizt, das hatten wir noch aus den Zeiten der Werkstatt übrig. Das musste man können. Wenn zu viel Sägemehl im Ofen war, konnte es explodieren. Manchmal öffnete das Feuer die Ofentür und breitete sich im Flur aus. Gott sei Dank war ich in solchen Momenten nie dort. Dabei mochte ich es sehr, auf einem Bänkchen vor dem Ofen zu sitzen und durch ein Türloch des Ofens auf das Feuer zu schauen. Wenn der Ofen heiß war, schloss ich alles sorgfältig zu und ging zu Oma. Wann ich in den kalten Zeiten Hausaufgaben machte – keine Ahnung. Ich kann mich nicht mal erinnern, wo ich sie machen konnte. Vielleicht am großen Tisch im Speisezimmer. Anders im Sommer. Ich kam mit dem Brot nach Hause und aß dort, weil die Mutter immer sagte: Iss der Oma nichts weg.

Manchmal hörte ich im Laden, dass eine Lieferung ankam. Dann stand ich in der Schlange für »irgendetwas«. Es war egal was. Weil es unmöglich war, einfach in den Laden zu gehen und das zu kaufen, was man brauchte. Die Läden waren leer, nur leere Regale und Schaufenster. Und Verkäuferinnen, die auf irgendwelche Lieferungen warteten. In den Schaufenstern summten die Fliegen unter der Gaze. Von denen gab es eine Menge.

Wenn es Hoffnung gab, dass etwas in den Laden kam, ging ich nicht zu Oma, sondern lief immer wieder hin, um zu gucken, ob schon Ware dort war. Was interessant ist: Mutter vertraute mir schon damals Geld an. Und ich hatte immer Hausschlüssel. Nie verlor ich Geld oder Schlüssel. Einkäufe machte ich auch nach eigenem Gutdünken. Ich wusste genau, was wir brauchten und was wir uns leisten konnten.

33

Zu Oma ging ich zu der Zeit nicht gern. Statt des gemeinen Mieters Mischa lebte in dem winzigen Schlafzimmer eine Familie. Wie hat sie dort nur hineingepasst? Wahrscheinlich handelte es sich bei ihnen um Omas Bekannte, bei denen alles beschlagnahmt worden war. Bei Oma fanden sie zeitweilig Unterschlupf. Alles wäre in Ordnung gewesen, aber es gab in dieser Familie ein Mädchen in meinem Alter, vielleicht ein bisschen älter. Sie hieß Jewlalia und lernte gut. Außerdem konnte sie recht gut Kartoffeln schälen, die Schalen waren bei ihr ganz dünn. Ich wurde ständig mit ihr verglichen. Ich hasste sie und lernte weiter schlecht. Wahrscheinlich war so eine Erziehungsmethode nicht besonders effektiv. Alle wollten für mich das Beste, aber sie fingen es falsch an.

Ich war nicht mehr so ein aufgewecktes Mädchen wie mit fünf oder sieben Jahren. Mittlerweile hatte ich gelernt, meine Gefühle von Zorn und Wut zu verstecken, und ich war oft wütend. Ich lernte, hinterlistig zu sein und zu schweigen, wenn ich wusste, dass meine Äußerungen mir nichts einbringen würden, auch wenn sie gerechtfertigt waren. Ich verwandelte mich einfach in eine graue Maus, deren Meinung niemanden interessierte. Und dort, wo ich mir Gehör verschaffte, bei Ludas Brüdern oder auf der Straße, gab es keine Gebildeten.

Außerdem waren Luda und ich noch solche Dummköpfe. Einmal spielten wir neben dem Haus vom alten Anikei. Dort war alles voller Unkraut. Es wuchs so hoch, dass niemand uns sehen konnte. Die Hündin von Tante Nüra hatte Welpen. Wir spielten Krankenhaus und fingen an, die Welpen zu behandeln. Ob wir ihnen Spritzen gaben, daran erinnere ich mich nicht, aber einen Einlauf machten wir ihnen wirklich. Weil bei Mama zu Hause alles herum lag, brachte ich ein kleines Klistier mit. Arme Welpen!

Und meine Spielkameraden auf der Straße waren auch nicht besser. Gegenüber von unserem Haus stand seitlich ein zweistöckiges Gebäude, dass ähnlich aussah wie das Krasin-Haus, in dem meine Mutter aufgewachsen war. Es hatte auch vier Wohnungen. In einer davon wohnte die Hauseigentümerin. Die Erwachsenen erzählten, dass sie irgendwann reich und schön und dass es in ihrem Haus immer lustig gewesen war. Aber eines Tages, keiner weiß warum, erstach sie ihren Mann und wurde nach den Solowki (Solowetski-Inseln) geschickt. Wo diese Solowki sich befanden, wusste man nicht. Irgendwo im Norden. Aber alle kannten ein Gefangenenlied über die Solowki: »Solowki, meine Solowki, der Weg ist sehr weit. Das Herz schmerzt von Trauer und in der Seele herrscht Unruhe.«

Nach etlichen Jahren Zwangsarbeit kehrte die Frau in ihr Haus zurück. Ihr Nachname war Karnauch, und ich hatte das Gefühl, dass sie nicht ganz bei Verstand war. Kein Wunder, nach so schweren Erlebnissen. Sie ging jeden Tag mit ihrem Hund spazieren und murmelte ständig etwas in sich hinein. Und wenn der Hund nicht dorthin ging, wohin sie wollte, schrie sie mit schrecklicher Stimme: »Ich ersteche dich!« Ich hatte richtig Angst vor ihr.

Ein paar Jahre später wurde das Haus verkauft. Aber damals wohnte eine Familie mit vielen schreienden Kindern in einer der Wohnungen. Eines davon war Polja. Sie wurde aus irgendeinem Grund »Draufgängerin« genannt. In der anderen Wohnung wohnte Marinka, ein ruhiges, nicht besonders helles Mädchen aus dem Dorf. Polja spielte fast nie mit uns. Marinka, andere Kinder und ich überquerten den Fluss bei meinem Nachbarn Tscherkaschin über die Brücke und lungerten auf den noch unbebauten Grundstücken herum. Auf der »anderen Seite« (so nannten wir diesen Platz) schufen wir mit kindlicher Vorstellungskraft eine ganze Stadt. Mit mitgebrachten Teppichen bedeckten wir einen Busch, das war dann kein Busch mehr, sondern ein Haus. Und ein auf einem Zweig hängender Lappen war eine Tür. In jedem Haus wohnte eine Familie: Vater, Mutter, Kinder.

In der Familie Tscherkaschin gab es zwei Söhne: den älteren Mitja und Mischka, der ungefähr drei Jahre älter war als ich. Einmal wollte Mischka bei unserem Spiel mitspielen. Er wollte natürlich der

Vater sein. Das wollte er immer. Wenn ich Mutter war, dann war er Vater, und wenn Marinka Mutter war, wollte er trotzdem Vater sein. Andere Jungs, die alle jünger waren als ich, wurden automatisch Kinder. Mischka erklärte uns die Regel für ein neues, wir er sagte: richtiges Spiel. Die Kinder mussten in die Schule gehen und deshalb auf unserer Straße bleiben. Aber Papa und Mama sollten auf die »andere Seite« gehen, wo er dann das richtige Spiel zeigen wollte. Nach dem Spiel mit einer Mutter wollte er die andere holen.

Ich erinnere mich, das Mischka lange auf uns einredete. In mir kämpften zwei Gefühle: einfache Kinderneugier und Angst. Das, was Mischka vorschlug, kam mir ähnlich vor wie die Sache mit den Handlungen auf dem Ofen bei Litowtschenko. In dieser Zeit war ich schon aufgeklärt und wusste, was dort lief. Nicht in allen Einzelheiten, aber dass es etwas Peinliches war. Nach langen Überredungsversuchen von Mischka stimmte ich zu, unter der Bedingung, dass Marinka als Erste ginge. Sie war nicht dagegen. Ich glaube, es war nicht das erste Mal für sie. Das war mies von mir, denn ich wusste, ich würde nirgendwohin gehen. In letzter Minute siegte die Angst. Als Mischka und Marinka zurückkehrten, war ich nach Hause gegangen.

In jeder Gesellschaft findet man immer einen Verräter. Mir wurde berichtet, dass geplant war, mich für den Verrat zu verprügeln. Polja war bei jenem Spiel nicht dabei gewesen, aber ihr wurde alles in einem bestimmten Licht erzählt. Sie stellte sich an die Spitze der Bewegung und versprach, mir die Schnauze zu polieren. Mein Haus verwandelte sich in eine belagerte Burg. Ich saß am Fenster und schaute auf die Straße.

Dort, gerade vor meinem Fenster, spielten die Kinder »Tekutschaja«. Das war ein bisschen wie Golf. In der Straßenmitte grub man ein kleines Loch. Es gab zwei Mannschaften. Jeder hatte einen Krückstock. Richtige Krückstöcke kannten wir damals gar nicht. Jeder machte einen eigenen aus Baumzweigen. Man musste einen Zweig mit Verzweigung am dicken Ende finden, der dem Buchstaben L ähnelte. Mit so einem Stock schlug man den Ball durch die Straße, dabei versuchte man, dem anderen den Ball abzunehmen. Es gab keine besonderen Regeln. Ein Richter zählte, wie viele Male jede Mannschaft den Ball ins Loch schlug. Nach dem Sieg schrien alle und sprangen herum wie die Zicklein: die Sieger, die Verlierer und die Fans. Obwohl, das Wort Fans kannte man damals nicht.

Also, ich saß ein paar Tage zu Hause. Aber das Leben ging weiter, ich musste zu Oma und in den Laden. Diese Besorgungen machte ich, wenn keine Kinder auf der Straße waren. Einmal traf ich Polja. Und weil sie mich nicht verprügeln konnte, nahm sie mich ins Verhör. Als sie verstand, dass ich noch ein dummes Kind war, und als ihr klar wurde, was Mischka von mir gewollt hatte (sie war doch älter), wechselte sie plötzlich die Seite: »Uh, der räudige Hund, ich zeige es ihm!« Ihre Unterstützung wurde meine Sicherheit, jetzt brauchte ich niemanden mehr zu fürchten, ich stand unter Poljas Fittichen. Aber noch lange Zeit spielte ich nicht mit den Kindern. Treffen mit Mischka vermied ich. Und Marinkas Freundschaft verlor ich für immer.

Die Kenntnisse, die ich nicht in der »Volkshochschule« der Straße lernte, brachte mir meine Mutter bei. Und nicht auf die beste Weise.

34

Im Sommer 1936 flammte der Bürgerkrieg in Spanien auf. Uns wurde ständig eingebläut, dass das Volk die Revolution ausgerufen hatte. Ich verstand damals nichts von Politik, spürte aber eines: Es gab immer weniger Lebensmittel im Laden. Und ich erinnerte mich neidisch an die lustigen Abenteuer von meinem Onkel Andrej in der Kindheit.

Einmal schickte ihn Oma in den Laden, der zum Glück gegenüber lag. Er sollte ein Kilo Zucker kaufen. Andrej wiederholte den ganzen Weg: »Ein Kilo Zucker, ein Kilo Zucker.« Doch als er in den Laden kam, fragte irgendwer vor ihm nach Salz, und Andrej kaufte ein Kilo Salz. Das war lustig. Aber ich war auch neidisch, denn mein Onkel konnte immerhin Zucker oder Salz oder alles zusammen kaufen. In unseren Läden waren nicht nur Zucker und Salz verschwunden, sondern auch Streichhölzer, Seife und mehr.

Jetzt kann ich mir diesen Schwund erklären. Nach der Einmischung in den Krieg in Spanien schickte die Sowjetunion alles dorthin, was möglich war: Waffen, Lebensmittel und heimlich auch unsere Soldaten. Wie viele unserer Jungs kamen dort um! Unsere Führer zählten sie nicht einmal, weil der Einsatz illegal war. Und den verschwundenen Menschen wurde alles unterstellt, sogar Verrat. Soso!

Später, als ich schon in der fünften und sechsten Klasse war (1937-1938) und es fast in jedem Haushalt ein Radio gab, schwadronierten die Moderatoren den ganzen Tag, wie edel sich unser Land durch die Unterstützung der Revolutionsbewegung in Spanien verhielt. Und in den Kinos zeigte man vor dem Film eine Wochenschau, dort konnten wir verschiedene Führer der Revolutionsbewegung in Spanien sehen. Auch Dolores Ibarruri, eine hässliche Frau. Oft kamen Schiffe mit spanischen Kindern in die Sowjetunion. Uns wurde gezeigt, welche Fürsorge und Liebe diese Kinder in unserem Land erhielten. Sie hatten alles und mussten nicht immerzu in den Laden laufen in der Hoffnung, dass vielleicht irgendetwas geliefert worden war. Und dann in der Schlange stehen, oft vergeblich, weil es nicht genug Waren für alle gab. Und um vier Uhr morgens aufstehen, um sich in die Brotschlange zu stellen.

Als Mama bei der Eisenbahn arbeitete, pachtete sie einen Gemüsegarten (ungefähr zehn Ar). Die Grundstücke wurden jedes Jahr neu entlang der Bahngleise verteilt. Dorthin musste man mit einem Arbeitszug fahren, was manchmal bis zu zwei Stunden dauerte. Wir hatten eine kostenlose Fahrkarte, eine für zwei Personen. Die Haltestelle hieß auch »Gemüsegarten«. Seit der fünften Klasse fuhr ich mit Mama während des Maifestes dorthin. Im Sommer musste ich alles allein machen: jäten, graben und nach Hause bringen, was reif war. Im Herbst erntete Mama, weil ich dann in die Schule ging.

Als ich hörte, dass sich die spanischen Kinder im »Artek« (ein Pionierlager der gehobenen Klasse) erholten, war ich gar nicht gerührt, sondern neidisch. Das Einzige, was ich sagen wollte, war eine damals modische Beschimpfung: »Uh, Bürgerliche!« Im »Artek« erholten sich nicht nur die Kinder aus Spanien, dort waren auch die Schwarzen und die Gelben und die Schlitzäugigen und sogar die Unsrigen. Uns wurde eingetrichtert, dass nach »Artek« jeder kommen könne, der gut lernt, ein besonderes Talent hat oder eine Heldentat für das Heimatwohl vollbringt. Auch ohne die Erklärung der Erwachsenen glaubten wir nichts davon. Gut lernen? In unserer Schule gab es viele Schüler, die Einser hatten, aber keiner war im »Artek« gewesen. Talent? Das kommt doch von Gott. Heldentat? Uns Kindern wurde damals eingebläut, dass ein gewisser Pavlik Morosow eine Heldentat vollbracht hatte: In den Jahren der Vernichtung des alten Bauerntums verriet er seinen Vater an den Geheimdienst. Deshalb gab es für die einfachen sowjetischen Kinder, die von allen Plakaten »Danke Genosse Stalin für unsere glückliche Kindheit« riefen, keinen Weg nach »Artek«. Alle wussten, dass sich dort nur die Kinder der hohen Beamten erholten.

Diese ganze Wohltätigkeit der Sowjets war nicht billig. Dazu hatte unsere illegale Einmischung in den Krieg auch politische Konsequenzen. Die Kämpfer auf der anderen Seite der Barrikaden wurden von mächtigen Staaten unterstützt. Die Sowjetunion, der einzige sozialistische Staat der Welt, konnte jederzeit ein Schlag in den Rücken treffen, da musste man sich schnellstens bewaffnen. Und jeder weiß, dass das ein teures Vergnügen ist. Die Kolchosen, die am Abgrund standen, konnten das Land nicht ernähren. Dann wurde entschieden: Weil die Kolchosen zu wenig Leute haben, schicken wir Technik dorthin. Im Eiltempo wurden Traktorenwerke und Werke für die Herstellung von Mähdreschern und anderer Landwirtschaftstechnik errichtet.

Dann kam die Losung »Traktor statt Bauernpferd« in die Kolchose, aber dazu brauchte man ausgebildete Fachleute. Deshalb schossen in den Städten Kurse für Traktoristen, Fachkräfte für Mähdrescher und Mechaniker wie Pilze aus dem Boden. Das nutzte meine Mutter aus.

Ich weiß nicht, wo damals mein Vater war, Mama und ich wohnten jedenfalls in einem kleinem Schlafzimmer, denn in Papas Kabinett wohnte irgendeine Familie. Und im Wohn- und Speisezimmer standen viele Betten, dort wohnten die Mähdreschermädchen, also die Mädchen, die lernten, Mähdrescher zu bedienen. Meinem Gefühl nach waren es viele, obwohl mir nur fünf im Gedächtnis blieben. In Mamas Album stecken immer noch ihre Bilder.

An fast alle habe ich schöne Erinnerungen. Galja war groß und nicht hübsch, dafür lustig. Katja war klein und ruhig. Sie lernte immer irgendwo in einer Ecke. Und Valja hatte schöne weiße Zähne, die alle in gutem Zustand waren. Mama hatte schon im Alter von fünfunddreißig Jahren Zahnprobleme. Um sich zu rechtfertigen, sagte sie immer zu mir: »Schau mal, Valja putzt nie die Zähne, und sie sind trotzdem so gut wie bei einer Schauspielerin.«

Marfuscha war hübsch, bescheiden und sehr in ihren Andrij verliebt. Oft sang sie ein Lied über einen Andrij und wollte ihre Liebe heiraten. Viele Jahre später erfuhren wir ihr Schicksal. Sie heiratete Andrij, gebar ihm einen Sohn, aber er verließ sie, und sie zog ihren Sohn allein groß.

Die fünfte war Oksana. Man konnte nicht sagen, dass sie hässlich war, aber hübsch auch nicht. Sie war irgendwie grob zusammengebaut. Meinem Eindruck nach kam jeden Tag ein neuer Kavalier zu ihr, und sie machten direkt im Zimmer, durch das ich gehen musste, Liebe. Ich hatte das Gefühl, dass das Tag und Nacht lief. Jetzt hatte ich eine anschauliche Demonstration der Dinge, die ich auf dem Ofen von Litowtschenko nicht verstanden hatte und die mir Mischka beibringen wollte. Komisch, ich war gewöhnlich neugierig, aber hieran hatte ich kein Interesse. Es war ekelhaft, ich hasste Oksana und wartete voll Ungeduld darauf, dass diese Mädchen ihren Kurs beendeten. Das war im Frühling 1937, ich schloss die vierte Klasse ab. Im März wurde ich elf.

Valja beendete ihre Fachschule, und Nadja wohnte schon in Leningrad. Ihre Komsomoltätigkeit in Donbass ging zu Ende. Sie schaffte es sogar, dort zu heiraten. Auf dem Weg nach Leningrad besuchte sie Krementschuk und brachte die Überbleibsel ihres kurzen Ehelebens mit: einen Tisch, ein paar Stühle und noch irgendwas. Dieser Tisch, den Mama 1947 nach Kiew brachte, steht bis jetzt noch in meinem Hof, und wir benutzen ihn manchmal. Er ist ungefähr achtzig Jahre alt und überlebt mich wahrscheinlich noch. Obwohl, wenn ich weg bin, wird man ihn wohl einfach zum Sperrmüll werfen.

35

Die vierte Klasse war vorbei, und die stärkste Erinnerung daran war folgende. Im Unterricht wurden Quellen und generell das Wasser besprochen. Ich wollte erzählen, dass ich in Leschtschinowka lebte und das Sanatorium dort »Leschtschinowodsk« hieß (Woda = Wasser). Und dass es dort eine Quelle gab, die viel Eisen enthielt, und dass man dieses Wasser als Heilwasser trank. Keine Ahnung, was die Lehrerin sagte, aber die ganze Klasse lag vor Lachen auf dem Boden. Alle zeigten mit den Fingern auf mich und nannten mich »Eisenerz«. Ich verstand nicht, was sie mit damit meinten, ich sprach doch über das Wasser! Dieser Spitzname blieb jedenfalls eine Weile an mir kleben, was meinen Anstrengungen im Lernen nicht förderlich war. Wenn ich etwas wusste, lachte man mich aus.

Ich war kein kränkliches Kind. Während meiner frühen Kindheit hatte ich nur Röteln und Masern. Aber in der vierten Klasse erkrankte ich an Angina. Mama wurde unruhig. Hoffentlich war es keine Diphtherie! Was das war, wusste ich. In jener Zeit starben viele Kinder an dieser Krankheit. Ich erinnere mich genau, wie erschrocken ich war. Ständig fragte ich Mutter: »Sterbe ich?« Und ich hatte das Gefühl, dass sie es nicht so recht überzeugend verneinte. Mit einem warmen Tuch um den Hals bummelte ich durchs Haus und dachte zum ersten Mal im Leben über das Leben und den Tod nach. Ich wollte nicht sterben. Irgendwann wurde ich dann wieder gesund.

Ich war kein Hänfling, aber wohlgenährt war ich auch nicht. Die Kinder waren damals irgendwie alle gleich, nur größer oder kleiner. Keiner aus meiner Umgebung konnte sich gut ernähren. Dabei wurden wir »aus Sorge um unsere Gesundheit« mit Lebertran gefüttert. Wie eklig war der! Mama besorgte ihn auf der Arbeit und zwang mich, das Zeug jeden Tag zu trinken. Ich versuchte immer, mich wegzuducken. Der Lebertran stand im Keller. Wir waren beide zu faul, ständig dorthin zu gehen, sodass die Zahl der Flaschen mit Lebertran im Keller immer größer wurde. Und wie war er auf einmal von Nutzen in den Kriegsjahren! Beim Hunger merkte man nicht mehr, wie eklig das Zeug war. Wir brieten Kartoffeln damit. Später stellten Wissenschaftler fest, dass Lebertran in großen Mengen schädlich ist. Oh je.

Ich erinnere mich nicht, dass ich mich leicht erkältete, obwohl Kleidung und Schuhe bei mir nicht besonders gut waren, weder warm noch schön. Es gibt ein Bild, das bei Mama auf der Arbeit in der Poliklinik gemacht wurde: das medizinische Personal und die Mütter mit ihren Kindern. Ich sitze mit der Schleife auf irgendeinem Schränkchen, und aus zerrissenen Sandalen schauen meine Zehen heraus. Da war ich ungefähr fünf. Und mein Wintermantel! Schmutzig-graue Farbe, kein modischer Schnitt. Und die Pelzmütze auf dem Kopf! Ich glaube, ich ähnelte einer Vogelscheuche. Diesen Mantel trug ich lange. Ich habe keinen anderen in Erinnerung, bis ich in die siebte Klasse ging. Und ich habe ihn nicht geschont. Ich benutzte ihn als Schlitten, und in der Klasse und zu Hause warf ich ihn einfach auf den Boden, statt ihn auf den Kleiderständer zu hängen. Ich hatte die Hoffnung, dass entweder der Mantel kaputt ging oder er für mich zu klein werden würde.

Natürlich spielte auch Mamas Geiz eine Rolle. Aber einen schönen Mantel zu kaufen, war unmöglich. Und das, was im Verkauf war, ähnelte meinem Mantel: alles grau, langweilig, gleich. Ich weiß, im Land herrschte Armut. Aber irgendwie war das für unsere Führer auch bequem. Die graue Masse, die sich ums Essen sorgte, die nichts außer patriotischen Liedern hörte und die gleichen Filme schaute, konnte man leicht lenken. Wenn ich mir dagegen die Bilder aus meiner frühen Kindheit anschaue, dann sehe ich, dass Mama mich damals noch schön eingekleidet hat.

Ein Foto bringt mich in Verlegenheit. Ich erinnere mich gut. Mama drehte mir abends Lockenwickler ins Haar, die störten mich beim Schlafen. Am Morgen ging sie zu Familie Bereshanski, die Mieter der Familie Tschorkaschin waren. Von ihnen brachte sie mir ein schönes Matrosenkostüm aus Wolle mit, das ihrem Sohn Shenja gehörte. Meiner Erinnerung nach war mir das Kostüm ein bisschen zu groß, und die Idee mit dem Fotografieren gefiel mir nicht. Aber ich wurde fünf, und Mutter meinte: Wir machen ein Foto. Der Fotograf hat mich lange gequält. Ob er bekam, was er wollte, oder ob ich selbst schön aussehen wollte, weiß ich nicht. Auf dem Bild sieht man jedenfalls ein hübsches Mädchen mit künstlichen Locken in einem fremden Anzug und mit blödem Lächeln im Gesicht. Nicht das wahre Leben.

Ich weiß nicht, welchen Konflikt Mama mit dieser Bereshanskaja hatte. Ihre Freundschaft endete für Mutter schlecht. Über ein Jahr lang nähte sie ein Kleid für sich. Die Bereshanskaj lieh es aus und gab das Kleid nicht zurück. Und ich dachte mir: Es war nicht richtig, Shenjas Matrosenanzug für das Foto auszuleihen, dann hätte Mama ihr Kleid nicht hergeben müssen. Vielleicht mochte ich deshalb nie anderen meine Kleidung leihen. Und wenn ich es musste, tat ich es ungern.

Als ich größer wurde, bekam Mutter einen Anfall von Nostalgie auf die alten Zeiten, als die Schülerinnen aus betuchten Kreisen eine Uniform mit weißer Schürze trugen, und sie wollte mich genauso anziehen. Sie nähte mir Kleider aus dunklem Stoff mit unzähligen Falten. Aber die Schürzen fehlten. Ein solches Kleid trug ich, als ich in Leschtschinowka in die erste Klasse ging. Später, als ich mit dem Studium begann, schaffte sie es, mich in ein ähnliches Kleid zu drängen, nur war es noch hässlicher wegen der Tarnfarbe. Wahrscheinlich war es aus Militärhemden hergestellt worden.

Meine Gesundheit verschlechterte sich im Krieg. Davor war ich nie erkältet. Ich wuchs mit ständiger Zugluft im Haus auf, Fenster und die Türen waren bei uns immer offen. Als ich kleiner war, hatte ich nie Rotz unter der Nase. Ich bin auch mit Nadja im Teich geschwommen.

Irgendwann während des Bürgerkriegs hinterließ ein Geschoß nicht weit von der Eisenbahn entfernt ein tiefes Loch, darin entstand ein See. Das Wasser dort war kalt. Man vermutete eine Quelle am Grund. Ich hatte Angst vor der Tiefe, aber vor der Kälte nie. Wir besuchten auch den warmen Teich im Stadtgarten. Dort gingen wir ins heiße Wasser und froren dann am Ufer. Und was unseren Fluss anging, konnte ich im Wasser sitzen, bis ich blau wurde. Ich lernte früh schwimmen. Ich konnte am Tscherkaschin-Hof vorbei zur Brücke schwimmen und dort im Wasser allein oder mit anderen Kindern spielen. Einmal schrie mich ein Mann an und befahl mir, aus dem Wasser zu steigen und schnell nach Hause zu laufen. Wahrscheinlich sah ich nicht besonders gut aus.

Kindheit und Jugend haben eine gute Eigenschaft: Man vergisst leicht. Oder vielleicht war einfach mein Charakter so: Ich war immer guter Laune. Wenn ich Probleme bekam, war ich bestürzt: das Ende der Welt. Aber ich vergaß schnell und freute mich wieder auf alles.

36

Im Frühling 1937 tauchte Vater auf und begann mit den Umbauten. Vielleicht hat Mutter ihm diese Idee eingegeben. Der Schuppen, in dem sich früher die Werkstatt befand, war eigentlich ein gutes Haus, hatte aber nur ein Zimmer, deshalb entschied man sich, Türen und Fenster umzubauen, um zwei Wohnungen aus dem Schuppen zu machen, jede mit zwei Zimmern. Für diesen Zweck musste man auf der Flussseite einen Flur hinzufügen. Das Dach auf diesem Schuppen war hervorragend, aus demselben Blech wie auf dem Haus. Aber den Fußboden musste man erneuern. Baumaterialien waren schwer zu bekommen, wie alles im Land. Das Holz konnte Vater noch über Beziehungen organisieren, im Hof tauchten Bretter, Balken, Fenster- und Türrahmen auf, doch mit Eisenwaren sah es schlecht aus. Manche Dinge wie Ösen, Türangeln und Türklinken konnte Vater auftreiben, aber Nägel? Das war am schwierigsten. Aus allen alten Brettern, die im Hof herumlagen, wurden sorgfältig alle Nägel herausgezogen.

Ich erinnere mich nicht, ob ich dabei mithalf, aber die Nägel zu begradigen, war meine Arbeit. Damals arbeitete Vater als Tischler in irgendeiner Holzfabrik. Bis er nach Hause kam, musste ich ein paarhundert Nägel fertig machen, um ihm, wie er sagte, die »Arbeitsfront« vorzubereiten. Ich saß auf einem Höckerchen, auf dem anderen lag ein Stück Eisenbahnschiene. Dann legte ich den Nagel auf die Schiene, hielt ihn mit der linken Hand und schlug mit einem schweren Hammer (mit dem leichten ging es nicht) auf den Nagel. Dabei musste ich ihn so lange drehen, bis er wieder gerade war.

Zudem hatte ich noch eine weitere Aufgabe. Um die Wohnungen warm zu machen, entschied man sich dafür, unter dem Fußboden einen Hohlraum zu schaffen, eine Art Unterkeller. Papa konnte dort nur auf allen Vieren herumkriechen, aber ich konnte mich geduckt bewegen. Wobei es dort auch Stellen gab, die ich nur auf Knien erreichen konnte. Nachdem die ersten Bretter auf die Balken genagelt waren, musste man sie von unten mit einem Span versehen und dann mit Lehm verputzen. Wo er konnte, machte Vater die Sache mit dem Span selbst, den Rest erledigte ich.

Das Verputzen mit Lehm war meine Aufgabe. Dabei mischte man den Lehm noch mit stinkendem Mist. Die Fläche betrug etwa 40 bis 50 Quadratmeter. Diese Arbeit war nicht für Kinder geeignet. Die Fingernägel der linken Hand, besonders der Daumen, waren blau von den Hammerschlägen, die Fingerkuppen platzten vom feuchten Lehm auf, aus den Rissen floss gelegentlich Blut. Von all dem Schmutz hatte ich Pickel und Warzen auf den Händen. Alles juckte gewaltig.

Wie man Warzen bekämpft, wusste ich. Ich ging zu Oma. Sie nahm einen Faden, hielt ihn über die Warze und murmelte etwas. Dann spuckte sie ein paar Mal auf den Faden und warf ihn in den Mülleimer. Den vollen Eimer entleerte man dann in die Abfallgrube, die jedes Jahr auf einem neuen Platz angelegt wurde. Nach Omas Behandlung ging ich nach Hause. Komisch, die Warze verschwand innerhalb von ein paar Tagen. Dann kam eine neue. Und ich ging wieder zu Oma.

Unsere Baustelle gefiel mir trotzdem. Das war eine Angelegenheit zwischen Papa und mir. Er nahm mich ernst, wie eine gleichberechtigte Partnerin. Alles lief ohne Befehle, wir bauten einfach zusammen ein Haus. Natürlich arbeiteten auch Bauarbeiter mit, aber sie spielten irgendwie die zweite Geige. Und ich hatte Spaß. Nicht mal zum Spielen ging ich fort.

Im Herbst waren die Grundarbeiten auf dem Bau beendet, man musste nur noch die Fußböden, die Fensterrahmen und die Tür streichen. Das erledigte Papa ohne mich. In der zweiten Augusthälfte wurde ich mit einer Reise nach Leningrad belohnt, zusammen mit Mama. Ich glaube nicht, dass meine Arbeit der Grund war. Trotzdem fand ich, dass ich diese Belohnung verdient hatte. Den ganzen Tag auf die Schiene hauen oder kniend den Lehm nach oben werfen! Und ihn dann noch glätten, sonst wäre er zurückgefallen!

Eine andere Verpflichtung von mir war, abgesehen vom Einkaufen, Trinkwasser nach Hause zu bringen. Das Wasser befand sich weit entfernt im Stadtteil »Auf den Bergen« am Markt. Zuerst musste man bis zur TPO gehen, das waren anderthalb Wohnblocks auf festem Boden, dann noch zwei Wohnblocks durch bröckeligen grauen Sand. Am Markt stand ein Häuschen. Ein Arbeiter darin kassierte ein paar Kopeken und öffnete den Hahn. Ich glaube, das Wasser kam aus einer Wasserleitung, weil ein Stück weiter oben auf dem Berg ein Wasserturm stand, der wohl noch heute dort steht. Das Wasser trug ich in einem Eimer fort, dabei wechselte ich immer die Hand. Das Wasser plätscherte und tropfte auf den Boden, sodass ich nur ungefähr zwei Drittel davon nach Hause brachte. Später bekam ich ein Schulterjoch und zwei kleinere Eimer, das erleichterte die Aufgabe. Aber ich hatte hervortretende Knochen und rieb mir deshalb die Schultern wund.

Später fand ich auf dem Hof eine verrostete Pumpe und konnte nicht verstehen, warum mein Vater sie nicht für die Wassergewinnung installierte. Man konnte doch das Wasser aus dem Bohrloch pumpen. Vielleicht lag es an der Verhaftung. Vielleicht machte er es aus Prinzip nicht.

Mutter erzählte, dass sich Vater einmal empörte, als er den Eimer leer fand. Mama sagte: »Dann geh, und hol frisches Wasser.« – »Das werde ich nicht tun«, antwortete Papa und ging zum Stadtteil »Auf den Bergen«, um in einem Laden Selterswasser zu trinken. Am nächsten Tag, als Vater nach der Arbeit nach Hause kam, sagte Mutter: »Es gibt kein Essen, wir haben kein Wasser.« – »Ich werde dir kein Wasser bringen«, antwortete er. Ich weiß nicht, wie diese Geschichte zu Ende ging. Ich musste jedenfalls so lange Wasser schleppen, bis das Haus 1951 verkauft wurde.

37

All dieses Wasser, die Nägel, der Lehm (für den nahmen wir Wasser aus dem Fluss) machten mich müde. Und wenn die Knie abends nicht schmerzten (das passierte oft), schlief ich wie eine Tote.

Das Ergebnis war traurig. Mama erzählte alles Nadja, und die schlug vor, mich in Leningrad zu einem Homöopathen zu bringen. Das war damals groß in Mode. In Krementschuk kannten viele so etwas nicht. Wir besuchten den Arzt, und Mama kaufte Arzneimittel für fast zwei Jahre. Es waren kleine süße Kugelchen, von denen musste man dreimal täglich acht Stück schlucken. Ich empörte mich: warum acht Kügelchen statt eine Tablette? Mama versuchte zu erklären, dass die Menge variiert. Kurz gesagt; Die Behandlung war kompliziert. Kann sein, dass wir sie nicht bis zu Ende durchführten. Was ich jedoch noch weiß: Sie half nicht.

Als wir nach Leningrad fuhren, war gerade Erntezeit für Tomaten. Mama füllte damit zwei Koffer. Einen nahm sie mit, der andere reiste als Gepäck. Sie wollte die Tomaten in Leningrad verkaufen und mit dem Geld Stoff besorgen. So etwas gab es in unseren Läden nicht. In Leningrad konnte man sogar billigen Kattun kaufen. Mamas Monatslohn betrug vierzig Rubel, deshalb konnten wir uns nur Stoff unter fünfzig Kopeken pro Meter leisten.

Als wir dorthin fuhren, stoppte unser Zug in Weißrussland vor der Station Schtschekino im Niemandsland. Wir standen dort mehr als einen Tag. Später erfuhren wir, dass ein Regierungszug vor uns durch diese Station fahren sollte, eine Lok und drei oder vier Wagen. Aus irgendeinem Grund kam der Zug nicht. Aber unser Zug verspätete sich sowieso, deshalb wurde ein Güterzug vorgelassen. Und oh Gott! Ein paar Kilometer hinter der Station stieß dieser Zug auf quer auf die Gleise geschraubte Eisenbahnschwellen, sechs oder sieben Stück. In vollem Gang stieß der Güterzug gegen diese Schwellen, und sie brachten ihn zum Entgleisen.

Nach der Reparatur der Gleise, als der Weg wieder frei war, bekamen wir die Erlaubnis weiterzufahren. Vor uns fuhren noch ein paar Schnellzüge durch. Wir schauten aus den Fenstern, und sogar ich verstand, dass wir diejenigen dort hätten sein können. Die Lok lag mit den Rädern nach oben, die Wagen waren durch die Felder geschleudert worden, manche lagen aufeinander. Es rauchte. Manche Sachen, die aus den Wagen gefallen waren, brannten. Sogar die Erde brannte. Wahrscheinlich floss dort Treibstoff aus. Wären wir vor dem Güterzug dort entlanggefahren, hätte es uns erwischt. Und wäre es der Regierungszug gewesen, wäre es jetzt mit denen vorbei.

In dieser Zeit passierten ständig fürchterliche Anschläge. Ich weiß nicht, wer dafür verantwortlich war. Aber jetzt denke ich, möglicherweise war es das NKWD (Innenministerium) selbst. Komischerweise überlebten nämlich die Leute immer, gegen die die Anschläge gerichtet waren. Und nach jedem solcher Vorfälle wurde uns eingebläut, wie schön doch unser Land sei und dass es um uns herum nur Feinde gäbe: Amerika, England, Frankreich, Deutschland.

Nehmen wir die Ermordung von Kirow im Jahr 1936. Bis heute weiß niemand, was damals geschah, ob es die Eifersucht eines gewissen Nikolajew war oder eine gut geplante Aktion vom NKWD. Dem Volk wurde erklärt: Das ist das Handwerk von »Volksfeinden«. Und wir glaubten alles. Ich erinnere mich: Ich stand im Zimmer und rezitierte laut (außer mir war niemand zu Hause) mein eigenes Gedicht, der Reim kam wie von selbst zu mir. Schade, das dieses »Meisterwerk« nicht überlebt hat. Es war voller Zorn auf die »Volksfeinde«.

Und wie liebten wir die Rote Armee! Alle Jungs wollten nach der Schule in die Armee. Die Agitation war auf einem hohen Niveau. Gleichzeitig fuhr der »Schwarze Rabe« (das Gefangenenauto des Geheimdienstes) durch die Gegend, und man hatte ein zwiespältiges Gefühl. Warum nennt das Volk dieses Auto »Schwarzer Rabe«, aber die Führer behaupten, dass man »Volksfeinde« verhafte? Wer hat recht? Ich glaube nicht, dass ich damals wirklich über solche Fragen nachdachte. Aber weil das Jahr 1937 reich an die Verhaftungen war, schauten sogar wir Kinder voll Angst auf diese schwarzen Autos mit den vergitterten Fenstern, die durch die Stadt fuhren.

Einmal kam so ein »Schwarzer Rabe« auch in unsere Straße. Irgendjemand wurde abgeholt. Jeden Abend teilte einer der Erwachsenen mit, dass der und der heute abgeholt worden war und gestern der und der. Die Stadt war klein, deshalb kannten wir die Verhafteten. Das waren nicht einfache Leute, sondern Ärzte, Lehrer, Ingenieure. Als der Vater von Sveta Iwanenko verhaftet wurde, zuckten alle nur mit den Achseln. Warum der?

Als wir in Leningrad ankamen, hatte ich das Gefühl, dass Mama und Nadja nur über die Leute sprachen, die bei uns verhaftet wurden.

Das erste, was wir dort machten: Mama und ich gingen auf den Markt, um die Tomaten zu verkaufen. Der Markt war so wie bei uns. Aber Mutter! Zu Hause war sie immer eine stolze, stattliche und meiner Meinung nach gut aussehende Frau, doch hier zwischen den Händlern wurde sie so krämerhaft wie die.

So lange Mutter verkaufte, schlenderte ich auf dem Markt durch die Reihen mit exotischen Früchten, die ich schon ein paar Jahre nicht mehr gesehen hatte. Ich konnte mich noch daran erinnern, wie Papa Koffer voller Orangen aus dem Süden mitgebracht hatte. Der Unterschied zwischen Orangen und Mandarinen wurde mir allerdings erst nach der Hochschule klar, als ich zur Arbeit nach Simferopol, der Hauptstadt der Krim, geschickt wurde.

Also, Orangen waren mir bekannt. Meine Aufmerksamkeit wurde von Trauben gelber, krummer und ziemlich dicker Früchte angezogen. Kinderbücher mit Gedichten und Bildern hatten mir nicht nur eine Vorstellung von Afrika, Wüsten, Elefanten, Affen und schwarzen Kindern gegeben, sonder auch von Bananen. Ich stand vor diesen Bananen wie vom Blitz getroffen. Mama hatte ich nie um etwas angebettelt. Bei Papa war es leichter, da musste man nicht lange bitten, mein Blick war genug. Und wenn etwas unmöglich war, schob er die Hände in seine Taschen und zog sie wieder heraus: leer. Und ich verstand ihn ohne Worte.

Und hier gab es plötzlich Bananen! Obwohl ich Angst hatte, dass Mama nein sagen würde, bat ich sie doch, die Bananen zu kaufen. Sie versprach es mir. Ich war glücklich und wartete darauf, dass die Tomaten alle waren. Endlich hatte Muter die Tomaten verkauft, und wir gingen los, um Bananen zu kaufen. Doch als Mutter erfuhr, dass eine Banane einen Rubel kostete, sagte sie, dass es zu teuer sei, und dachte wahrscheinlich, dass sie mit diesem Geld zwei Meter Stoff kaufen könnte. Bananen blieben noch ungefähr zwanzig Jahre lang mein Traum.

Nadja wohnte nicht direkt in Leningrad, sondern im Wohnort Ligowka, der nicht weit von der Stadt entfernt lag. In unserer Stadt gab es Bürgersteige nur auf der zentralen Leninstraße, und sie bestanden aus Ziegelsteinen. In Ligowka bestanden die Bürgersteige aus Brettern. Leider waren die Bretter an manchen Stellen morsch, man konnte sich dort leicht die Beine brechen. Aber bei Regen – und Regen war dort ein ständiges Ereignis – war es praktisch, weil das Wasser in den Bretterspalten verschwand. Andererseits konnte man darauf leicht ausrutschen.

Nadja hatte einen Kavalier, Kusmin, den sie später heiratete. Er war damals schon Leiter des Forschungsinstituts für Kältetechnik. Was für Kälte sie behandelten, wusste ich nicht. In meiner Naivität stellte ich mir vor, dass sie über Kühlschränke forschten und sie vielleicht auch herstellten. Und weil für mich der Begriff Kühlschrank einen Kühlwagen mit Abteilen voller Eis bedeutete, war ich sehr erstaunt, als Kusmin mir das Gebäude zeigte, in dem er arbeitete. Es stand im Stadtzentrum und wurde von zwei genauso schönen Gebäuden eingerahmt. Der Haupteingang besaß eine schöne Tür, die Fassade war mit unglaublich schönem Stuck geschmückt. Mich quälte lange die Frage: Schleppen sie wirklich Eis in geflochtenen Körben durch die Tür wie bei uns auf der Rampe? Und gibt es auch Abteile dort drin, wohin man das Eis schüttet? Und wo finden sie Platz dafür? Was für Dörfler!

Das Beste, was Kusmin damals machte, war die Tatsache, dass er uns die Stadt zeigte und uns in alle Gegenden fuhr, in denen es Sehenswürdigkeiten gab. Er ging mit uns sogar in die »Eremitage« und nach Peterhof. Am meisten warf mich das Schloss Peterhof auf dem Hügel um. Ich war doch ein Provinzmädchen, das nur den Eingang zum Kino »Bolschewik« auf der Leninstraße kannte: zwei Atlanten so groß wie ein Stockwerk, die mit Händen und Schultern den Balkon des nächsten Stockwerks hielten. Das war natürlich schön. Aber der Palast mit all seinen Skulpturen machte auf mich den Eindruck, als ob ich im Märchen wäre. Und als wir erst begannen, von einem Springbrunnen zum anderen zu gehen! Samson, ein Kanal mit vielen Skulpturen, die Wasserstrahlen der Springbrunnen, die in der Sonne glitzerten! Das werde ich mein ganzes Leben im Gedächtnis behalten.

Ich war später noch ein paarmal in Leningrad und sah alles wieder. Aber der erste Eindruck auf ein junges Mädchen wie mich war so stark, dass ich, als ich 1988 den Palast Sanssouci in Potsdam sah, das Gefühl hatte, dass er eine schlichtere Kopie von Peterhof war.

Obwohl ich ihn auch sehr schön finde.

Kusmin war gut, er zeigte uns alles. Ich sah das Boot, in dem Zar Peter I. gefahren war. Ich ging am Ufer der Newa entlang und sah all diese Sphinxe und Löwen und am anderen Ufer die Silhouette der Petropawlowskaja-Burg. In der Burg selbst lief ich dann durch alle Kasematten und später die Straßen an der Newa entlang. Gut, wo die Newa endete und ihr berühmter Nebenarm Fontanka begann, habe ich damals nicht herausgefunden. Aber die Spiegelung der Häuser im Kanalwasser sehe ich heute noch vor mir.

Leider machte die Stadt auf mich einen deprimierenden Eindruck, als ich dort im Winter 1950-1951 auf einem Vordiplom-Praktikum war. Vielleicht wegen des Winters. Vielleicht, weil ich selbst schon in einer Großstadt lebte. Ich empfand die Stadt nicht mehr als schön. Und als ich letztes Mal dort war, 1986, war ich regelrecht enttäuscht. Valja und ihre Tochter Nina wohnten schon im neuen Wohngebiet, und die Wohnblocks dort waren noch hässlicher als unsere. Die Altstadt sah aus wie eine alte Salonlöwin aus der vornehmen Gesellschaft. Die Stadt war so heruntergekommen, tiefer ging es nicht.

38

Als Mama und ich nach Hause zurückkehrten, wartete auf mich ein großes Geschenk. Irgendwie hatte Vater erfahren, dass in Charkiw die Produktion neuer Fahrräder begonnen hatte, ein kleines Model, nicht mehr für Kinder, aber noch nicht für Erwachsene. Er bestellte es für mich. Jeden Tag warteten wir darauf, dass es kommen würde. Endlich wurde es geliefert, ich weiß nicht mehr, in welchem Monat. Es war nicht mehr Sommer, aber es war noch warm.

An der Ecke unseres Hauses auf dem Weg zum Aufgang befand sich ein Ring aus Ziegelsteinen, etwa ein Meter im Durchmesser und 35 bis 40 Zentimeter hoch. Wahrscheinlich hatte man ihn für Arbeiten in der Lederfabrik gebraucht, die früher auf unserem Grundstück stand. Vater legte das Werkzeug auf diesen Ring, den Fahrradrahmen lehnte er an den Zaun und begann, das Fahrrad zusammenzuschrauben. Endlich war es beinahe fertig, man musste nur noch die Pedale anschrauben. Eins schraubte Vater ohne Mühe an, aber das zweite ... mitnichten! Papa drehte das Pedal in seinen Händen, besichtigte es aus allen Winkeln und begriff, dass beides linke Pedale waren! So so. Damals schrien gerade alle: Tempo, Tempo, den Fünfjahresplan in vier Jahren! Und das Ergebnis? Zwei linke Pedale! Man musste sie ans Werk zurückschicken und warten, warten, warten ...

Endlich kamen die passenden Pedale. Vater brachte mir das Fahren bei. Es handelte sich um ein Männerfahrrad, und Papa lehrte mich, wie ein Mann aufs Fahrrad zu steigen. Das linke Bein stellte man aufs Pedal, dann beschleunigte man das Fahrrad und warf das rechte Bein über den Rahmen aufs rechte Pedal. Unser Hof war nicht groß. Ich weiß nicht mehr, wie lange ich geübt habe. Aber einmal, als ich schon im Kreis fahren konnte und Papa mich nicht mehr am Sitz halten musste, gelangte ich mit dem rechten Pedal auf den Ziegelsteinring. Später fiel ich nie vom Fahrrad. Von einem Moped fiel ich durchaus ein paarmal, aber vom Fahrrad nie, obwohl ich es bis fast zu meinem achtzigsten Lebensjahr fuhr. Die Umbauarbeiten in der ehemaligen Werkstatt wurden beendet, Mieter zogen dort ein. In einer Hälfte wohnte eine Familie, Vater (ein Eisenbahner), Mutter und Tochter Nina. Nina war ein Jahr jünger als ich und ging in die Schule Nr. 6. Wir hatten kaum Gemeinsamkeiten, deshalb waren wir nicht befreundet. Ich besuchte sie manchmal, blieb aber nicht lange. Sie wohnten bei uns, als der Krieg ausbrach. Im Krieg wurden sie evakuiert, und ich verlor ihre Spur.

In der anderen Wohnung wohnten zwei oder drei Mädchen. Ich erinnere mich an die Männerhemden, die sie bestickten. Weil die Wohnung ziemlich dunkel war, kamen sie bei gutem Wetter zu unserem Aufgang und stickten den ganzen Tag, während sie auf den Bänken oder auf dem Ziegelsteinring saßen. Sie bestickten die Enden von Ärmeln, den Kragen und den Ausschnitt mit winzigem Kreuzstich. Jedes Hemd hatte ein eigenes Muster. Ich weiß nicht, wo sie die Bilder dafür fanden, aber sie waren schön. Mutter malte manche nach. Es kann sein, dass die Mädchen die Bilder selbst erfanden. Sie arbeiteten schnell, denn es wurde pro Hemd bezahlt. Als ich später ähnliche Hemden in den Museen sah, hatte ich das Gefühl, dass unsere Mädchen schöner gestickt hatten.

39

1937 war wahrscheinlich das dunkelste Jahr in der Geschichte der Ukraine in der Sowjetunion. Die ukrainischen Intellektuellen wurden nach Sibirien, Kolyma und anderswohin verbannt. Menschen wurden für Witze inhaftiert. Die eigene Meinung auszusprechen, war gefährlich, besonders wenn sie nicht mit der Meinung der Führer konform ging. Auch wenn du schwiegst, warst du gefährlich, vielleicht denkst du dir ja etwas gegen die Regierung aus.

In meinem Leben tat sich viel in diesem Jahr. Ich arbeitete mit Vater an der Baustelle und bekam das Gefühl, dass ich etwas wert war. Ich besuchte Leningrad und sah vieles, was meine Zeitgenossen in ihrem ganzen Leben nicht zu sehen bekamen. Ich erhielt ein Fahrrad, und die Räder, die Pedale und das Lenkrad gehorchten mir. Ich fahre, wohin ich will! Zudem versprach Mutter, zu Neujahr einen Tannenbaum zu kaufen. Das erste Mal in meinem Leben würden wir einen Tannenbaum aufstellen! Und dann das Wissen, dass ich nie mehr diese eklige Lehrerin aus der Grundschule im Unterricht sehen musste, nur vielleicht während der Pausen auf dem Flur. Wie interessant, dass ich zum ersten Mal im Leben in die Schule wollte!

Und Gott sei Dank, ich wurde nicht enttäuscht. Erstens kam ein neues Mädchen in die Klasse. Ich weiß nicht, wie es geschah, aber wir saßen plötzlich auf einer Schulbank. Die stand nicht in den ersten Reihen, aber auch nicht in den letzten. Der Name des Mädchens lautete Vera Braunstein. Sie hatte strohfarbene Haare, die zu zwei dicken, bis auf die Schulter reichenden Zöpfen geflochten waren, nicht wie bei mir. Sie hatte blaue, etwas hervorstehende Augen und ein breites Gesicht. Und sie war ein bisschen mollig, nicht wie ich. Und doch war sie hübsch. Vera war ernst, konzentriert, hörte den Lehrern aufmerksam zu, lernte fleißig. Und was für eine Handschrift sie hatte! Ein Wunder.

Wir schrieben damals mit Federhaltern mit austauschbarer Feder Nummer 86. Die musste man in die Tinte tunken, die man in tropfsicheren Tintenfässern trug. Obwohl, wenn man wollte, konnte man die Tinte herausschütteln. In den ersten Klassen hatten wir noch das Fach Kalligrafie (Schönschreiben). Die Feder war so gemacht, dass sie ohne Druck dünn schrieb, mit zunehmendem Druck wurden die Linien dann dicker. Ein derart geschriebener Text sah schön aus.

Jetzt kann keiner mehr so schreiben. Mein Sohn hat das noch gelernt, aber meine Tochter schrieb schon mit dem Füller. Mir wurde das Schönschreiben auch beigebracht, aber ich erinnere mich an nichts. Vera konnte sehr schön schreiben. Ihre Hefte waren sauber und akkurat in Zeitungspapier gewickelt, genau wie ihre Bücher. Alle Merkmale einer Streberin waren vorhanden, aber sie war keine, sondern zugänglich und immer bereit, ihr Wissen und Können zu teilen. Später haben wir mitbekommen, dass sie Karikaturen malen konnte. Mitschüler und Lehrer sahen lebensecht und lustig auf ihren Zeichnungen aus. Sie hatte Humor. Schade, dass keine ihrer Zeichnungen übriggeblieben ist.

Aber Vera war doch nicht so wie alle anderen. Irgendetwas an ihrem Verhalten war komisch. Später, als wir schon befreundet waren, besuchte ich sie zu Hause. Das Haus war riesig, irgendwie nicht fertig gebaut und ungemütlich. Ihr Vater schien mir alt zu sein, vielleicht weil er einen Bart trug. Und die Mutter war klein, böse und immer zu einem Streit bereit. Ich war Zeuge einiger ihrer Wutanfälle. Sie schrie mit einer schrillen, überschnappenden Stimme, wie es die Marktschreier tun. Und alle schwiegen aus irgendeinem Grund dabei.

Veras Familie war groß. Ljuba war ein Jahr junger als sie, die Schwester Shenja und Nadja waren zwei Jahre älter. Sie hatte noch einen Bruder, Petja, aber der kam noch nicht nach Krementschuk.

In den Besatzungsjahren, als ich das erste Mal in das Baptistenhaus kam, war der erste, den ich sah, Veras Vater, einen Pfarrer. Da verstand ich, warum Vera anders war: Sie wuchs in einer gläubiger Familie auf. Und ich verstand, warum sich die Familie die Streitereien ihrer Mutter gefallen ließ. Mit ihrem Glauben konnte ich nichts anfangen, aber der Vater war wirklich gläubig und sein Verhalten tadellos.

In den ersten Jahren der Sowjets, als die Kirchen zerstört wurden, verhaftete man auch Veras Vater. Ich weiß nicht, ob er im Gefängnis saß, nach Krementschuk kam er jedenfalls aus Sibirien, wohin er verbannt worden war. Vielleicht hatte er dort geheiratet und sich diese unmögliche Frau genommen. Er duldete viel von ihr. Ich sah es selbst, und ihre Töchter Shenja und Nadja erzählten es auch. Ihnen half übrigens meine Mutter, Arbeit in der Poliklinik zu bekommen. Shenja hatte Zahntechnik gelernt und arbeitete dort weiter, auch nach unserem Umzug. Ihr weiteres Schicksal kenne ich nicht. Und Nadja war hübsch. Ich sah ihre kleine Tochter in Veras Haus. Später kam sie tragisch ums Leben.

Vera ging nicht ins Bethaus. Ich hatte mit ihr noch eine Weile Briefverkehr. Sie bekam zwei Töchter. In meinem Album gibt es zwei Bilder von ihnen aus der Zeit, als sie anfingen, die Schule zu besuchen. Sie starben leider noch als Kinder. In den achtziger Jahren war Vera mit ihrem Mann Sosimovitsch zu Gast bei mir in Kiew. Ich zeigte ihnen die Stadt. Wir besuchten Lawra (Religiöses Zentrum der Orthodoxen Kirche). Damals waren wir dort auch in den Höhlen, in denen die Mumien der früheren Mönche liegen. Das war für mich das erste Mal.

Mein Briefwechsel mit Vera lief noch eine Weile weiter. Aber einmal kam mein Brief zurück, weil der Adressat nicht ausfindig zu machen war. Vielleicht war ihnen etwas zugestoßen. Vielleicht sind sie in den Westen ausgewandert, sie waren ja deutsch und hatten wahrscheinlich makellose Dokumente.

So saß mit mir in der fünften Klasse ein Mädchen, das für mich viele Jahre Vorbild war. Sie wusste nichts davon. Ich fing mit der Handschrift an und schrieb zu Hause ganze Hefte voll. Wie sich herausstellte, war ich beharrlich und geduldig. Als ich im ersten Jahr der Hochschule war und die ganze Zeit im Zeichnungsraum saß, beschriftete ich viele Zeichnungen, besonders die der Jungen. Anscheinend konnte ich auch gut zeichnen. Zwanzig Jahre nach der Hochschule trafen wir uns dort wieder, und ich sah, dass viele meiner Zeichnungen im Zeichnungsraum als Beispiel an den Wänden hingen.

40

Ja, in der fünften Klasse hatte ich Glück mit meiner Schulbanknachbarin. Außerdem gab es jetzt für jedes Fach einen eigenen Lehrer, das war prima. Nicht unbedingt weil die neuen Lehrer besonders gut wären. Lehrer sind verschieden und Konflikte zwischen Lehrern und Schülern unvermeidlich. Irgendeiner mag dich vielleicht nicht, und jeder Lehrer hat seine Lieblinge. Aber da ist ein großer Unterschied zur Grundschule. Du hast vielleicht einen Konflikt mit einem Lehrer, doch dein Verhältnis zu den anderen ist normal. In der Grundschule dagegen? Die Lehrerin mag dich nicht und schenkt dir keine Aufmerksamkeit, und das geht vier Jahre so, während man in dieser Zeit doch den Grundstein des Wissens legt.

An diesem Grundstein fehlte es mir in der fünften Klasse. Ich will gar nicht über die Handschrift reden, die war nicht so wichtig. Aber die ersten Diktate in Ukrainisch und Russisch wiesen bis zu dreißig Fehlern auf, dabei waren sie nur eine Seite lang. Mein Leben lang habe ich versucht, meine grammatikalischen Probleme zu beseitigen. Ich hatte immer ein orthographisches Wörterbuch in der Nähe, auch als ich schon arbeitete.

Ich schrieb ganze Kapitel aus Büchern ab und bat jeden, mir etwas zu diktieren, doch zu Hause hatte niemand für mich Zeit. Deshalb schrieb ich Bücher ab. Das brachte tatsächlich etwas. In der sechsten Klasse hatte ich in Russisch schon eine drei, also »ausreichend«. Und in Ukrainisch konnte ich manchmal im Diktat sogar »gut« schaffen. Aber das nachzuholen, was ich in der Grundschule verpasst hatte, war schwierig. In Russisch konnte ich mich bis zum Ende der Schule nicht von diesem »ausreichend« fortbewegen.

Einmal spielte mir meine grammatikalische Unwissenheit einen bösen Streich. Als ich von Simferopol nach Kiew umzog, besuchte ich meine ehemalige Hochschule. Zufällig brauchten sie gerade einen Mitarbeiter für den Lehrstuhl für Textiltechnologie. Mir wurde vorgeschlagen, eine Bewerbung zu schreiben. Ich setzte mich hin und schrieb: »Ich bewerbe mich für die Arbeit im Labolatorium« (statt Laboratorium). Dieses »l« kostete mich viel. Mir wurde höflich abgesagt. Ansonsten hätte ich dort vielleicht das ganze Leben arbeiten und eine Doktorarbeit schreiben können wie Gena Rosslik.

Nach diesem Vorfall beschäftigte ich mich wieder ernsthaft mit Grammatik. Ich musste oft Geschäftsbriefe verfassen und manchmal auch nicht irgendwem, sondern dem Minister zum Unterschreiben geben. Wenn der Brief anschließend von der Sekretärin getippt wurde, konnte sie die Fehler korrigieren. Sekretärinnen waren in der Regel grammatikalisch sehr gut. Aber manchmal tippte ich den Brief selbst und gab ihn dem Minister oder öfter noch dem Leiter der Branche und dem Direktor zum Unterschreiben. Es gab nie Nachfragen wegen grammatikalischer Fehler. Wie kam das? Waren die Minister Analphabeten oder hatte ich mit dreißig schon ein gewisses Niveau erreicht?

So stand es mit der Grammatik. Und mit Mathe? Beginnen wir mit der Tatsache, dass ich bis heute nicht das Kleine Einmaleins auswendig kann. In der fünften Klasse konnte ich dann endlich mit zwei und fünf multiplizieren. Komisch. Als ich klein war, bin ich einkaufen gegangen, und mit dem Geld war immer alles in Ordnung, das bedeutet, ich habe es irgendwie gezählt. In der vierten Klasse habe ich keine Hausaufgaben gemacht, aber in der fünften und sechsten arbeitete ich gewissenhaft. Stundenlang saß ich an der Lösung der legendären Aufgabe mit den Wasserbecken: In ein Wasserbecken fließt Wasser rein, aus dem anderen fließt es raus. Nicht immer war ich in der Lage, diese schwierigen Aufgaben zu knacken. Zu Hause konnte mir keiner helfen. Aber in der Schule, bevor ich alles abschrieb, erkundigte ich mich immer, wie die Lösung zustande kam.

Das Kleine Einmaleins ließ mich oft in meinem Leben im Stich. In der Schule half das Rechenheft. Diese Hefte wurden mit Hilfslinien in Quadrate unterteilt und hatten hinten das Kleine Einmaleins als Tabelle und auch eine Tabelle für verschiedene Maße: Länge, Gewicht, Volumen, Fläche und so weiter. So ein Rechenheft begleitete mich lange durch das Leben. Später in der Hochschule legte ich mir ein Mathenachschlagewerk zu. Doch das war später, als ich schon studierte. Aber bei der Eingangsprüfungen in der Hochschule ...

Ich wollte in der Medizinischen Hochschule studieren, und damals war dort keine Matheprüfung erforderlich. Nach den Prüfungen fehlte mir dort ein Punkt, deshalb ging ich in die Kiewer Technologiehochschule für Textilindustrie. Sie hatten nicht genug Studenten. Weil meine Noten bei den Prüfungen in der Medizinischen Hochschule ziemlich gut waren, wurde mir vorgeschlagen, in den dritten Stock zu gehen, um noch eine zusätzliche mündliche Prüfung in Mathematik abzulegen. In einem leeren Auditorium saß Dozent Burik. Er war groß und schwerfällig, aber irgendwie auch weich und gutmütig. Er verteilte Fragebögen an uns, und wir begannen mit der Vorbereitung. Ich löste alles schnell auf und kam zu ihm. Die erste Frage in Geometrie konnte ich glänzend beantworten. Ich mochte sie und war gut in diesem Fach. Die zweite Frage in Algebra war auch nicht kompliziert. Bei Trigonometrie brachte ich etwas durcheinander, aber Burik winkte es durch. Die Aufgabe in Arithmetik jedoch lenkte seine Aufmerksamkeit auf sich. Der Lösungsweg war richtig, aber das Ergebnis ... Ich wurde natürlich verlegen und erklärte, das ich das Heft nicht dabei hätte. Er verstand nicht. Welches Heft? Was hat das Heft mit der Prüfung zu tun? Und ich, ein naives Mädchen aus der Provinz, gab zu, dass ich das Kleine Einmaleins nicht auswendig konnte. Es kam das Homerische Lachen. Nicht nur sein Körper wackelte, auch der Stuhl, auf dem er saß, und der Tisch, auf dem seine Hände lagen. Gott sei Dank, die anderen Jungs im Raum verstanden nicht, warum er lachte.

Aber während der ersten Vorlesung erzählte er mit Genuss vor dem Auditorium von dreihundert Studenten diese Geschichte. Allerdings verriet er mich nicht. Ich hörte, dass Burik in den nächsten Jahren seine erste Vorlesung ungefähr so begann: »Es kann sein, dass es zwischen euch einen Studenten gibt, der das Kleine Einmaleins nicht kennt. Aber das sollte ihn nicht daran hindern, in unserer Hochschule zu studieren.«

Nach dem ausgiebigen Lachen gab mir Burik eine gute Note, und ich wurde an der Hochschule angenommen. Viele Jahre später, als ich schon arbeitete, fuhr ich mal in einem Trolleybus. Hinter mir erzählte eine Frau einer anderen, wie man mit den Fingern multiplizieren könne, das war für mich interessant. Das Kleine Einmaleins bis fünf muss man können, danach geht es so weiter: Jedem Finger auf beiden Händen verleiht man eine Ziffer, die kleinen Finger: 6, die Ringfinger: 7, die Mittelfinger: 8, die Zeigefinger: 9. Und dann folgt ein Verfahren mit Addieren und Multiplizieren. Diese Methode erfand der Schriftsteller Lew Tolstoi für die Bauernkinder in der Sonntagsschule. Sie ist in vielen Büchern beschrieben. Schade, dass ich früher nichts davon wusste.

Nun konnte ich immer prüfen, ob ich beim Multiplizieren von Ziffern größer als fünf richtig gerechnet habe. Soweit die Geschichte meiner Kenntnisse in der Mathematik.

Dafür konnte ich gut lesen. Natürlich behinderten mich die schlechten Kenntnisse der Grundlagen von Mathematik und Grammatik, aber die anderen Fächer verstand ich gut und hatte keine Probleme beim Lernen. Alles war von meinem Fleiß abhängig. Dabei war ich nur in der Schule so eine graue Maus, zu Hause war ich ganz anders. Ich wurde natürlich hier und da ein bisschen zurechtgebogen, doch generell war die Umgebung für meine Entwicklung positiv. Fast die ganze Kindheit hindurch trieb ich mich bei Oma herum, und alle ihre Kinder lernten gern und, wie ich mich erinnere, lasen viel. Überall lagen Bücher, Zeitungen und Zeitschriften im Haus, und die gelesenen Bücher wurden oft besprochen. Manchmal erzählte irgendjemand den Inhalt einer gelesenen Erzählung oder eines ganzen Buches. Einmal fand ich auf der Dachbühne Zeichnungen von Onkel Petja, die mich verzauberten. Ich nahm sie mit, und noch heute liegen sie auf meinem Dachboden.

Aber das Wichtigste: Ich begann, mich zu interessieren. Natürlich waren die Lehrer wichtig. Ich kann nicht sagen, dass sie perfekt waren, aber es waren Lehrer der alten Garde. Ich erzählte schon, dass sie meine Onkel und Tanten unterrichteten. Diese Lehrer waren noch zu zaristischen Zeiten in die Schule gekommen. Jeder war von seinem Fach besessen. Und das Wichtigste: Sie waren Menschen mit tiefen Kenntnissen und stammten aus einer hochkulturellen Gesellschaft. Manche sprachen uns am Anfang mit »Sie« an. Das Verhältnis war nicht familiär, es gab keine Nachsicht. Die Lehrer blieben auf Distanz, erniedrigten uns allerdings auch nicht. Ich spürte auch einen gewissen Respekt mir gegenüber. Ich war keine graue Masse mehr, sondern eine Persönlichkeit. Und ich begann, die Schule mit Vergnügen zu besuchen.

41

Nein, ich wurde keine Streberin und kein braves Mädchen, aber ich lernte wesentlich besser, für mich war jetzt alles interessant. Ich trieb mich seltener auf der Straße herum. Die Kinder, mit denen ich früher gespielt hatte, verschwanden. Karnauschicha, die gegenüber wohnte, starb, und ihr Haus wurde verkauft. Polja und Marinka verschwanden auch. Zwei enteignete Bauern, die Brüder Gretschuk, kauften das Haus. Pimon hatte einen Sohn, Shora. Er war sichtlich älter als ich, aber irgendwie komisch. Auf der Straße wurde er für dumm gehalten. Er war ein Einzelkind und musste auf nichts verzichten. Er war immer gut gekleidet, wenn auch dörflich. Ein Akkordeon bekam er auch, und das war kein billiges Instrument. Irgendwo lernte er spielen. Ich muss zugeben, er spielte gut, obwohl die Melodien ziemlich primitiv waren. Abends saßen die Straßenkinder bei mir oder bei Gretschuks auf der Bank, und Shora spielte Akkordeon.

Die zweite Hälfte von Karnauschichas Haus kaufte Pimons Bruder. Er hatte zwei Töchter. Galja war zwei Jahre älter als ich, Ljuba meine Altersgenossin, sie ging in die Parallelklasse. Doch die Freundschaft mit ihr hat nicht funktioniert, obwohl wir manchmal Shoras Musik zusammen hörten oder »Die Städte« spielten. Ich habe schon alle Spiele vergessen, nur irgendwelche Abzählreime sind mir im Kopf geblieben.

An den warmen Tagen fuhr ich bis spät in der Nacht auf dem Fahrrad. Die naheliegenden Straßen waren nicht immer flach. Manchmal lief die Straße zuerst runter, dann wieder rauf. Ich stellte mir eine Aufgabe: Heute bewältige ich die Berge auf dieser Straße, morgen auf der anderen. So begann ich früh, Sport zu treiben.

Wie ich schon erzählt habe, saß ich gern stundenlang am Flussufer. Aber ich hatte noch einen komischen Zeitvertreib für ein zwölfjähriges Mädchen. Auf der anderen Seite der Straße, an der Ecke, wohnte Familie Rogus: Vater, Mutter und Kind. Sie waren Deutsche und ziemlich verschlossen. Er war Bauingenieur. Ich durfte den Kinderwagen mit ihrer Tochter schieben. Als die Tochter größer wurde, spielte ich mit ihr im Sand und wurde sogar in ihr Haus gelassen. In Haus und Hof war alles sauber und akkurat. In einem Zimmer standen unzählige Bücher.

Als unsere Armee nach der Besatzung zurückkam, war das Haus der Rogus leer, sie waren mit der deutschen Armee abgereist. In ihrem Haus richtete man einen Kindergarten ein. Mama und ich arbeiteten dort. Als ich dorthin kam, war es bereits ausgeraubt, auch die Bibliothek. Vereinzelte Bücher lagen noch auf dem Boden, wahrscheinlich hatten sie niemanden interessiert. Ich schleppte sie nach Hause. Manche habe ich bis jetzt noch, zum Beispiel die Bücher über die Bauwerke des alten Roms, Griechenlands, Athens. Dank dieser Bücher öffnete sich mir eine absolut unbekannte, schöne Welt, die Welt der Architektur.

Aber jetzt ging ich in die fünfte Klasse. In Mathe und in den Sprachen hatte ich weiterhin keine bessere Note als »ausreichend«, doch in den anderen Fächer bekam ich schon ein »gut«, manchmal auch »sehr gut«. Mit der Grammatik hatte ich Schwierigkeiten. Aber in die Literatur, die ukrainische und die russische, war ich sofort verliebt.

Die Lehrerin für russische Sprache, Anna Iwanowna Kurotschkina, war nicht besonders sympathisch. Sie war klein, und man hatte immer den Eindruck, dass sie irgendwelche Streiche von uns erwarten würde, denn sie befand sich stets in Verteidigungshaltung. Sie war gut gekleidet, allerdings ein bisschen zu bunt. Wegen des Nachnamens wurde sie »Kurotschka« (Hähnchen) genannt. Meinem Gefühl nach war sie nicht besonders beliebt. In ihrem Unterricht herrschte immer Stille. Sie war nicht sonderlich redselig, aber die Literatur war für mich interessant.

Wir hatten zwei Bücher: »Literatur« und »Lesebuch«. Im ersten wurden wir darüber belehrt, wie wir die Werke zu verstehen hatten, was man kritisieren und wovon man schwärmen muss. Das gefiel mir nicht besonders. Vielleicht las ich deshalb alles, was im Lesebuch stand. Sofort begann ich, die Bücherei zu besuchen, um die kompletten Werke zu lesen und nicht nur Auszüge wie im Lesebuch. Ich wollte mir eine eigene Meinung bilden.

Ähnlich erging es mir mit der ukrainischen Literatur. Unsere Lehrerin Darja Födorowna war eine große, mollige Frau. Ich hatte das Gefühl, dass sie ein bisschen schlampig war. Sie war die Tante unserer Mitschülerin Ljalka Prokopenko, aber sie behandelte Ljalka wie alle anderen, und wir respektierten sie dafür.

Damals wurden viele ukrainische Dichter und Schriftsteller in die fernsten Ecken unserer Heimat verbannt: nach Sibirien, Kolyma und so weiter. Und als sie dort erschossen wurden, verbot man auch ihre Werke. Ich glaube nicht, dass ich das auf der Straße erfuhr. Darja Födorowna hämmerte in unsere Köpfe, dass diese und jene Schriftsteller Volksfeinde seien, deshalb wurden ihre Werke vernichtend kritisiert. Ich war immer empört. Wie kann ich der Kritik glauben, wenn ich die Werke selbst nicht kenne?

Und in der siebten und achten Klasse entdeckte ich Omas Dachboden und las die ganze verbotene Literatur. Ich kann nicht sagen, dass ich verstand, was dort nicht richtig sein sollte. In diesen Büchern wurde unser Leben beschrieben, so wie ich es selbst erlebt habe. Und manch blutige Szenen darin, die ich nicht selbst mit angesehen hatte, hatte ich aus erster Quelle von Zeugen gehört. Man kann sagen, diese Bücher veränderten meine Seele. Oder war sie vielleicht früher schon so gewesen?

Der Druck war groß. Nehmen wir als Beispiel »Die Zerstörung des Geschwaders« von Oleksandr Kornijtschuk, eine begeisterte Hymne auf die Revolution. Ich erinnere mich, darin gab es irgendeine Idee, die uns sorgfältig erklärt wurde, aber mich beeindruckte nur das Weib in der Matrosenjacke, das absolut nicht einer Frau ähnlich war.

In der gleichen Zeit las ich »Die Grube« von Aleksandr Kuprin. Das war zu früh für mich, vieles verstand ich nicht. Irgendwie vereinigten sich die Heldinnen von »Die Grube« (die Prostituierten) mit dieser Frau in der Matrosenjacke, die moderne Variante einer Hure. Sie landeten zusammen in einem Platz in meinem Gedächtnis. Ich fand sie alle eklig, alle waren sie für mich Bordellkinder.

Bei einem Schriftsteller las ich über den großen Sieg der Roten Armee bei Kruty. Aber die Illusion über die Heldentaten der Roten Armee war bald weg. Man erzählte mir, dass dort Jungs erschossen worden waren, die nur ein bisschen älter waren als ich und den Erwachsenen vertrauten, dass für sie ein schönes Leben in einer »unabhängigen« Ukraine beginnen werde. Nichts davon klappte, die Kinder wurden erschossen. Und in meiner Seele blieb nur die eine Frage: Warum ist dieser Schriftsteller so ein Lügner?

Und die Poesie? Die Gedichte erzählten von der Revolution und den Wahlen der »Otamanen« (Führer), wie etwa beim Dichter Pawlo Tytschyna. Sie waren oft minderwertig, mit falschen Betonungen und einfältigen Reimen. Oma erzählte, dass diese »Otamanen«, die ständig wechselten, die Zivilbevölkerung beraubten. Oder das Gedicht des gleichen Dichters über die große Kollektivierung. Ich hatte sofort die Leiden der vielen Bauern im Kopf, die vor der Kollektivierung flüchteten. Oder unsere Mieter, die Mähdrescher-Mädchen. Ich hatte keine Lust, solche Gedichte zu lernen.

Es gab noch den Dichter Wolodymyr Sossjura. Mama sang hin und wieder sogar ein Lied mit seinem Text: »Meine Frau hat dunkelblaue Augen, und du hattest hellblaue...« Ich respektierte ihn eigentlich. Aber das Leben ist nicht vorhersehbar, und es macht manchmal unerwartete Wendungen. Im letzten Kriegsjahr hatte meine Mutter Dienst von der Poliklinik auf dem Bahnhof. Fahrkarten zu bekommen, war schwer, aber sie erhielt welche über die medizinische Betreuungsstelle. Einmal kam eine Frau dorthin und erzählte, sie sei die Tante des Dichters Sossjura. Mama half ihr mit der Fahrkarte, dabei erzählte sie ihr, dass ich im Begriff stand, die zehnte Klasse zu beenden, und in Kiew studieren wollte. Sie zeigte ihr auch mein Bild. Diese Tante gab uns die Adresse des Dichters in Kiew.

Als ich mit Freundinnen nach Kiew kam, wollten wir natürlich sehen, wie dieser berühmte Dichter wohnt. Am Ende der Leninstraße (heute Bogdan-Chmelnitzki-Straße) befindet sich hinter dem Operntheater das Haus der Schriftsteller. Dort wohnten viele unsere Berühmtheiten. Das Haus sieht gut aus: große Fenster, große Balkone. Es wurde vor dem Krieg errichtet. Dort schneiten wir hinein. Eine Frau im Nachthemd öffnete die Tür. Sie ging mit uns ins Zimmer und sprang schnell ins Bett, wo schon eine andere Frau lag. Die Frau von Sossjura erklärte uns, dass die andere ihre Freundin und sie selbst krank sei. Deshalb liege sie im Bett. Jetzt denke ich mir: wenn sie krank war, was hatte dann die andere Frau am hellen Tag in ihrem Bett zu suchen? Es war nicht Morgen, das Bett war zerwühlt und von zweifelhafter Sauberkeit.

Als ich ihr die Geschichte von der Tante erzählte, fragte sie sofort: »Hat sie bei euch etwas geklaut?« Als sie erfuhr, dass die Tante nicht bei uns zu Hause lebte, beruhigte sie sich und begann mit uns zu plaudern. Sie hatte keinen Grund zur Sorge. Wir bettelten nicht, wir wollten nur den berühmten Dichter sehen. Der war allerdings nicht in Kiew, sondern im Ausland, um Möbel abzuholen. Ich hatte damals schon den Gedanken, dass der Krieg ja gerade erst zu Ende war und die Fabriken im Ausland daher unmöglich schon Möbel produzieren konnten. Alles klar: Der berühmte Dichter fuhr ins Ausland, um die Möbel abzuholen, die unsere heldenmütige Armee der deutschen Bevölkerung raubte.

Ob die Frau des Dichters blaue Augen hatte, habe ich nicht bemerkt. Aber dass sie eine Schwätzerin war, ist Tatsache. Es war unmöglich, sich alles zu merken, was sie erzählte. Die Grabenkämpfe mit der Familie Schyjan merkte ich mir allerdings. Der Schriftsteller Anatolij Schyjan war ebenfalls berühmt, und das Thema seiner Werke war natürlich die Revolution (sonst wirst du nicht veröffentlicht). Ich las viel von ihm und kann mich an nichts erinnern. Aber die Bücher waren gut geschrieben, man konnte sie leicht lesen.

Die Wohnungen von Sossjura und Schyjan lagen nebeneinander, die Balkone auch. Sossjura hatte eine Katze. Und weil so eine Katze ein freiheitsliebendes Tier ist, lief sie, wohin sie wollte. Manchmal verließ sie ihre Wohnung und ging zur Familie Schijan. Der Streit darüber lief schon seit ein paar Jahren. Manchmal kam es zu Handgreiflichkeiten.

Als wir von diesem Quatsch genug gehört hatten, wollten wir nach Hause gehen. Die Frau Sossjuras lud uns ein, in zwei Wochen wiederzukommen, wenn ihr Mann zurück sei. Aber da begannen unsere Prüfungen, und wir hatten andere Sorgen, als Sossjura zu besuchen.

In unserer Clique war Manja die lustigste. Sie spielte uns die Geschichte von dem großen Dichter und dem berühmten Schriftsteller vor, die wegen einer Katze stritten. Wir wieherten wie die Pferde. Und ich sang laut auf der Leninstraße ein Lied von Sossjura: »Wenn der Zug in der Ferne verschwindet, erinnere ich mich an die Gitarrenklänge während der Mondnächte, an deine Küsse und deine Späße.«

In den vier Kriegsjahren las ich viel, vor allem natürlich von Puschkin, Lermontow, Schewtschenko. Ich mochte die Gedichte von

Lesja Ukrainka. In der siebten Klasse tauchten irgendwie »Reiter ohne Kopf« von Mayne Reid und »Eine amerikanische Tragödie« von Theodor Dreiser auf. Mit Begeisterung las ich Nikolai Gogol. Nach seinem Buch »Wij« hatte ich wieder nächtliche Ängste, wie es bei den gruseligen Geschichten der Oma der Familie Burak der Fall war.

42

In diesen Vorkriegsjahren kam bereits der Tonfilm zu uns. Den Stummfilm kannte ich nur aus Mamas Erzählungen. Sie war immer von der Spielkunst von Vera Cholodnaja begeistert, die später im Tonfilm keinen Erfolg hatte. Mama sprach über den lustigen Charlie Chaplin und über Igor Iljinski. Als wir Fernsehen bekamen, sah ich Chaplin auf der Mattscheibe. Ich empfand ihn nicht als besonders lustig.

Auch das Radio kam in diesen Jahren auf. Ich erinnere mich, wie wir zuerst einen großen Lautsprecher kauften. Der war schnell kaputt. Der nächste, den wir kauften, war kleiner. Wir hängten ihn im Zimmer zwischen die Fenster auf. Ich konnte mir stundenlang auf dem Boden sitzend Sendungen anhören. Die Moderatorin aus Krementschuk war eine gewisse Olschanskaja, aber bei der Sendung aus Moskau wurden die neuesten Nachrichten vom Moderator Juri Lewitan gesprochen. Er hatte eine schöne Stimme, mit der verkündete er den Beginn des Krieges gegen Deutschland.

In der achten Klasse ging ich oft in den Stadtgarten und schaute mir dort Amateurvorführungen an. Wir hatten einen guten Zirkus in der Stadt. Dort befand sich auch ein großer Hof mit Ställen und Zellen für die Tiere. Aber ich mag den Zirkus nicht, und ich erinnere mich nicht mehr, ob ich ihn besucht habe oder nicht.

Ins Kino dagegen ging ich oft. In der fünften und sechsten Klasse, als Papa noch am Leben war, verdiente ich mir bei ihm Geld fürs Kino. Er mochte sehr, wenn man ihm die Fersen kratzte. Er war nicht kitzlig. Stundenlang saß ich da und beschäftigte mich mit dieser langweiligen Aufgabe. Ich mochte Papas Fersen nicht kratzen, aber ich wollte unbedingt ins Kino. Ich ließ keinen Film aus. Es gab »Panzerkreuzer Potjomkin«, »Tschapaew«, »Schtschors«.

Bei der Gelegenheit ein paar Worte zu Nikolai Schtschors. In Kiew auf dem Schewtschenko Boulevard steht sein Denkmal. Es ist schön. Das Lenindenkmal würde ich nicht gegen einen Abriss verteidigen, das Schtschorsdenkmal schon. Obwohl ich später hörte, dass dieser Schtschors nicht wirklich heldenhaft als roter Kommandeur war. Aber weil Russland Tschapajew hatte, dachte man sich für die Ukraine Schtschors aus. So wurde er zum Thema stalinistischer Heldenverehrung. Wie kann man ohne einen Nationalheld leben?

Ich muss zugeben, dass die sowjetischen Filme, auch vor dem Krieg, gut waren. Deshalb wurden auch die Filme über die Revolutionshelden mit all ihrem Agitationsstoff begeistert vom Volk besucht. Vor dem Film gab es in unserem Kino eine obligatorische Vorstellung, eine drittklassige Sängerin blökte mit Klavierbegleitung ein paar Lieder. Am Flügel saß ein eleganter Mann. Ich hatte das Gefühl, dass er ein guter Pianist war. Aber die Lieder rührten mich nicht.

Der Kabarettist Issaj hingegen war ein großartiger Artist. Er schüttelte ständig Witze aus dem Ärmel, und das Publikum amüsierte sich prächtig. Manche seine humoristischen und satirischen Texte habe ich bis jetzt noch stückweise im Gedächtnis.

Im Sommer 1938 auf dem Chassansee und im Herbst 1939 auf den Höhen von Chalchyn Gol begann die Sowjetunion einen Krieg gegen die Japaner. Irgendwer überfiel den anderen. Uns wurde gesagt, dass die Japaner ein Territorium zurückhaben wollten, dass ihnen irgendwann mal gehört hatte. Diese militärischen Vorkommnisse waren kurz und sehr weit weg, irgendwo im fernen Osten. Und obwohl Zeitungen und Radio unentwegt über dieses Thema polterten, würde ich das längst vergessen haben wie so vieles in meinem Leben, aber dank der Vierzeiler des Kabarettisten Issaj blieb es mir im Gedächtnis.

Aus den NEP-Zeiten stammt ein lustiges Lied über eine Marquise und ihren Kammerdiener. Der Kammerdiener berichtet der Marquise vom Stand der Dinge auf dem Gut, das ihr gehört. Alles läuft schlecht, das Haus ist verbrannt, der Stall auch, die Stute ist verreckt, aber jede Strophe endet fröhlich: »Und sonst, meine schöne Marquise, ist alles gut, ist alles gut!« Das war ein richtiger Ohrwurm. Issaj nutzte die Popularität dieses Liedes und machte dazu einen Text über die Ereignisse an der japanischen Grenze. Das Lied war, nun, besser geht es nicht. Ein japanischer Adjutant berichtet seinem Vorgesetzten, und nach der Aufzählung der großen Verluste sagt der Adjutant: »Was macht der Tod des Majors, neben ihm wurden noch zwölfhundert andere getötet. Aber sonst, mein Herr, ist alles gut, ist alles gut!«

Das war lustig. Die Vorfälle an der japanischen Grenze waren weit und gingen mich nichts an. Und da waren noch die Filme über den Bürgerkrieg. Jeder Hinz und Kunz versuchte, ein Stück des ehemaligen Russlands zu erobern, solange Chaos herrschte, obwohl bereits die Sowjetmacht regierte. In den Filmen über Japaner, die unser Land wollten, wurden sie in einem komischen Licht gezeigt.

Es gab einen Film über die zaristischen Zeiten. Die Handlung spielte in der Mandschurei. Die Japaner fielen auf russisches Territorium ein. Von lauter Freude beschloss ein japanischer General, ein Bad zu nehmen. Eine große Wanne mit Wasser wurde in den Hof gestellt, darunter ein Feuer gemacht. Der General setzte sich in die Wanne. Plötzlich kamen die Russen und begannen, mit dem Gefolge zu kämpfen. Das Feuer wurde immer größer, dem General wurde heiß, aber die Wanne war tief und der Japaner klein, deshalb konnte er nicht rausklettern. Am Ende nahmen die Russen den nackten General, der mit seinen dünnen Beinchen baumelte, in Gefangenschaft. Alles als übertriebene Komödie.

Und was ist mit den unzähligen Filmen wie »Die undurchdringliche Grenze«? Immer gab es einen Saboteur, eine aufmerksame Bevölkerung und tapfere Grenzschützer. Solche Filme endeten immer gleich: Der Saboteur wurde verhaftet. Wenn es ein Japaner war, lallte er in einer unbekannten Sprache. Das war schon lustig. Dazu war er eingeschüchtert und zitterte vor Angst. Da entstand der Eindruck, dass die Japaner minderwertig seien und der Krieg ein Spaziergang wäre.

Und die friedlichen Filme und Komödien vermittelten das Gefühl, dass unsere Armee die stärkste in der Welt sei. Zum Beispiel der Film »Vier Herzen«. Großartige Schauspieler: Valentina Serowa, Jewgeni Samojlow, Ludmila Zelikowskaja und Pavel Springfeld. Sie verlieben sich, streiten, schließen wieder Frieden. Einer von ihnen ist Offizier, so ein positiver Schönling, zum Erbrechen. Und seine Kompanie ist so höflich, erpicht zu lernen. Und das Äußere – so süßlich! Sofort wünschte man sich, in der Armee zu dienen. Nicht von ungefähr bewarben sich fast alle Jungs aus meiner Klasse als Freiwillige für den Krieg. Und fast alle sind umgekommen.

Ich erinnere mich nicht, dass wir eine Bedrohung unseres Lebens spürten. Alles lief wie immer. Es wurde viel über Hitler berichtet, über seine Abrechnung mit den Juden und den Kommunisten mit Ernst Thälmann am Ruder. Der Krieg in Spanien endete mit der kompletten Niederlage der Revolutionskräfte. Die Zeitungen beschimpften den zur Macht gekommenen Franco in Spanien und den komischerweise im Volk beliebten Mussolini in Italien.

Natürlich, mit dreizehn oder vierzehn Jahren habe ich keine ernsten Artikel gelesen. Manches wollten die Lehrer in unsere Köpfe pflanzen, aber wen interessierten solche Dinge? Wesentlich interessanter war es, die vielen Karikaturen anzuschauen, die in den Zeitungen und Zeitschriften abgedruckt wurden. Diese schrecklichen Faschisten sahen lustig aus. Deshalb hatten wir keine Angst und merkten nicht die immer dichter werdenden schwarzen Wolken über unseren Köpfen.

Zudem freundete sich unser weiser Stalin Hitler an. Kurz vor dem Krieg, 1939, wurde sogar der Deutsch-Sowjetische Nichtangriffspakt beschlossen. Wir »befreiten« erfolgreich die westlichen Völker von der kapitalistischen Herrschaft. Zusammen mit Hitler wurde Polen niedergedrückt, und wir schnappten uns die Westukraine und Moldawien. Gleichzeitig wurden Estland, Lettland und Litauen freiwillig-unfreiwillig an die Sowjetunion angeschlossen.

Irgendwann zwischen 1989 und 1990 war ich in Riga und sah selbst, wie freiwillig dieser Anschluss war. So viele Jahre waren inzwischen vergangen, und trotzdem, wenn die einfachen Leute in den Läden, auf den Straßen, in den Hotels die russische Sprache hörten, verhielten sie sich so, als ob sie nichts verstünden. Dann wechselte ich zu Ukrainisch. Jetzt konnten sie mich wirklich nicht verstehen, woher sollen sie auch Ukrainisch können. Aber ihr Verhalten wurde sofort freundlicher.

In den Vorkriegsjahren kam viel Militär aus Deutschland zu uns, um Erfahrungen in unseren Armee zu sammeln. Nach all den Jahren ist jetzt klar geworden, dass sie bei uns lernten, wie man Konzentrationslager schafft. In der Sowjetunion gab es damals schon den Gulag, von dem wir keine Ahnung hatten. Natürlich wussten wir, dass es Gefängnisse und Verbannungen gab. Aber wir dachten, dass dort nur Verbrecher sitzen. Obwohl ich nach der Erfahrung mit meinem Vater damals schon meine Zweifel hatte. In den Gefängnissen und Lagern saßen die sogenannten »Bürgerlichen« und ehemalige Offiziere, Intellektuelle und enteignete Bauern, Krimtataren und Deutsche aus dem Wolga-Gebiet, Westukrainer und die baltischen Völker. Zuerst wurden sie verbannt, dann viele von ihnen erschossen. Ja, die Sowjetunion hatte Erfahrung mit der Massenvernichtung von Menschen. Aber woher sollten wir das wissen?

In diesen Zeiten kam der Film »Timur und sein Trupp« heraus. Die Kinder schauten ihn sich mehrmals an. Ehrlich gesagt war Arkadi Gajdar ein begnadeter Schriftsteller. Der Film war auch sehr gut gemacht. Ein hübscher Junge mit seinem Schäferhund organisiert in einer Siedlung mit Wochenendhäusern mit seinen Kumpels eine Mannschaft für gute Taten. Jemandem Wasser bringen oder sauber machen. Er arrangiert ein Treffen zwischen einem Mädchen und ihrem Vater, der beim Militär ist und scheinbar in den Krieg ziehen muss, ein rührendes Treffen am Bahnhof neben dem Militärzug. Zusammen beschützen sie das deutsche Mädchen Elisa, dessen Vater wegen einer militärischen Fortbildung in unser Land gekommen ist. Ich habe mir die Besuche der deutschen Militärspezialisten nicht ausgedacht. Diesen Film hat das ganze Land gesehen. Deshalb roch es auch in den Kinderfilmen nach Krieg.

In einer Siedlung ohne Feinde kann man keine spannende Handlung machen, deshalb gibt es im Film eine Gruppe schlechter Kinder. Unsere Helden kämpften gegen sie. Der Film war so populär, dass in manchen Schulen »Timur-Truppen« gegründet wurden. In meiner Schule gab es so etwas nicht.

43

Nach der Fertigstellung des umgebauten Hauses begann Vater öfter zu trinken. Und wenn früher die Pausen zwischen seinen periodischen Trunksüchten einen Monat ausmachten, trank er jetzt jede Woche. Am meisten bei Tante Nazja oder in der Kneipe gegenüber unseres TPO-Ladens. Irgendwann kaufte er in betrunkenem Zustand einen Hund, einen richtigen Jagdhund. Tobik war so ein Schönling! Er hatte langes welliges schwarz-weißes Fell, lange Ohren und große braune Augen.

Wir besaßen einen großen Garten, darin wuchsen nur Apfelbäume. Weil dort im Frühling wegen Überflutung oft Wasser stand, konnten die anderen Bäume nicht wachsen. Oft besuchten die örtlichen Jungs den Garten. Einmal brachen sie einen Baum, der zwei große Äste hatte, in der Mitte durch. Natürlich waren alle traurig. Die Äpfel von diesem Baum waren lecker, und die Bäume hatte noch mein Opa gepflanzt.

Deshalb wurde der Schönling Tobik zur Bewachung am Ende des Gartens angekettet. Die Kette war aus Metall, dick und schwer. Ich glaube, so ein Leben war für Tobik ein unbeschreiblicher Schreck. Am Anfang bellte er, bis er heiser wurde, nachts heulte er. Der Jagdhund, der niemals eine Leine kannte, vermisste die Freiheit der Sümpfe, wo er für sein Herrchen Enten jagen konnte.

Jagdhunde sind gutmütig. Sie freunden sich mit jedem Menschen an, der ein gutes Wort für sie hat. Die Jungs verstanden das schnell und schüttelten weiter unsere Apfelbäume. Mama schimpfte, dass man jetzt einen Hund füttern müsse, obwohl er ein Nichtsnutz sei. So bekam Tobik seine Freiheit wieder. Jetzt lag er Tag und Nacht am Hauseingang und wartete wahrscheinlich darauf, dass sein Herr ihn zur Jagd mitnehmen würde.

Tobik hatte keine Hundehütte. An kalten Tagen kroch er in den Schuppen, wenn der offen war, oder unter den Treppenaufgang. Dann rollte er sich zusammen und schlief. Ich erinnere mich nicht, dass er überhaupt eine Hundeschüssel hatte. Wasser war kein Problem, nebenan floss der Fluss, und im Winter gab es Schnee. Manchmal vergaßen wir, ihn für die Nacht aus dem Flur zu schicken, ansonsten kam er nie ins Haus.

Einmal, als das Leben schon schwierig war und das Brot auf 500 Gramm für Erwachsene und 300 Gramm für Kinder rationiert wurde, aßen Mutter und ich Abendbrot im Flur. Das Essen stand auf einem großen Hocker, wir saßen auf einem kleinen. Als wir schlafen gingen, vergaßen wir, den Hund in den Hof hinauszutreiben und das Brot wegzuräumen. Am Morgen fanden wir ein unglaubliches Bild vor: Der Hund lag auf dem Boden und seine Augen waren auf den Hocker geheftet, auf dem ein unberührtes Brot lag. Mama erzählte, dass Tobik weinte. Aus seinen Augen, in denen Tränen standen, liefen zwei feuchte Streifen herunter. Wir gaben ihm das ganze Brot vom Hocker. Ich glaube, dass wir ihn ansonsten schlecht fütterten.

Ich erzählte schon, dass Tobik niemanden anbellte, deshalb behielten wir einen Mischling, der uns zulief. Er war weiß und hatte vereinzelt schwarze Flecken. Der Hund war nicht besonders groß, aber flink. Er lag mit Tobik auf dem Treppenaufgang und bewachte den Hauseingang, wahrscheinlich aus Dankbarkeit, dass er aufgenommen wurde. Obwohl im Hof viele Leute herumliefen, reagierte Maltschik (Knabe), so nannte ich diesen Hund, nicht auf sie. Aber wenn ein Mensch zum Hauseingang abbog, stand er sofort auf, und dann war der Störenfried nicht zu beneiden.

Weil viele Menschen im Hof wohnten, schloss man das Tor nicht ab. Der riesige Riegel war allerdings noch da. Wenn man ihn betätigte, gab es ein lautes Geräusch. Das war jetzt ohne Nutzen. Als einmal ein Polizist kam und den Riegel mehrmals drückte, entschied Maltschik, dass dies eine Verletzung der Regel darstellte, und biss ihn. Als ich bei diesem Lärm hinauslief, sah ich, wie der Polizist eine Pistole aus der Revolvertasche zog und auf den Hund zu schießen begann. Er war wahrscheinlich kein besonders guter Schütze und traf nur Maltschiks Pfote. Der Hund winselte, ich beschimpfte den Polizisten und weinte. Und Tobik lag weiter auf dem Treppenaufgang und interessierte sich nicht für die Geschehnisse hinter der Ecke.

Die Pfote von Maltschik heilte. In den Besatzungsjahren, als wir selbst nichts zu Essen hatten, liefen beide Hunde den ganzen Tag durch die Straßen, um etwas Essbares zu finden. Nach Hause kamen sie nur zum Übernachten. Aber einmal kam Tobik allein nach Hause.

Irgendjemand erzählte mir, dass Maltschik den Deutschen etwas aus der Küche gestohlen hatte und erschossen wurde.

Ich erinnere mich noch vage, dass uns eine Hündin zulief. Sie gebar sechs Welpen. Einer der Welpen sah genauso aus wie Tobik. Aber sie fielen irgendeiner Epidemie zum Opfer und starben alle. Das Schicksal von Tobik war auch schrecklich. Ich vermute, dass wir ihn zum Schluss überhaupt nicht mehr fütterten, so wurde er zum streunenden Hund und kam nur ab und zu zu uns. Das geschah, als unsere Armee schon zurück war. Mir wurde erzählt, dass ihn ein Auto auf der Tschkalowstraße überfuhr. Aber vielleicht starb er auch einfach aus Hunger. Dort lag er lange, der Körper zersetzte sich langsam. Regen prasselte auf ihn herab, die fetten grünen Fliegen fraßen ihn. Er wurde immer kleiner, bis nur noch Fetzen seines einst schönen Fells übrigblieben. Das Fell trocknete aus und wurde vom Winde verweht.

Diese Verwandlung konnte ich Tag für Tag beobachten, wenn ich daran vorbei zur Schule ging. In den letzten Jahren denke ich oft an Tobik. Ja, Mama hatte keine Zeit für den Hund, sie war immer auf der Arbeit. Sogar ich war ungepflegt und ohne Aufsicht. Aber ich selbst? Warum begriff ich damals nicht, dass ich den Hund in einem Lappen hätte nach Hause bringen und dort begraben können?

44

Vater trank mehr und mehr und wurde nach den Perioden der Trunksucht immer krank. Er hatte Fieber und natürlich Kopfschmerzen. Aber wenn er wieder gesund war, begann er erneut zu trinken. Man wusste nie, ob er krank war oder einen Kater hatte. Er wurde ein untauglicher Arbeiter, und man kündigte ihm in der Fabrik. Jetzt hatte er endlos Zeit und trank in einem fort.

Nach einem wundervollen Sommer und Herbst 1937, an Neujahr, erfüllte Mama ihr Versprechen und brachte einen Tannebaum nach Hause. Schmuck hatten wir keinen. Mutter kochte Stärkemehl und schmierte Watte damit. Als alles trocken war, bemalte sie die Watte mit Wasserfarben. So versuchte sie, Meisterwerke wie Äpfel und

Birnen zu schaffen. Dazu klebten wir aus farbigem Papier Ketten zusammen. Aber der beste Schmuck waren die Bonbons, das Gebäck und die Äpfel, die Mutter, keiner weiß woher, mitbrachte. Außerdem hatte ich gehört, wie Studenten den Tannenbaum schmücken, und alle meine Dreiecke, Lineale und Kurvenlineale kamen auch auf die Tanne.

Nach Neujahr begann der Alltag. Papa trank und lag an den unvorstellbarsten Orten auf dem Boden: neben der Kneipe, neben einem fremden Haus oder überhaupt irgendwo am Fluss. Das berichteten uns dann irgendwelche Nachbarn. Mama wollte ihn nicht abholen, also ging ich. Noch schlimmer war, wenn die Jungs in der Schule mir berichteten: »Dein Vater schläft betrunken neben der Kneipe.« Das war beschämend, aber ich ging trotzdem und holte ihn ab. Manchmal, um Schlimmeres zu verhindern, stürmte ich in die Kneipe. Dort herrschte dann Stille, und ich schrie, dass sie alle verflüchte Säufer seien und meinen Vater zu einem Trinker machen würden. Und ich wünschte allen, dass sie hier in der Kneipe verreckten. Die Betrunkenen wurden für ein paar Minuten nüchtern und schwiegen. Vater beruhigte mich mit schwerer Zunge und sagte, dass er nach Hause gehen würde. Ich legte seinen Arm auf meine Schultern und den dünnen Nacken und schleppte Vater aus der Kneipe. Er hinkte irgendwie. Auf diese Weise erreichten wir nach zwei Blocks unser Haus.

Irgendwann im Frühling fand ich Vater auf der Wiese neben dem Fluss schlafend. Als ich ihn weckte und auf die Beine stellte, glitzerte Wasser in der Frühlingssonne an der Stelle, an der er gelegen hatte. Danach wurde Vater endgültig bettlägerig. Doktor Schtscherbak kam und verkündete das Urteil: Tuberkulose. Ich muss ehrlich zugeben, dass Mama sofort begann, Vater zu behandeln. Sie fuhr nach Sentscha auf den Markt, kaufte dort Hunde- oder Dachsfett, fragte alle nach den Blättern der Pflanze Aloe und kochte aus diesen Zutaten ein Heilmittel. Butter, die in unserem Haus eine Seltenheit war, konnte ich überhaupt vergessen. Alles wurde für die Rettung des Lebens meines Vaters zusammengesucht.

Als ich im Mai die Schule beendete, wurde ich, um einen gefährlichen Kontakt mit Vater zu vermeiden, für den Sommer zu Onkel

Petja nach Jelez geschickt. Ich denke es mir so: Ich wurde auch deshalb weggeschafft, weil ich jetzt mehr Zeit zu Hause verbrachte, während ich früher oft bei Oma herumgelungert war. Dadurch hatte ich mehr Kontakt mit Vater. Er hatte jetzt getrenntes Geschirr, Mama wusch auch seine Wäsche getrennt und vertrieb mich immer aus dem Schlafzimmer, in dem er lag.

Trotzdem wollte ich nicht zu Oma gehen. Das war im Jahr 1938. Die Familie meines Onkels Woldja bekam eine Tochter, meine erste Kusine Lora. Als das Mädchen aus dem Entbindungsheim nach Hause gebracht wurde, war ich natürlich sofort zur Stelle. Oma äußerte den Wunsch, dass sie als gesundes und gutes Mädchen aufwachsen solle, wie unsere Nessja. Auf diesen Wunsch reagierte Wolodja mit großer Empörung: »Das hat uns noch gefehlt. Auf keinem Fall wie eure Nessja.« Ich war gekränkt. War ich wirklich so schlimm?

Wie das Leben bewies, half mir Gott, von allen Kusinen das normalste Leben zu führen. Ich studierte und machte eine ordentliche Karriere. Meine Ehe hielt vierundzwanzig Jahre, und ich zog zwei großartige Kinder groß. Ich lebe lange. Und trotz all meiner Krankheiten, Brüche und Prellungen bin ich glücklich. Die Kinder haben mich lieb.

Es gab noch einen Grund, nicht zu Oma zu gehen: Ich mochte Onkel Wolodja nicht besonders. Und seine Frau Gascha konnte ich seit dem ersten Tag nicht ausstehen. Sie war immer mit irgendwas unzufrieden und schimpfte ständig mit einer unangenehmen Stimme. Mit dem neuen Baby wurde es im Haus noch lauter. Omas Haus, in dem so viele Leute Herberge und Trost fanden, wurde plötzlich ungemütlich. Es schien jetzt groß, leer und voll unangenehmer Geräusche zu sein.

45

Am 1. Mai bekam Nadja, die zeitweilig bei Oma lebte, ihre Tochter Ljalja. Anfang Juni fuhr ich nach Jelez. Dort erwartete mich mein vierjähriger Cousin Borja, der Sohn von Onkel Petja. Ich sah ihn zum ersten Mal. Der Cousin gefiel mir. Er war 1935 geboren worden. Ich habe ein Foto von ihm, auf dem er zehn Monate alt ist, mit großer Stirn und kräftigem Körperbau. Auf der Rückseite stand »Bobik«, das gefiel mir nicht. Deshalb begann ich sofort nach der Ankunft, ihn darüber zu belehren, dass sein Name Boris sei. Auf die Frage, wie er hieße, antwortete er daraufhin: »Bois«. Er war überhaupt unterhaltsam. Sehr selbstständig, hatte auf alles eine Antwort. Wenn ihm vorgeworfen wurde, dass er, ein Sohn vom Chef, so schmutzig durch die Straßen laufe, antwortete er in Babysprache: »Ich bin nicht schmutzig, ich bin bloß braungebrannt.« Als Oksanas Sohn und mein Enkel Eugen heranwuchs, erinnerte er mich sehr an den kleinen Boris.

Die Stadt Jelez war nicht groß und hatte meist einstöckige Häuser. Aber mein Onkel wohnte in einem Haus, das der Eisenbahn gehörte, und das war zweistöckig. Um die Stadt herum lief der Fluss Sosna (Kiefer). Nicht weit von uns lag die Tränke, zu der die Kühe nach dem Grasen getrieben wurden. Hinterher liefen sie über die Brücke, weil die Stadt auf der anderen Seite des Flusses lag, dann trotteten sie in ihre Höfe. Was für eine Idylle, Stadt und Dorf zugleich!

Vom Fluss aus liefen die Straßen ständig bergauf. Die Häuser waren weiß, und oben stand die Kirche, schön wie eine Puppe. Von dieser Flussseite konnte man die ganze Stadt sehen. Sie war schön. Auf diesem Ufer lag das Tal, und alles gehörte der Eisenbahn: Häuser, Läden, Krankenhaus, sogar das Kulturhaus. Alles diente einem großen Eisenbahnknoten.

Die Stadt war klein, aber der Eisenbahnknoten groß. Und er hatte, wie Onkel Petja behauptete, eine große strategische Bedeutung, weil er Moskau mit vielen anderen Städten des Landes verband. Hier stellte man die Züge nach Donbass, dem Kaukasus und sogar Fernosten zusammen. Zu Hause wurden diese Namen häufig genannt.

Zu Onkel Petja hatte ich keine so enge Beziehung wie zu Onkel Andrej, aber ich respektierte ihn sehr. Er absolvierte die Hochschule für Eisenbahntechnik in Leningrad und arbeitete später in Swerdlowsk (jetzt Jekaterinburg). Dort lernte er Tante Ljolja kennen und heiratete sie. Onkel Petja war ein ernster, aber auch gutmütiger Mensch. Er schimpfte nie auf Borja und verzieh Tante Ljolja alle Kapriolen. Sie selbst sagte, dass er gutmütig sei. Aber er war dabei prinzipientreu. Und natürlich war er Parteimitglied, anders ging es damals nicht. Er bekleidete einige hohe Positionen.

Ich erinnere mich nicht genau, ob es noch in Swerdlowsk oder schon in Jelez geschah, jedenfalls bestand mein Onkel einmal auf der Parteiversammlung auf seiner Sicht der Angelegenheit. Diese wurde in seinem Sinn entschieden, und man wollte sich an ihm rächen. Als er nach Hause ging, wurde er beim Überqueren der Gleise mit kalten Wasser aus einem Schlauch bespritzt. Das war im Winter. Tante Ljolja wartete vergeblich auf ihn, ging ihm endlich entgegen und stieß zufällig auf ihn. Gott sei Dank, er war noch am Leben.

Seit diesem Zwischenfall war Onkel Petja oft krank. In Jelez arbeitete er bis zum Krieg. Es gelang ihm, vor der deutschen Besatzung alle Züge ins Hinterland zu schicken, und er fuhr mit einem Lokführer Kostja auf der letzten Lok hinterher. Für diese Tat bekam er den Leninorden. Viele Jahre später, als mein Onkel starb, heiratete Ljolja diesen Lokführer. Sie besuchten uns in Kiew, da erzählte er uns diese Geschichte.

Kurz vor dem Krieg wurde in der Familie meines Onkels noch ein Sohn geboren. Dann begann der Krieg, und Ljolja fluchtete in den Ural. Unterwegs starb der Junge. Und mein Onkel wurde in die Stadt Kaschira, nicht weit von Moskau geschickt. Dort befand sich in den Kriegsjahren die Transportführung des Landes. Mein Onkel wurde der Leiter der Eisenbahn Moskau – Donbass. Er war der Generalmajor der Transportarmee.

Nach dem Krieg lebte er noch ein paar Jahre in Kaschira. Er war sehr krank und bewarb sich für einen kleinen Posten in der Ukraine. Er wurde der Leiter des kleinen Lokschuppens in der Stadt Nizyn. Als ich schon studierte, besuchte ich sie. Onkel Petja war bereits krank. Er hatte Tuberkulose und beschwerte sich darüber, dass es für ihn schwer genug gewesen war, auf dem vorigen Posten zu arbeiten. Er hatte damals jeden Monat persönlich Lasar Moissjeewitsch Kaganowitsch Bericht erstatten müssen. Aber auf dem neuen Posten war es noch schwieriger. In diesem Nizyn verausgabte er seine letzten Kräfte. In zwei Jahren machte er aus diesem Depot eines der besten in der Ukraine. Die Krankheit gewann die Oberhand, und mein Onkel starb im Jahr 1949. Er war dreiundvierzig Jahre alt.

Tante Ljolja galt in der Familie als unseriös und eine Nichtskönnerin. Ein Körnchen Wahrheit steckte in dieser Einschätzung. Sie wurde im Uralgebiet nicht weit von Swerdlowsk in dem Ort Mursilka geboren. Ich weiß nicht, welche Bildung sie bekam. Sie war eine leidenschaftliche Sportlerin und wurde sogar Uralmeisterin im Schlittschuhlauf.

Ihr Haus war ungemütlich, in der Küche liefen überall Kakerlaken herum. Ich ging ab und zu nachts in die Küche und machte das Licht an. Horden von Kakerlaken liefen dann in die Ecken. Diese Insekten sah ich zum ersten Mal im Leben. Bei uns hatten wir keine zu Hause. Wanzen ja. Mama übergoss regelmäßig die Möbel mit siedendem Wasser. Tante Ljolja bekämpfte die Kakerlaken nicht. Ich denke, das war auch sinnlos, denn sie konnten jederzeit wieder von den Nachbarn kommen. Kochen konnte meine Tante auch nicht.

Solange ich mich erinnere, war das Leben schwer, und die Lebensmittel waren knapp. Aber Oma und Mama konnten regelrecht aus nichts leckere Sachen kochen. Ich habe bis jetzt noch Omas Morgensuppen in Erinnerung: zwei Kartoffeln, ein paar Graupen, Zwiebeln und Möhren, ein Stück Speck mit dem Grünzeug in der Pfanne gebraten. Und Mamas Borschtsch? Über Mama konnte man das gleiche sagen wie in einem Sprichwort: dass sie aus einer Axt leckeren Borschtsch kochen konnte.

Tante Ljolja war wohlhabend, sie kaufte Lebensmittel im Basar statt in den billigen staatlichen Läden. Und im Basar gibt es alles. Mit Geld konnte sie nicht umgehen. Einmal rief sie Oma, weil Onkel Petja krank wurde. Oma ließ alles liegen und stehen und eilte zu ihnen, doch Petja war gesund. Ljolja wollte sich einen Mantel kaufen und war nicht in der Lage, das Geld dafür zu sparen, deshalb wollte sie Oma bei sich haben. Sie wusste, dass Oma nicht nur lecker kochen, sondern auch das Geld für den Mantel ansparen konnte.

Ljolja war mit ganzer Seele beim Sport. Sie ließ keine Ringkämpfe im Zirkus aus, dabei nahm sie mich oft mit. Wir saßen in der ersten Reihe. Die Ringkämpfer ächzten und furzten, vom Ring kam unangenehmer Schweißgeruch. Am Ende überreichte meine Tante dem Sieger einen Blumenstrauß. Das kostete alles Geld. Wenn Onkel Petja nach Hause kam, fand er in der Regel keine Frau und kein Essen vor. Seit dieser Zeit kann ich Ringkämpfer nicht ausstehen.

Onkel Petja wurde in Kiew begraben. Bei der Bestattung war die ganze Verwaltung der Eisenbahn anwesend. Kann sein, dass sogar irgendjemand aus der Hauptstadt kam. Ich wusste gar nicht, dass so viele Menschen in der Ukraine ihn kannten. Und zum ersten Mal sah ich, wie viele Auszeichnungen er hatte. Das Kissen, das vor der Prozession hergetragen wurde, war damit bedeckt. Er hatte zwei Leninorden, einen Haufen Sterne und Medaillen.

Der Baikowe-Friedhof in Kiew liegt entlang der Eisenbahngleise, dort kann man das Pfeifen der Lokomotiven hören. Als der Sarg in das Grab hinabgelassen wurde, begannen alle Loks des Kiewer Eisenbahnknotens zu pfeifen. Das erinnerte mich sehr an den Krieg. Wenn das Bombardement begann, heulte in der Stadt alles, was konnte, dann musste man sich verstecken. Das Grab meines Onkels liegt zwei Reihen vom Grab der berühmten ukrainischen Dichterin Lesja Ukrainka entfernt. Die Eisenbahn stellte geschweißte Röhren um das Grab und eine Pyramide mit dem Sowjetstern als Denkmal.

Ein paar Jahre später kam Ljolja nach Kiew, entfernte den Stern und befestigte eine Plakette mit dem Portrait und den Lebensdaten. Nach vielen Jahren verschwanden Bild und Buchstaben allmählich. Ich überlege mir, wie ich sie erneuern kann. Tante Ljolja lebte eine Weile nach dem Tod von Onkel Petja in Kiew. Sie bekam sogar eine Anmeldeerlaubnis. Aber sie vermisste bald ihren Ural und zog nach Swerdlowsk um. Dort zog sie Boris groß.

Borja studierte, heiratete und arbeitete beim Maschinenbauwerk »Uralmasch«. Er war sogar Leiter einer großen Werksabteilung. Drei Jahre arbeitete er als Fachspezialist in Indien und zog zwei schöne Töchter groß. Die Töchter flüchteten allerdings aus dem Ural und wurden wie ihre Mutter Sportlerinnen, aber als Profis. Eine von ihnen wohnt nicht weit von Kiew in Fastiw und die andere in Lemberg.

Ljolja gefiel mir, trotz all ihrer Sünden. Sie war fröhlich und gutmütig. Ich kann mich nicht erinnern, dass sie geschimpft hätte. Als ich in Jelez lebte, brachte sie mich in einem Ballettzirkel im Kulturpalast unter. Irgendwo trieb sie für mich ein Balletträckchen und Ballettschläppchen auf. Sie besuchte die Aufführungen, an denen ich teilnahm und irgendwo hinten auf der Bühne mit den Beinen zappelte. Aber ich trainierte fleißig. Ich konnte sogar von der Startposition in die Brücke gehen und wieder zurück, wenn mich jemand von den Erwachsenen absicherte. Aber der Spagat gelang mir nicht.

Zum ersten Mal in meinem Leben fand ich Interesse an einem Jungen. Er hieß Jura Koslow. Einmal kam er vom Fluss den Kühen entgegen. Er hatte eine rote Badehose an. Einer Kuh gefiel das nicht, und sie nahm ihn auf die Hörner. Jura musste ins Krankenhaus. Ich hatte großes Mitleid mit ihm. Generell mochte ich die Jungs nicht, und hier plötzlich solche Gefühle!

Ich fand eine neue Freundin, Valja Degtjarjowa. Nach meiner Rückkehr nach Hause schrieben wir uns noch eine Weile. Ich schickte ihr sogar ein Bild von mir und meinem Fahrrad. Dabei hatte ich gemischte Gefühle. Mir war es schade um das Foto, auf dem ich mit meinem Fahrrad abgebildet war. Auf der anderen Seite darf man doch nicht so geizig sein, also schickte ich das Bild ab. Aber ein Andenken an mein Fahrrad blieb mir doch, nämlich auf einem Bild von Valja Kitajew mit meinem Fahrrad. Woher dieser Kitajew auftauchte, weiß ich nicht mehr. Er war der Sohn von Mamas Bekannten aus der Kirche. Er und sein kleinerer Bruder lungerten den ganzen Tag in unserem Haus herum. Ich war ein bisschen eifersüchtig auf ihn wegen meines Fahrrads. Aber ihm zu verbieten, dass er auf dem Fahrrad fährt, wäre nicht höflich gewesen. Wenn wir »Tekutschaja« spielten und hinter dem Ball herlaufen mussten, sprach er die Phrase »Laufen wir, Jungs!« falsch aus: »Pobegli, rebjata!« Wir haben ihn wegen dieses »pobegli« ausgelacht. Sogar in unserer Familie sagte man manchmal, wenn wir zusammen irgendwohin gingen: »Pobegli, rebjata!« Ich benutze diese Redewendung auch jetzt noch manchmal, obwohl die Leute um mich herum nicht wirklich verstehen, was gemeint ist. Sie wissen nicht, dass diese Redewendung aus meiner Kindheit stammt.

Der Herbst kam immer näher und ich musste nach Hause fahren. Ich erlebte einen schönen Sommer und verließ dieses Städtchen mit seinem besonderen Dialekt mit der Dominanz des Lautes »u« mit Bedauern.

46

Als ich nach Hause kam, fand ich meine Mutter gequält und müde vor. Der kranke Vater, die Arbeit mit den zwei Stellen, dazu noch die PWO-Übungen (Luftabwehr) wegen der Vorfälle auf der Insel Hassan. Diese Spiele sind gut im »Goldenen Kalb« von Ilja Ilf und Jewgeni Petrow beschrieben. Der heimliche Millionär Korejko zieht eine Gasmaske an und mischt sich unter die Teilnehmer der PWO-Übung, um dem listenreichen Betrüger Ostap Bender zu entfliehen. Und das war's, in der gesichtlosen Menge kann man ihn nicht mehr finden. Statt ein Wochenende zu genießen (damals hatte man die Fünftagewoche) musste Mama als Medizinmitarbeiterin obligatorisch an den PWO-Spielen teilnehmen.

In diesen Tagen wurde das Land verrückt. Es machte den Eindruck, dass alle nur in der PWO spielen und mit Fallschirmen springen, dass die ganze Jugend zur Marine geht und die ganze Bevölkerung Woroschilow-Schütze wird. Dieses Tohuwabohu dauerte noch zwei Jahre, bis 1941 der Krieg kam. In diesen Jahren kämpfte der verrückte Hitler meinem Empfinden nach überall. Er eroberte irgendwas in Afrika und schnappte sich Frankreich. Obwohl, Frankreich ergab sich ihm praktisch ohne Widerstand. Zudem eroberte er Belgien, Holland, Dänemark und so weiter.

Mich interessierten die internationalen Ereignisse damals nicht. Wir hatten in unserem Haus eine eigene Tragödie. In Laufe des Sommers kurierte meine Mutter meinen Vater ziemlich gut. Einmal ging er zur nächsten Gesundheitsuntersuchung. Der Arzt schaute Papas Röntgenbild von allen Seiten an und ging in die Röntgenkabine, um zu klären, ob die Röntgenologen nicht etwas verwechselten. Nach seiner Rückkehr erklärte er meinem Vater, dass seine Lungen in Ordnung seien, obwohl das schwer zu glauben war. Als ob es dort niemals Löcher gegeben hätte.

Vor lauter Freude ging Vater zum Stadtteil »Hinter der Aufschüttung« zu seiner Schwester, um zu feiern. Meine Mutter versuchte, es ihm auszureden. Er ging trotzdem und kam nachts nicht nach Hause. Am Morgen teilte uns ein Nachbar von Nazja mit, dass er die Nacht über draußen vor dem Haus im Regen geschlafen hatte. Ein paar Tage später kam er nach Hause. Meine Mutter sagte ihm, dass sie ihn nicht mehr behandeln würde, das könne seine Schwester machen. Und Vater verfiel wieder einer mehrtägigen Trunksucht. Mama rastete aus und fuhr Anfang November zu einem Kurs nach Charkiw. Nach diesem Kurs durfte sie in einer Praxis für Physiotherapie arbeiten. Die Arbeit war schädlich für die Gesundheit, aber dort wurde besser bezahlt, und es gab keine Nachtschichten. Ich blieb mit Vater allein.

Ich habe schon erzählt, dass Mama jedes Jahr einen Gemüsegarten bei der Bahn pachtete, deshalb hatten wir viel Gemüse im Keller. In jenem Jahr fütterten wir kein Schwein, aber vom vorigen Jahr war noch Speck übrig. Mama kaufte eine größere Menge Butter, wickelte sie in einen Lappen, tauchte sie in einem Topf mit Salzwasser und stellte alles in den Keller. Dort standen große Fässer mit Sauerkraut, sauren Gurken und Tomaten. Weil wir sowieso in den letzten Jahren mit Fleisch nicht verwöhnt worden waren, stand fest, dass ich mit diesen Lebensmitteln ausreichend versorgt war. Im Hof liefen ein paar Hühner herum, deshalb gab es auch Eier. Außerdem kam Oma oft zu uns und brachte etwas mit. Manchmal kochte sie mir Borschtsch, der ungefähr drei Tage reichte.

Aber mit Brot stand es schlimm. Es gab keine klaren Zeiten für die Zustellung mehr. Das Brot konnte zum Ladenschluss kommen oder auch morgens, wenn ich in der Schule war, deshalb musste ich dem Brot hinterherjagen. Und wenn es klappte, schnappte ich mir einen ganzen Laib. Mehr wurde für eine Person sowieso nicht herausgegeben. In diesem Fall reichte das Brot für mich und Vater drei Tage lang. Das wäre noch halb so schlimm gewesen, aber Vater begann, seine Trinkfreunde mit nach Hause zu bringen. Wie die Heuschrecken fraßen sie all unsere Vorräte weg.

Einmal, als ich von der Schule kam, fand ich eine feuchtfröhliche Gesellschaft in der Küche vor, darunter auch Illjuschka und Tante Nazja. Alle waren stockbetrunken. Meine Tante, die den Topf mit Butter umarmte, füllte mit zitternder Hand Butter in eine Tasse. Vermutlich wollte sie diese Tasse dann mit zu sich nach Hause nehmen. Das brachte für mich das Fass zum Überlaufen. Ich packte die Krücke von Illjuschka, schlug damit um mich und schrie so laut, dass mich bestimmt die Nachbarn gehört haben. Die komische Gesellschaft verschwand schnell. Und ich musste in der Küche aufräumen. Leider zerschlug ich auch manches Geschirr.

Nach diesem Zwischenfall brachte mein Vater niemanden mehr nach Hause. Aber während ich in der Schule war, flüchtete er in seine Kneipe. Dann begann ich, die Eingangstür mit einem Vorhängeschloss abzuschließen, bevor ich zur Schule ging, weil ich wusste, dass man beim normalen Schloss die Tür einfach aus der Verankerung hebeln konnte, dazu musste man nur die zweite Türhälfte von einem Haken lösen.

Vater machte das nicht lange mit. Einmal kam ich aus der Schule heim und fand ihn nicht im verschlossenen Haus. Er hatte das Doppelfenster herausgenommen und dabei die Papierstreifen für die Abdichtung der Spalten abgerissen. Dann war er durch das Fenster geflüchtet.

Mutter war streng, ein bisschen geizig. Sie war selten zu Hause. Vater war gutmütig, absolut nicht geizig. Er liebte mich sehr und verwöhnte mich. Aber seine letzten Fehltritte begannen, meine Liebe zu ihm zu verdrängen. Langsam kam Hass in mir auf statt Liebe.

Das letzte Kunststück seines Lebens endete fast mit seinem Tod. Einmal war er so betrunken, dass er die Tür zum Hof nicht finden konnte und versuchte, durch das Tor zu brechen. Weil es unmöglich war, das Tor von der Straßenseite zu öffnen, fiel er in den Schnee und begann zu erfrieren. Er wurde von Mietern entdeckt, die ihn in ihre Wohnung schleppten, mit Schnee einrieben und so dazu brachten, dass er das Bewusstsein wiedererlangte.

Seit diesem Tag floh Vater nicht mehr aus dem Haus. Seine Krankheit kam zurück und fesselte ihn ans Bett. Oma musste zu uns umziehen, solange meine Mutter nicht vom Kurs zurück war. Sie kam Anfang Februar.

Ein Jahr zuvor hatte Onkel Andrej in Kasachstan geheiratet. Er besuchte uns zu dieser Zeit mit seiner Frau Olja in Krementschuk. Aus irgendeinem Grund nannte er sie Tschaldonka, obwohl sie eine Russin war. Olja gefiel uns allen sehr. Im Februar 1939 schickte er uns dann einen begeisterten Brief, dass seine Tochter am 23. Februar, am Tag der Roten Armee, zur Welt gekommen war. Sie wurde Valentina genannt. Wir freuten uns für Onkel Andrej.

Aber bei uns zu Hause war es nicht sehr lustig. Papa starb langsam. Der starke Husten hinderte ihn am Sprechen. Später verlor er seine Sprachfähigkeit ganz. Einmal kam Tante Nazja zu Besuch, als er schon nicht mehr sprechen konnte. Er schaute sie böse an und muhte etwas Unverständliches. Mama legte ihr nahe zu gehen. Es schien, als hätte Vater in letzter Zeit viel nachgedacht und endlich verstanden, dass seine ältere Schwester nicht die beste Rolle in seinem Leben gespielt hatte.

Sein Verhalten in den letzten Monaten störte mich so, dass ich kein Mitleid mehr mit ihm hatte. Die Tragödie der Ereignisse verstand ich erst später, damals hatte ich nur Angst. Der Tod, egal von wem, ist kein angenehmer Moment in unserem Leben. Später, als ich schon erwachsen war, dachte ich viel über das Leben meines Vaters nach.

Papa war nie ein Schönling, aber er war ein interessanter Mann. Modebewusst, immer akkurat, sauber, parfümiert. Und er war nicht dumm, obwohl er keine Bildung genossen hatte. Außerdem war er begabt und geschäftsorientiert. Er hatte ein phänomenales Gedächtnis. Aber nichts davon hat er in seinem Leben genutzt. Er hatte goldene Hände, war gutmütig und nicht geizig (das schadete ihm allerdings auch). Wie konnte es geschehen, dass er am Ende seines Lebens sein Gesicht verlor? Ich beschuldigte sogar meine Mutter, dass sie vielleicht etwas falsch machen würde und sie deshalb Vater nicht vom Saufen abhalten konnte.

Natürlich war sie nicht zu beneiden. Vater konnte die ganze Nacht betrunken vor einem Teller Borschtsch sitzen und fordern: »Murka, bring Essen!« Mutter zeigte auf den Teller. Er aß ein paar Löffel und schrie wieder: »Murka, bring Essen!« Am nächsten Tag, wenn er wieder nüchtern war, erzählte ihm Mama, was er nachts alles angestellt hatte. Er schwor, dass er sich an nichts erinnern könnte. Und einmal, als Papa betrunken nach Hause kam, verprügelte sie ihn.

Am Morgen betrachtete Vater die blauen Flecken und fragte meine Mutter, wie ihr so ein Mann gefalle. Mutter gab ihm den Ratschlag: Wenn du es nicht kannst, dann verwickele dich nicht in eine Schlägerei. Vater war aufgebracht. Glaubte sie wirklich, dass er sich nicht erinnerte, wie sie ihn verprügelt hatte? Da empörte sich meine Mutter. Dass er sie die ganze Nacht gequält hatte, daran erinnerte er sich nicht, aber dass er verprügelt worden war, das schon. Mama war eine große, kräftige Frau. Man konnte sich gut vorstellen, wie sie ihn schlug, wenn er betrunken nach Hause kam.

Wenn Papa jetzt betrunken die Tür öffnete, sagte er immer: »Murka, bitte nicht schlagen.« Irgendwie konnte ich Mama verstehen. Aber mir gefiel nicht, dass sie jedem davon erzählte, das war überheblich und angeberisch. Als ob das Verprügeln meines Vaters etwas Ehrenwertes wäre. Mir war auch unangenehm, dass sie einmal jemandem erzählte, dass mein Vater auch von mir Angst hatte. Dass er oft, wenn er betrunken nach Hause kam, bat: »Erzähl es bitte Agnessa nicht« und schnell ins Schlafzimmer ging.

Natürlich, wenn ich in der Schule wegen Vaters Trunksucht ausgelacht wurde, stritt ich mich mit ihm und drohte, die Schule zu verlassen. Trotzdem gefiel mir nicht, dass meine Mutter ihn vor fremden Leuten als Feigling darstellte. Ein Feigling, der Angst vor seiner Frau und seinem zwölfjährigen Kind hat.

Am 7. März wurde ich dreizehn und besuchte die sechste Klasse. Am 24. April 1939 starb mein Vater. Ich erinnere mich nicht besonders gut an die Beerdigung. Der Friedhof in Tscheredniki, wo Opa lag, war bereits geschlossen. Man beerdigte jetzt auf dem sogenannten Neuen Friedhof im Stadtteil »Auf den Bergen«. Ich habe viele, viele Gräber auf einem Abhang in Erinnerung. Keine Umzäunungen, keine Bäume oder Büsche. Außerdem konnte man die ganze Stadt sehen, und in der Ferne glitzerte der Fluss Dnipro.

Zuerst besuchte Mama das Grab nicht. Später, vor dem Krieg, gingen wir zusammen zum Friedhof. Mutter konnte Vaters Grab nicht finden. Sie sagte, dass irgendjemand wissen müsste, wo sein Grab liegt, aber sie hat sich nicht weiter darum gekümmert.

Bald darauf begann der Krieg. Die Deutschen erschossen auf diesem Friedhof alle Juden aus der Stadt. Neben dem Friedhof lag zu zaristischen Zeiten ein Arsenal. Nach dem Krieg beanspruchte die Militärbehörde auch das Friedhofsgrundstück. Dort begannen sie, mehrstöckige Häuser zu bauen. Jetzt gab es gar keinen Platz mehr, wo Vater seine Ruhe finden konnte. Als er starb, war er nur einundvierzig Jahre alt.

Zu Opas Grab gingen wir in den ersten Jahren oft. Einmal besuchte ich den Friedhof nach dem Krieg und fand Opas Grab nicht mehr. Nach dem Krieg wuchs die Stadt, und man baute viel. Das Grundstück von diesem Friedhof wurde geteilt, dort wurden für die Leute neue Häuser gebaut.

47

Das Jahr 1939 schenkte uns weitere Ereignisse. In August gebar Tante Nazja ihre zweite Tochter Tanja. Die erste Tochter Ljalja, die erst anderthalb Jahre alt war, brachte sie zu Oma. Das machte sie ziemlich oft. Ljalja war, wie alle Kinder in diesem Alter, sehr unterhaltsam. Sie schrie nicht mehr so viel wie noch ein Jahr zuvor in den ersten Monaten ihres Lebens. Ljalja schrie damals Tag und Nacht, das machte Omas Heim zu einem Irrenhaus. Sie wurde am 1. Mai geboren. Ein paar Wochen früher, am 14. April wurde Lora geboren, die Tochter von Onkel Wolodja. Lora war ein ruhiges Kind. Dafür schrie ihre Mutter Gascha immerzu. Ich besuchte Oma damals fast nie.

Aber jetzt brachte Oma manchmal auch Lora zu uns. Mit den Kindern war es so interessant! Ljalja konnte die Haut auf der Milch (Sliwki) nicht ausstehen und schob die Tasse voll Abscheu weg. Dabei schrie sie: «Slja!« Dieses Wort lebte noch lange in unserer Familie. Sie aß auch keine Bonbons. Tante Nadja erklärte es damit, dass sie keine Bonbons kannte. Und wirklich, im Handel gab es damals keine.

Lora brachte ein neues Wort in unser Lexikon. Wenn ihr Spielzeug unter das Bett rutschte, kroch sie schnell auf allen Vieren dorthin und schrie: »Bokajdo!«, was immer das hieß. Bald benutzten wir alle statt des Wortes »Hilf« dieses »Bokajdo«. So war es bei uns zu Hause sehr lustig.

In der Welt war Einiges los. Stalin und Hitler teilten sich erfolgreich Polen. Am Chalchyn Gol besiegten die Unsrigen die Japaner. Von den Siegen begeistert, entschieden unsere Führer, die Finnen vom Kapitalismus zu befreien, und erklärten Finnland den Krieg.

Am Anfang schnappten sie den Finnen Karelien weg. Wahrscheinlich half es, dass der Krieg so plötzlich ausbrach. Aber bald kamen die Finnen zu sich, und der erfolgreiche Vorstoß unserer heldenmütigen Roten Armee wurde gestoppt. Irgendwie wollten sich die Finnen nicht wirklich vom verfluchten Kapitalismus befreien lassen.

Später erzählte mir ein Augenzeuge, dass der Krieg gegen die Finnen schrecklich gewesen war. Um jedes Stück Erde wurde hart gekämpft. Um ein Dorf einzunehmen, war es nötig, sämtliche Dorfbewohner zu erschießen. Alle verteidigten sich, außer vielleicht die Babys. Die Finnen waren erbarmungslos und nahmen keine Gefangenen. Der Gegner war wie ein Phantom, eben noch da und schon wieder weg. Und es war egal, wie viele Geschosse auf einen Ort fielen, alles war vergeblich. Plötzlich war keiner mehr da. Zudem kamen die Finnen bald von rechts, bald von links und manchmal auch von hinten. Wer in so eine Sackgasse geriet, kam nicht mehr lebendig raus.

All unsere hoch gelobten Panzer, Kanonen, sogar die Flugzeuge waren hilflos. Und alle Bemühungen waren für die Katz, weil die Orte, ganz zu schweigen von den Basen und Landebahnen, häufig gut gemachte Attrappen waren. Die Kämpfe liefen oft als Handgemenge ab, und die Finnen kannten sich in so einem Nahkampf aus. Am schlimmsten waren die Attacken mit Bajonetten. Der Bekannte, der mir das erzählte, war ein Militärprofi, aber er konnte den Klang brechender Knochen, wenn man ein Bajonett in einen lebendigen Körper stieß, nicht vergessen.

Über die finnischen Scharfschützen erzählte man sich Legenden. Es entstand der Eindruck, dass in den finnischen Wäldern auf jedem Baum ein Scharfschütze saß, und keiner verfehlte sein Ziel. Mein Bekannter hatte genug Abenteuer im Krieg gegen Deutschland erlebt und war der Meinung, im Vergleich zum finnischen Krieg sei der gegen die Deutschen eine Vergnügungsfahrt gewesen.

Während dieses schrecklichen Krieges wurde meine Mutter in die Armee berufen. Das war wie ein Schlag aus heiterem Himmel. Einen Vater hatte ich nicht mehr, Oma war mit den kleinen Enkelinnen beschäftigt, Tante Ljolja schrieb ständig, dass Onkel Petja krank sei und sie Oma dort brauche. Und Onkel Andrej schrieb, dass wir Oma nicht überlasten dürften, deshalb wollte er, dass sie zu ihm zog und zumindest im Alter ein normales Leben führen konnte.

Was man mit mir machen sollte, wusste keiner. Aber irgendwie gingen mich diese Unannehmlichkeiten nichts an. Vater war nicht da, deshalb musste ich ihn nicht mehr in der Kneipe, am Zaun oder am Flussufer suchen. Niemand triezte mich in der Schule: »Dein Vater ist ein Säufer!« Die internationalen Ereignisse interessierten mich überhaupt nicht, der Krieg war für mich abstrakt. Und dass Mama weg fahren musste ... Sie war sowieso nie zu Hause gewesen.

48

Und plötzlich das! In unsere Klasse kam ein neuer Junge, und ich verliebte mich. Valja (Valentin) Krischtalewitsch kam von irgendwo aus dem Westen. Er sprach lustig, mit einem westukrainischen Akzent. Alle lachten, aber mir gefiel es. Er war nicht besonders groß und, um Wahrheit zu sagen, auch nicht besonders gut aussehend. Er lernte schlecht und stritt mit allen. Aber er gefiel mir. Er saß ungefähr fünf Tische vor mir und war immer in meinem Sichtfeld. Wenn der Unterricht nicht besonders interessant war, beobachtete ich Valentin die ganze Stunde.

In der siebten Klasse kamen noch zwei Jungen dazu. Ihre Väter waren wichtige Leute. Einer leitete die Parteiorganisation der Stadt, der andere das Rathaus. Tolik Schelest war groß und dürr, dabei nicht hübsch, aber offen und lustig. Und Tolik Kornienko war groß, mit einer guten Figur, gut aussehend, immer konzentriert und ernst. Mir gefiel Valentin.

Mama war damals stets bei den Feldübungen. Sie lernte, wie man Verletzte vom Schlachtfeld holte. Sie trug jetzt eine Militäruniform und kam mir fremd vor. Einmal kam sie nach Hause und sagte, dass für sie der Krieg vorbei wäre. Alle, die für die Eisenbahn arbeiteten, wurden von der Mobilisierung befreit.

Ich glaube, Mutter hatte Glück. Der Krieg in Finnland dauerte noch bis in den Frühling 1940. Weiter als bis Karelien kam unsere

Armee nicht. Viele unserer Soldaten und die Technik blieben in den finnischen Wäldern und Sümpfen. Im Übrigen wurden mit irgendwelchen Tricks Lettland, Litauen und Estland an die Sowjetunion angeschlossen.

Entweder am Ende des Jahres 1939 oder zu Anfang des Jahres 1940 traf Mutter wieder ihre erste Liebe Daniil Födorowitsch Nikitenko. Sie erzählte oft und mit Begeisterung von ihm. Ich dachte mir, dass sie es verdient hätte, endlich glücklich zu sein, deshalb nahm ich es wohlwollend auf, dass er in unserem Leben auftauchte. Es war nur ein bisschen verwirrend, dass er bereits mit seiner achtzehnjährigen Studentin verheiratet war. Er war damals schon älter als vierzig. Aber er beteuerte, dass er offiziell geschieden sei. Mutter heiratete er trotzdem nicht. Ich wusste damals über alles Bescheid, weil meine Mutter und meine Oma diese Dinge ständig miteinander besprachen.

Im Sommer fuhren Mutter und Daniil zu seinen Eltern, die in einem Dorf lebten. Zu ihrer Zeit waren seine Eltern wohlhabend. Während des Ersten Weltkrieges arbeitete sogar ein gefangener Deutscher bei Ihnen. Er brachte Danilka die deutsche Sprache bei, deshalb sprach er akzentfrei Deutsch. Irgendwie konnten seine Eltern eine Enteignung vermeiden, und auch in den sowjetischen Zeiten lebten sie ziemlich gut.

Mama gefielen seine Eltern. Oma hatte Daniil schon gekannt, als er noch jung gewesen war. Dann nahm Mutter Daniil mit nach Leningrad, um ihn ihren Schwestern vorzustellen. Unseren Verwandten in Leningrad gefiel er auch.

Am Anfang hatte ich zu ihm ein gutes Verhältnis. Einmal nahm er mich sogar ins Kino mit zum Film »Das goldene Schlüsselchen«. Zugegeben, er schlief während des Filmes ein, was mich sehr aufbrachte. Aber eigentlich war das alles für mich auch nicht so wichtig. Ich war verliebt, mich beherrschten Glücksgefühle, und ich war bereit, allen alles zu vergeben. Außerdem war ich froh, dass in unserem Haus endlich Glück herrschte.

In dieser Zeit erschienen im Land ständig Filme mit ausgeprägter Agitation. Trotzdem hatten die Filme ein hohes Niveau. Ich habe bis heute den Inhalt eines solchen Filmes im Gedächtnis. Aus Fernost fahren zwei Frauen nach Moskau. Die ältere muss dort junge Frauen für die Arbeit im fernen Osten anwerben. Im Zug verliert sie alle Papiere, die jüngere findet sie. In Moskau beginnt sie als Verkäuferin in einem Pelzladen zu arbeiten, und mit den gefundenen Papieren wirbt sie die anderen Verkäuferinnen an, nach Fernosten zu ziehen. Alles Agitprop, aber gut gemacht. Die Phrase aus dem Film »Je teurer der Pelz, desto besser« benutzen auch jetzt noch viele Leute, die den Film gar nicht kennen.

Dann gab es noch den Film »Die Schweinezüchterin und der Hirte«, eine Liebeskomödie. Aber was für eine Hymne auf die Arbeit einer Schweinezüchterin in einem Schweinestall! Und wie schön es sei, die Schafe bei Regen und Sturm in den Bergen zu hüten!

Ich erinnere mich an den ersten Film, den ich sah. Das war ein Stummfilm, und er hieß »Der letzte Prinz der Republik«. Ein höflicher Student hilft einer Frau mit Kind in eine Straßenbahn. Er nimmt ihr das Kind ab und hilft ihr beim Einsteigen. Ich glaube, er wollte mithilfe des Kindes die große Schlange umgehen. Aber ihn quält das Gewissen, und er beginnt, andere Passagiere vorbeizulassen. Diese Leute schieben die Mutter immer weiter nach vorn. Als der Student endlich mit dem Kind in die Straßenbahn einsteigt, wird die Frau durch die vordere Tür nach draußen geschubst. Dann wurde lange das Leid dieses Studenten mit dem Kind gezeigt. Alle wollten das Kind haben, denn mit ihm konnte man zusätzliche Wohnfläche bekommen oder finanzielle Hilfe beantragen. So sehr sorgte sich unser Staat um die Kinder!

Nehmen wir den genialen Film »Rüstzeug für das Leben« über obdachlose Kinder nach dem Roman »Ein pädagogisches Poem« von Anton Makarenko. Obdachlose Kinder, die es nach der Revolution in großer Zahl gab, werden auf einem verlassenen Gut versammelt, in einer Kolonie organisiert und umerzogen. Sie bekommen ein schönes Leben.

All diese Filme beeinflussten unser Bewusstsein. Man wollte sofort nach dem fernen Osten ziehen oder in den Schweinestall laufen, um Ferkel großzuziehen. Noch besser in die Berge, um Schafe zu hüten. Und am besten einen Haufen Kinder gebären, sie haben es doch so gut in unserem Land! Sogar wenn ein Unglück passiert, wie bei Kolka Swist aus dem Film »Rüstzeug für das Leben«. Als er wegen eines kleinen Diebes selbst obdachlos wurde, rettete unser wunderbares Land ihn und den Dieb.

Der Film »Findelkind« wurde dank des unglaublichen Spiels der Schauspielerin Faina Ranewskaja ein Meisterwerk des sowjetischen Kinos. Ihr »Mulja, nerve mich nicht!« blieb ein Sprichwort für Generationen.

Das wunderbare Spiel des Schauspielers Nikolai Krütschkow in dem Film »Die Schweinezüchterin und der Hirte« mahnte uns, dass es auch in unserer Gesellschaft schlechte Menschen gibt, die man bekämpfen muss. In diesem Film wird malerisch die »Ausstellung der Errungenschaften der Volkswirtschaft der UdSSR« in Moskau gezeigt. Danach benutzte das Filmstudio »Mosfilm« ein neues Logo: die Statue vom Arbeiter und der Bäuerin, die am Eingang zur Ausstellung stand.

Viele Jahre später besuchte ich Moskau und lief natürlich sofort in diese Ausstellung. Die Statue, die in Filmen so beeindruckend aussah, überzeugte mich wenig. Und die Ausstellung selbst war groß, schmutzig und langweilig.

Die Kinderfilme waren beeindruckend. Aber ich hatte schon damals meine Zweifel. Was für ein Albtraum ist eine Straßenbahnfahrt in unserer hoch gelobten Hauptstadt! Und wozu musste man eine Revolution machen, um dann immer mehr obdachlose Kinder zu haben? Der in den Filmen gezeigte Schmutz, die Armut, die Schlangen, die schrecklichen Kommunalwohnungen brachten einen zum traurigen Nachdenken, obwohl sie humorvoll inszeniert waren. Wozu so eine Revolution?

Aber es gab auch Filme, die einigermaßen neutral waren. Zum Beispiel der wunderbare Film »Aschenputtel« mit den talentierten Schauspielern Janina Shaimo in der Hauptrolle und Faina Ranewskaja als Stiefmutter. Schön war der erste sowjetische Farbfilm »Der Jahrmarkt in Sorotschin«.

Passend zu meiner verliebten Stimmung und dank der Freundschaft von Stalin und Hitler wurde vom Westen der Film »Der große Walzer« gekauft. Das war ein Film über das Leben des Komponisten Johann Strauß und über seine wunderschöne Musik. Nur Liebe und keine Politik. Wir waren verrückt danach. Die ganze Stadt wurde mit dem Violinschlüssel bemalt, wie es die Hauptperson im Film machte. Auch ich malte dieses Zeichen überall mit Kreide hin, wo es möglich war.

49

Das Leben war nicht leicht, das muss man zugeben. In den Läden gab es nichts. Na schön, man musste nicht mehr wegen eines Brotes um vier Uhr morgens aufstehen. Das Brot wurde nach Hause geliefert, scheinbar, um das Leben der Bevölkerung zu verbessern. Aber es wurde nach Listen an die Arbeitenden verteilt: 500 Gramm, für die Kinder 300 Gramm. Jetzt musste man den ganzen Tag zu Hause darauf lauern, dass das Brot kam.

Aber wenn du verliebt und erst vierzehn Jahre alt bist, sind dir die materiellen Schwierigkeiten herzlich egal. Du bist dürr, aber doch gesund. In dieser Vorkriegszeit war mein Leben interessant. Im Land wurden ständig irgendwelche Heldentaten vollbracht, besonders im Bereich der sich schnell entwickelnden Luftfahrt. Nesterows Looping, der Flug von Tschkalow über den Nordpol nach Amerika. Einmal flog Tschkalow aus Spaß unter der Brücke in Leningrad hindurch. Die Pilotinnen Ossipenko, Grisodubowa und Raskowa wurden bekannt, die in Sibirien über große Entfernungen flogen.

Dann die Geschichte von der Eroberung des Nordpols durch Iwan Papanin und seine Mannschaft. Eine treibende Eisscholle, und auf ihr vier Menschen: Papanin, Krenkel, Födorow, Scherschow. Es wurde sogar eine Briefmarke mit ihren Portraits herausgegeben. Man sang Lieder über sie. Und die Heldentaten der Piloten Wodopjanow, Molokow und anderen, die die Ausrüstung auf die Eisscholle lieferten! Fast ein halbes Jahr dauerte diese Eisdrift, das ganze Land beobachtete es mit angehaltenem Atem. Die Jugend träumte davon, auf dieser Eisscholle zu sein.

Dazu kamen viele Heldentaten unserer Eisbrecher, die irgendjemanden retteten. Manchmal steckten sie selbst im Eis fest, dann waren sie es, die gerettet wurden. Und wir hatten den größten Eisbrecher der Welt, nach einem Politiker »Krassin« genannt. Außerdem gab es viele Polarforscher, auch Frauen, die zum Nordpol reisten, um dort eine sowjetische Fahne einzustecken. Ich las in dieser Zeit viel über unsere Forschungsreisenden: Krusenstern, Sedow, Miklucho-Maklai. Und auch über die aus der ganzen Welt: Magellan und Kolumbus, der Amerika entdeckte.

Aber ich las nicht nur Bücher über Forschungsreisende. Weil ich verliebt war, interessierte ich mich sehr für Bücher, in denen es um die Liebe ging. Irgendwo fand ich die Werke von Guy de Maupassant, der für unser Alter verboten war. Ich versuchte, »Grube« von Alexander Kuprin zu lesen, und wagte mich an die Werke von Emile Zola. Natürlich war ich damals für diese Bücher nicht bereit. Ich las sie alle später noch mal als erwachsene Frau. Das Empfinden war ganz anders.

Die sowjetischen Filme und Bücher waren zurückhaltend. Über Sex wurde nicht geredet. Damals kannte man dieses Wort gar nicht. Wenn der Film mit einem Kuss endete, war das schon wie ein Kunstflug. Deshalb stieß ich bei den Büchern für Erwachsene auf für mich unverständliche Dinge. Eine vage Ahnung hatte ich schon, aber das war für mich mit etwas Peinlichem und Ekligem verbunden.

In meinem Gedächtnis blieb mir eine Beschreibung der ersten Hochzeitsnacht in einem Buch von Maupassant haften. Das Mädchen war noch weniger aufgeklärt als ich. Von dem Gesehenem bekam sie einen Schreck. Und es war schrecklich, was der Mann mit ihr machte. Dabei dachte sie, dass er sie lieben würde. Ich wusste schon, dass eine sogenannte Platonische Liebe existierte. Und dass es daneben noch die körperliche Liebe gab, durch die man dann die Kinder bekam. Und ich wusste natürlich, wie es die Tiere machten. Aber das mit einem Menschen zu verbinden, war für mich schwer. In mir protestierte alles: »Da sind die Hunde und die Katzen, aber wir sind doch Menschen!«

Ich suchte in den Büchern nach der reinen, unberührten Liebe. Ich mochte sogar Quasimodo aus dem »Glöckner von Notre-Dame« für seine selbstlose Liebe. Oder den Roman »Der lachende Mann« von Victor Hugo, eine Liebe zwischen einem blindem Mädchen und einem entstellten Jungen. Oder »Die Elenden«: Cosette gewinnt nach einer schwierigen Kindheit die Liebe eines wunderbaren Menschen.

Die besten Lehrstunden über die Liebe bekam ich bei den Aufführungen des Operettentheaters. In unsere Stadt kam ein Theater aus Schytomyr zum Gastspiel. Ich glaube nicht, dass es hochklassig war. Fast alle Aufführungen sah ich später mit den besten Schauspielern des Landes und sogar der Welt. Aber sie beeindruckten mich nicht mehr so stark wie damals.

Den ganzen Sommer 1940 besuchten wir das Theater. Ich befreundete mich mit Luda Koroljowa und Sveta Issaenko. Zu unserer Clique gehörten auch Wolodja Kuchar und Witja Kortschatschenko. Wir ließen keine Aufführung aus. Wir besetzten natürlich die Galerie, aber das störte uns nicht, weil wir alles sehen, hören und verstehen konnten. Wir Mädchen waren verliebt, jede in ihren eigenen Schauspieler. Sveta bevorzugte Lukjanow. Er war groß, schlank, mit einer guten Stimme und spielte glänzend den Mister X im Theaterstück »Die Zirkusprinzessin«. Ich mochte Bojarski. Er erinnerte mich irgendwie an Valentin. Für mich war es schwierig, mir jemand anderen in der Rolle von Andrij in »Cholopka« (Die Leibeigene) vorzustellen. Und Luda mochte Boldyrew, unvergleichlich als Bonny.

Tschufrina spielte immer alle Hauptrollen. Für unseren Geschmack war sie ein bisschen zu alt, aber wahrscheinlich hatten sie sonst niemanden. Deshalb spielte sie Silva, Mariza, Marinka und alle anderen. Die Komödiantin Issajewa war wunderbar in sämtlichen Rollen. Und der Komödiant Kedrin war ein unübertroffener Pelikan. Dazu noch die wunderschöne Musik von Kalman und Lehar, die Liebesszenen und keine Politik, obwohl die Schauspieler manchmal über das Tagesgeschehen redeten. Aber wir machten uns da keine Gedanken.

Ja, das Leben war aufregend! Und dass wir schlecht gekleidet waren, war uns egal. Oder dass 300g Brot zu wenig war, um satt zu werden. Dass wir vergessen hatten, wie Bonbons schmeckten. Wir bettelten unsere Eltern um Geld für die billigen Eintrittskarten an und waren glücklich.

50

Das Lernen gelang mir in der siebten und achten Klasse recht gut, schätze ich. Da, wo man nur lernen musste, lernte ich. In diesen Fächer hatte ich ein »Ausgezeichnet« sicher.

Damals waren wir von dem Buch »Konduit und Schwambrania« von Lev Kassil begeistert. Das Buch erzählt, wie ein Junge ein Land erfindet und es Schwambrania nennt. Er zeichnet Karten und denkt sich Gesetze aus. Wir wollten auch ein eigenes Land haben. Aber es war unmöglich, dieses Spiel ohne Kenntnisse in Erdkunde zu spielen, deshalb interessierten wir uns für dieses Fach, obwohl wir die Lehrerin nicht mochten.

Antonina Simonowna war eine Lehrerin der alten Garde. Sie war groß und dürr. Alle nannten sie »Antonina Kilometrowna«. Wenn sie in die Klasse kam, beachtete sie keiner, jeder machte seine eigene Sache weiter. In diesem Chaos hängte sie schweigend die Karten auf, dann ging sie zum Lehrertisch, nahm ihre mit Büchern vollgestopfte Aktentasche in die Hände, hob sie über den Kopf und warf sie mit ganzer Kraft auf den Tisch. Das ähnelte einem Schuss. Dazu schrie sie »Ruhe!« In der Klasse herrschte plötzlich Stille, und die blieb bis zum Ende des Unterrichts.

Geschichte lernte ich auch gern. Versuch mal, bei diesem Lehrer nicht zu lernen! Der Name des Lehrers war Kosel (Ziegenbock). Er war konzentriert und ließ keinen saloppen Umgang zu. Wenn man bei ihm »Schlecht« oder sogar »Sehr schlecht« bekam, schrieb er diese Note groß und fett ins Hausaufgabenheft durch alle Spalten. An solchen Tagen hatten die anderen Lehrer keinen Platz mehr, um ihre Note und die Unterschrift zu platzieren, alles war von Kosel besetzt. Das Blatt aus dem Hausaufgabenheft zu reißen, war gefährlich, er prüfte immer wieder seine Eintragungen. Wenn er eine gute Note vergab, war seine Unterschrift kleiner.

Kosel kannte sich in der Geschichte gut aus und erzählte spannend. Als ich viele Jahre später das Buch »1793« von Victor Hugo las, war es für mich interessant, obwohl es dort nicht um die Liebe ging, sondern nur um die Revolution, weil uns Kosel von den Ereignissen der Französischen Revolution erzählt hatte.

Botanik und Zoologie unterrichtete bei uns ein junger Lehrer namens Grischa Katz, der gerade die Hochschule beendet hatte. Er war schüchtern und wurde sogar dann rot, wenn er über die Vermehrung der Pflanzen sprach. Hinter seinem Rücken nannten wir ihn einfach Grischa, deshalb habe ich seinen Vaternamen (Mittelnamen) nicht im Gedächtnis.

Kurz vor dem Krieg heiratete Grischa eine unsere Abiturientinnen. Sie schaffte es noch, ein Kind zu gebären. Sie wohnten in der Stadt, die unsere Armee auf ihrem Rückzug anzündete. Beim Versuch zu entkommen, verirrte sich die junge Familie in unsere Straße. Sie erzählten uns, dass das Militär sie so schnell aus dem Haus vertrieben hatte, dass sie nur die Windeln mitnehmen konnten. Bei der Flucht aus der Stadt mussten sie oft zwischen brennenden Häusern hindurch. Sie waren leicht bekleidet, und es war immerhin schon Herbst.

Ich habe keine Information über ihr weiteres Schicksal. Nach dem Krieg tauchte Grischa nicht wieder auf. Wenn sie es nicht aus der Stadt geschafft haben, endete ihr Schicksal möglicherweise traurig, denn die beiden waren Juden.

In Botanik und Zoologie hatte ich immer gute Noten, weil ich nah an der Natur lebte. Da waren der Garten, der Gemüsegarten, der Fluss mit allen möglichen Pflanzen und Insekten, die Hunde. Katzen hatten wir keine, aber Oma besaß für einige Zeit eine Ziege. Mit Vieh kannte ich mich weniger aus, und über Wildtiere wusste ich nicht viel. Die Stadt hatte keinen Zoo. Manche Tiere sah ich, wenn ein Zoo auf Rädern in die Stadt kam.

Wen wir alle wirklich sehr mochten, das war der Lehrer für Bildende Kunst, Chariton Larionowitsch Mirgorodski. Nach dem Krieg unterrichtete er uns auch im Zeichnen. Er erzählte uns nichts Besonderes, nur die Gesetze der Grafik, aber wir warteten immer mit Spannung auf seinen Unterricht. Es war einfach interessant, wenn er zum Beispiel ein Pferd mit Kreide an die Tafel malte. Man hatte das Gefühl, dass es jeden Augenblick lebendig wird und in den Raum springt. Ich glaube, seinem Einfluss ist es zu verdanken, dass ich zu malen begann. Portraits gelangen mir nicht besonders gut, dafür aber Landschaften. Ich überlegte sogar, nach der Schule auf die Hochschule für bildende Kunst zu gehen. Chariton Larionowitsch brachte uns so viel bei, dass meine Dozentin für Zeichnen in der Hochschule erstaunt darüber war, dass ich so viel wusste, was nicht Teil des Unterrichtsstoffes war.

Unser Sportlehrer war auch nett. Seine Unterrichtsstunden waren interessant und lustig. Er führte uns in den Stadtgarten, dort liefen und sprangen wir. Im Winter liefen wir dort Ski. Einmal kam ich als erste über die Ziellinie.

Schrecklich verhielten wir uns im Deutschunterricht. Vera Nikolaewna Sokolowa war wahrscheinlich ein zu weicher Mensch. Sie konnte uns nicht disziplinieren, deshalb waren wir während des Unterrichts laut. Ich glaube, insgesamt war das Konzept des Deutschunterrichts schlecht. Und obwohl Vera Nikolaewna selbst eine Deutsche war, konnte sie uns die deutsche Sprache nicht beibringen.

Außerdem hatten wir noch Gesangsunterricht, den gab Dmitro Dmitrowitsch. Er war groß, gut aussehend und machte sich gern wichtig. Viele Jahre später bei unserem Besuch in Krementschuk trafen mein Mann Mitja und sein Bruder Wolodja diesen Lehrer in der Stadt. Sie lachten über das Treffen, als sie nach Hause kamen, ich hingegen fand es nicht so lustig. Dmitro Dmitrowitsch war nicht mehr der schlanke Schönling, er war alt geworden und hörte schlecht. Als sie ihm sagten, dass sie seine ehemaligen Schüler seien, drehte er ihnen ein Ohr zu und sagte: »Sprich, sprich!« Sie versuchten, ihm zu erklären, wer sie sind, aber er sagte weiter: »Sprich, sprich!« Nach diesem Zwischenfall steckten die Brüder bei jeder Gelegenheit das Ohr dem Zuhörer entgegen und sagten: »Sprich, sprich!« Ich fühlte mich unwohl dabei. Wer kann vorhersagen, was einmal aus uns im Alter wird? Ich bin noch am Leben und weiß nicht, was noch kommen mag. Mitja war in den letzten Jahren seines Lebens nicht ganz richtig im Kopf, ihn hätte man auch auslachen können.

In der achten Klasse kam eine hübsche junge Lehrerin zu uns, Galina Sergejewna. An ihre Unterrichtsstunden erinnere ich mich nicht, aber sie organisierte einen großen Chor, der anscheinend nicht schlecht war, denn er trat sogar im Radio auf. Bei diesem Auftritt war ich leider nicht dabei, obwohl ich den Chor besuchte. Auch die

Sendung habe ich verpasst.

Unser Schulleiter Boris Petrowitsch Konowalenko war jung und verheiratet, doch die ganze Schule wusste, dass er in Galina Sergejewna verliebt war und ihr den Hof zu machen versuchte. Nach dem Krieg erfuhr ich, dass er während der Besatzung in der Stadt geblieben war, um gegen die Deutschen zu arbeiten. Er hatte Probleme mit seinem Bein und benutzte einen Stock, das ließ ihn hoffen, dass es ihm helfen würde. Aber die Deutschen erschossen ihn trotzdem.

Mit Mathe hatte ich natürlich so meine Schwierigkeiten. Der Mathelehrer Omeljan Omeljanowitsch Pinchuk war streng. Er wurde nie laut, aber wenn er in die Klasse kam, verstummten alle. Er trug den Spitznamen »Labon«, ich weiß nicht, warum. Er war ein begnadeter Lehrer. Ich wollte in seinem Unterricht nicht als Dummkopf erscheinen und alle Schwierigkeiten meistern, deshalb schrieb ich mit Kreide ganze Fußböden voll, um die Lehrsätze der Geometrie zu beweisen. Überall, sogar auf Zeitungsfetzen löste ich algebraische Gleichungen. Ob Labon zu geizig bei der Notenvergabe war, oder ob ich doch nicht so begabt war, jedenfalls bekam ich nie mehr als ein »Gut« in Geometrie und ein »Ausreichend« in Algebra.

Bei Mathe hatte ich jetzt Hilfe. Wenn ich etwas nicht lösen konnte, überlegte sich Daniil Födorowitsch die Lösung im Kopf und schrieb die Antwort nieder. Anschließend erklärte er mir den Weg zur Lösung. Und die Dinge, mit denen ich stundenlang kämpfte, wurden plötzlich ganz einfach.

Als Mitja die Eisenbahnfachschule besuchte, war Daniil Födorowitsch sein Dozent. Dort lehrte man Mathe, Physik, Hydraulik, Widerstand des Materials, Theorie der Maschinen und Mechanismen und sogar Maschinendetails. In all diesen Fächer war Daniil Födorowitsch zu Hause.

Mitja erzählte, dass man Nikitenko schickte, wenn einer der Dozenten fehlte. Im Audithorium angekommen bat er, ihm zu zeigen, welches Thema im Lehrbuch zuletzt drangekommen war. Dann gab er das Lehrbuch zurück, setzte sich auf den Tisch und erzählte Witze. Wenn sich das Ende des Unterrichts näherte, befragte er die Schüler zum letzten Thema. Und dann erklärte er, ohne in die Notizen zu schauen, leicht verständlich den neuen Stoff. Dabei hielt er sich genau an die Zeit. Wenn er sagte: »Das war alles«, klingelte es. Die Studenten liebten ihn.

51

Das Leben in unserem Haus normalisierte sich scheinbar. Und das Land bewaffnete sich in höllischem Tempo. Es benötigte Geld, dazu dienten die staatlichen Lose und verschiedene Lotterien. Was man sich alles ausdachte, um das Geld aus der Bevölkerung zu pumpen!

Manchmal gewann tatsächlich irgendjemand. Wir hatten auch mal Glück und gewannen ein Sofa auf einen Lotterieschein. Es wurde im Wohnzimmer aufgestellt. Das war ein großes Ereignis. Jetzt sprach man auf der Straße über uns: »Sie haben ein Sofa.« Das Sofa war ein Luxus, den viele sich nicht leisten konnten. Unseres war mit Stoff in grün, braun und gelb bezogen. Die Lehne war hoch und hatte auf jeder Seite einen verglasten Schrank und in der Mitte einen schmalen Spiegel.

Als wir nach Kiew umzogen, schleppte Mama dieses Sofa mit. Die Lehne steht bis jetzt noch im Schuppen, aber weil der Schuppen voller Sperrmüll ist, habe ich die Lehne schon viele Jahre nicht mehr gesehen. Ich vermute, dass die Griffe verrostet sind, der Spiegel von der Feuchtigkeit angegriffen ist und der Holzwurm das Holz frisst. Die Sofareste haben meine Mutter überlebt und überleben vielleicht auch mich. Aber wo ist der Sinn seiner Existenz? Keine Ahnung.

Einstweilen lief das Leben im Jahr 1940 weiter. Am 14. April wurde bei Onkel Wolodja die zweite Tochter Vera und am 8. September bei Onkel Andrej die zweite Tochter Olja geboren.

Als ich im Herbst in die Schule kam, war ich enttäuscht. Unsere Jungs wurden in die Klasse 8b verlegt, zu uns kamen andere Jungs. Iwan Besugli hatte irgendwelche Probleme mit dem Sprechen. Wir hielten ihn für unterentwickelt. Außerdem gab es noch einen Schüler mit dem gleichen Nachnamen wie der von Luda Koroljowa. Er wurde oft grundlos rot, und wir lachten ihn aus. Luda war sauer auf ihn, weil sie ständig mit ihm verwechselt wurde. Sogar die Noten im

Klassenjournal wurden manchmal falsch eingetragen.

Außerdem kam Kolja Shalki zu uns. Er wohnte in Galeschtschina in einem Haus der Eisenbahnstation direkt am Bahnhof. Als Kolja geboren wurde, arbeitete meine Mutter als Ausfahrtshebamme. Sie hat auch Koljas Mutter entbunden. Seine Mutter war damals nicht mehr jung, und die Entbindung war schwer. Kolja wurde als Frühchen geboren.

Weil er ein spätes und einziges Kind war, verwöhnten ihn die Eltern und hielten viel von ihm. Er schrieb Gedichte und veröffentlichte sie sogar irgendwo. In seiner Dorfschule war er einer der Besten. Mit seinen Erfolgen wurde er mir als leuchtendes Vorbild hingestellt.

Weil wir bei dem Ort Galeschtschina viele Jahre einen Gemüsegärten hatten, verweilte ich oft bei der Familie Shalki. Aus irgendeinem Grund blieben die Kirschbäume in ihrem Vorgarten in meinem Gedächtnis. Die Zweige hingen über die Gleise. Wenn Züge vorbeifuhren, berührten sie diese Zweige, deshalb waren die Bäume an dieser Seite angekratzt.

Shaltschicha, so nannten wir Koljas Mutter, bat mich manchmal, Sauerkirschen für Kompott zu pflücken. Ich erinnere mich gut daran, wie ich auf diese Bäume kletterte, allerdings nur auf die Zweige, die über dem Hof hingen. Oft fuhren Züge vorbei, dann begann der Baum zu vibrieren. Auf einer Hälfte saß ich, die andere Hälfte wurde von den Wagen gezerrt. Vielleicht ist mir die Kletterei wegen dieses Erlebnisses in Erinnerung geblieben, obwohl ich sonst vieles vergessen habe.

Bis Kolja in unsere Klasse kam, konnte ich ihn nicht ausstehen. Dann kam er und erwies sich als ganz normaler Junge. Aber irgendwie war ich schadenfroh. Wie ich später oft feststellte, war unsere Schule eine der besten in der Stadt und brachte uns ein fundiertes Wissen bei. Kolja, der in seiner Dorfschule der beste Schüler gewesen war, lernte bei uns nicht besser als ich. Er schrieb weiter Gedichte, aber das bedeutete uns nichts.

Einmal kam er nach dem Krieg bei mir vorbei und erzählte von seinen poetischen Erfolgen. Ich lieh ihm sogar einen Sammelband der Gedichte von Goethe. Das Buch bekam ich nicht zurück und vermisse es noch heute. Die literarische Karriere gelang Kolja nicht, aber er war nicht dumm, absolvierte die Fachhochschule für Schiffsbau in Cherson und arbeitete dann dort. Viele Jahre später erfuhr ich mit Staunen, dass Kolja zu trinken angefangen hatte und früh starb. Vielleicht, weil man ihn in der Kindheit zu oft als genial bezeichnet hatte. Sein Leben bestätigte das nicht.

Ein weiterer Junge erschien in unserer Klasse, Kolja Danilejko. Er kam zu uns aus einer Theaterfachschule. Er war älter als wir und fing sofort an, mich anzubaggern. Er zog an meinen Zöpfen und lächelte, wenn er meinen Blick auffing. Überhaupt schenkte er mir seine blöde Aufmerksamkeit. Und ich fauchte zurück: »Geh weg, Pech-Schauspieler.« Alle nannten ihn so.

Einmal hörte ich unerwartet eine Bemerkung von Galja Sergienko: »Hey Kolja, du hast aber einen guten Geschmack. Wir haben gar nicht bemerkt, dass zwischen uns ein schönes Mädchen aufwächst.« War ich gemeint? Ein schönes Mädchen? Ich glaubte ihr, aber ich wurde dadurch nicht eingebildet. Nur selbstsicherer wurde ich und stopfte meine Strümpfe sorgfältiger, weil es peinlich ist, wenn ein schönes Mädchen in schlecht gestopften Strümpfen herumläuft oder überhaupt in Strümpfen mit Löchern.

Ich glaube allerdings nicht, dass ich darin allzu akkurat wurde. Am Ende des Schuljahres, ich war damals mit Sveta Iwanenko befreundet, ließen wir ein paar Fotos machen. Wahrscheinlich hatte ich auch bei dieser Gelegenheit gestopfte Strümpfe an. Gut, dass man sie auf dem Bild nicht sieht. Dafür sieht man mein Kleid, von der Mutter genäht, unmodern, ziemlich abgetragen. Aber das Schlimmste: als vierzehnjähriges Mädchen machte ich mir keinen Gedanken darüber, dass ich vor dem Fotografieren noch einen verlorenen Knopf hätte annähen sollen.

Im Winter lief ich nicht mehr in meinem grauen Mantel und mit der Mütze mit Ohrenklappen herum. In diesen Sachen hatte mich einmal ein Mann getroffen und gefragt: »Junge, ist dein Vater Nikolaj Rodinow?« Ich musste erklären, dass Nikolaj Rodinow wirklich mein Vater, ich selbst jedoch kein Junge, sondern ein Mädchen war.

Jetzt trug ich einen anderen Mantel, und ich glaube, der war noch hässlicher als der vorige. Diesen Mantel brachte Tante Valja aus Leningrad mit. Ich weiß nicht, ob er ihr gehörte und ausgemustert wurde oder ob sie diesen Schreck gekauft hatte. Der Mantel besaß einen Pelzkragen, der mich an die bürgerlichen Fräuleins aus den Filmen erinnerte, und er hatte eine giftig-rote Farbe. Dazu brachte sie grüne Sandaletten mit weißen Schleifen mit. Die gefielen mir sehr, wurden aber so gut wie nie getragen. Entweder erlaubte es mir Mutter nicht, oder es war mir peinlich, sie zu tragen, weil niemand in der Stadt so etwas je gesehen hatte.

Trotz allem gefiel ich Kolja Danilejko, aber ich mochte Valentin. Das letzte Lebenszeichen von Kolja kam im Krieg. In den ersten Tagen der Besatzung fuhren die Deutschen eine Menschenkolonne durch die Leninstraße. Luda Koroljowa wohnte nicht weit von dort. In der Kolonne waren unsere Soldaten und zivile Jungs. Luda stand auf dem Bürgersteig. Plötzlich wurde ihr ein Zettel aus der Kolonne gegeben. Ungewöhnlich, dass der Gefangene, der das tat, nicht sofort erschossen wurde. Der Zettel stammte von Kolja. Er schrieb, dass man sie wohl zur Erschießung führen würde und bat sie, mir zu sagen, dass er mich liebe. Danach hörte ich nie wieder von Kolja.

52

In der achten Klasse war ich mit Sveta Iwanenko befreundet und erzählte ihr als Erste, dass ich Valentin mochte. Im späteren Leben erfuhr ich, dass deine beste Freundin fast immer auch eine Verräterin und dein Feind ist.

Obwohl Wolodja Kuchar in meine Klase ging und Valentin in der Parallelklasse war, befreundeten sie sich. Vielleicht, weil sich beide für Fotografie interessierten. Valentin begann, in unserer Clique zu erscheinen. Aber seine Freundschaft mit Vitja Kortschatschenko lief weiter. Vitja war humorvoll und brachte uns ständig zum Lachen. Zusammen gingen wir zum Fluss, um Schlittschuh zu fahren, oder ins Kino.

In den letzten Jahren liefen ständig die Filme »Lustige Burschen«, »Zirkus«, »Wolga-Wolga«. Die Stars des sowjetischen Films, Ljubow Orlowa und Igor Iljinski, begeisterten uns. Mama erinnerte sich mit Entzücken an Igor Iljinski, den sie noch in den

Zeiten des Stummfilms gesehen hatte. Er war auch in den Tonfilmen gut. Wir schauten uns diese Filme mehrmals an.

In dem Film »Zirkus« sagte der großartige Schauspieler Wolodin auf die Replik eines Amerikaners, das Kind sei schwarz, dass man in unserem Land beliebige Kinder gebären dürfe, egal ob schwarz, gelb, gepunktet oder gestreift. Ja, man durfte gebären, und wir waren stolz auf unser Land. In den siebziger Jahren erfuhr ich vom Schicksal dieses schwarzen Kindes, das im Film »Zirkus« mitgespielt hatte. Das Kind wuchs auf und glaubte wie wir alle an den ganzen Mist der sowjetischen Propaganda. Er wurde ein Dichter. Ich hörte, dass sein Leben trotz seiner Erfolge in den Nachkriegsjahren schwer war. Sein Vater war gestorben. Der Junge und seine Mutter wanderten in die USA aus. Aber auch dort war alles nicht so einfach.

Über den Film »Rüstzeug fürs Leben« wurde erzählt, dass dort viele Jungs, die wirklich früher obdachlos gewesen waren, eine Rolle spielten. Ich hörte, dass es keiner bis ins hohe Alter schaffte. Manche tranken sich zu Tode, manche kamen ins Gefängnis oder brachten sich um. Das waren natürlich nur Gerüchte.

Das kam alles später, jetzt hörten wir die wunderbare Musik von Isaak Dunajewski. Und in dem Film »Lustige Burschen« sahen und hörten wir Jazz des Orchesters von Leonid Utjossow. Jazz galt damals als bürgerliches Überbleibsel und als schädlich für den sowjetischen Menschen. Konstantin Simonow schrieb mal in seinem Gedicht: »Heute spielt er Jazz, und morgen verrät er sein eigenes Land.«

Aber Utjossow, der die Hauptrolle im Film »Lustige Burschen« spielte und nicht besonders gutaussehend war, dabei auch keine schöne Stimme besaß, war trotzdem im Volk beliebt. Er hat dem Jazz den Weg bereitet. Jeden Auftritt begann er so: »Jetzt tritt der Ordenbittsteller Leonid Utjossow auf.« Und man muss zugeben: 1965 erhielt er doch noch die Auszeichnung »Volkskünstler der UdSSR«, als Jazz nicht mehr als gefährlich galt.

Obwohl unsere Jazzmusiker unterdrückt und wir vom Einfluss des dekadenten Westens beschützt wurden, kamen trotzdem die Noten und Schallplatten zu uns. Manchmal wurde das Verbotene auch in Konzerten gespielt.

Ich glaube, Wolodja und auf jeden Fall Sveta hatten einen Grammofon. Wir hörten irgendwo aufgetriebene Schallplatten von Peter Leschtschenko: »Am Samowar sitzen ich und meine Mascha«, »Ach, Andrüscha«, »Ach, diese schwarzen Augen«, »Sascha, erinnerst du dich an unsere Treffen im Seepark.« Keine politischen Ideen. Oder das Lied von Alexander Wertinski: »Im bananozitronigen Singapur, wo der Ozean rauscht.« Und wieder keine Politik.

Der Vater von Valentin arbeitete als Hauptbuchhalter in einer Spirituosenfabrik, die Mutter war Hausfrau, aber gebildet. Sie kannte sich in allen literarischen Neuigkeiten aus. Valentin schleppte uns die Bücher seiner Mutter zum Lesen an.

Als ich »12 Stühle«, »Das goldene Kalb« und die humoristischen Erzählungen von Ilja Ilf und Jewgeni Petrow las, war ich sehr erstaunt. Warum sind diese Autoren nicht erschossen worden? Ilf starb an Tuberkulose und Petrow wurde mit Kriegsbeginn an die Front geschickt und kam dort um. So wurde ihre schriftstellerische Tätigkeit und auch ihr Leben beendet.

Valentin entpuppte sich als interessanter Gesprächspartner. Wenn wir von Wolodja oder Sveta nach Hause zurückkehrten, stoppten wir manchmal an der Ecke bei einem Laden. Valentin musste Richtung Stadt gehen, er wohnte hinter der Spirituosenfabrik in der Parkgasse, und ich musste weiter die Perejaslawskastraße hinuntergehen. Wir standen lange dort und sprachen über alles Mögliche, über Filme, Bücher, Lieder, Musik.

Einmal fragte mich Valentin, ob es wahr sei, dass er mir gefalle. Und fügte gleich hinzu, dass ich das nicht verneinen dürfe, weil Sveta ihm schon alles erzählt hätte. Ich verhielt mich, glaube ich, sehr komisch. Ich sagte nichts, null Emotionen, näherte mich ihm nur, küsste ihn auf die Wange, kehrte um und ging nach Hause. Er stand ein paar Minuten unentschlossen da, aber er lief mir nicht nach und ging auch nach Hause. Wer konnte damals ahnen, dass dieser Kuss in unserem langen Verhältnis der einzige bleiben würde?

Die nächsten Male, als wir uns in unserer Clique trafen, konnten wir nebeneinander sitzen und uns normal unterhalten wie früher. Aber ich blieb nie mit ihm allein. Und nach Hause gingen wir auch nie mehr zusammen. Sveta sagte ich nichts. Aber ich erzählte ihr von da an nie wieder etwas.

Die Liebe zu diesem Jungen begleitete mich mein ganzes Leben. Ich liebte auch meinen Mann, aber irgendwie anders. Valentin war ein heller, reiner Ort in meiner Seele. Wir standen das ganze Leben in Kontakt. Wir schrieben einander, als er an der Front war und als ich studierte. Wir wollten auch mal heiraten, aber davon erzähle ich später.

53

Und über unserem Haus standen dunkle Wolken. Daniil Födorowitsch mochte von Anfang an sein Mittagessen mit einem Glas Wein. Da er sich zivilisiert benahm, reagierte meine Mutter nicht darauf. Es herrschte die Meinung, trinken müsse man können. Doch bald verschwand diese Zurückhaltung, und er begann, sich heftig zu betrinken.

Aufs Schimpfen verstand er sich meisterhaft. Er mischte die Schimpfwörter mit Begriffen aus der Physik, der Chemie und so weiter. Und weil er zwei Mal studiert hatte, mutete seine Schimpferei fast edel an. Gut, dass diese Perlen nicht in meinem Gedächtnis haften blieben. Meistens trank und schimpfte Daniil, wenn Mutter nicht zu Hause war. Und es wurde schlimmer. Er begann, unsere Stühle zu zerstören, so schöne Stühle aus rotem Holz!

Zu dieser Zeit wohnte in unserem anderen Haus eine Frau Rita mit ihrem Sohn Grischa zur Miete. Tante Rita war eine echte Deutsche. Ihr Mann, auch deutsch, wurde in den dreißiger Jahren verschleppt und verbannt, genau wie viele Griechen, Tataren, Bulgaren und Polen.

Im Hungerjahr 1933 blieb sie mit ihren vier Kindern allein. Als ihr klar wurde, dass sie mit so vielen Kindern nicht überleben würde, brachte sie die Kinder heimlich in ein Kinderheim und flüchtete. Als die Zeiten besser wurden, suchte sie nach den Kindern. Von allen vieren überlebte nur Grischa, die anderen starben vor Hunger. Tante Rita holte Grischa ab und kam nach Krementschuk. Sie war eine angenehme, wohlerzogene und gutmütige Frau.

Grischa war in meinem Alter und ein bisschen komisch. Wahrscheinlich beeinflussten der Aufenthalt im Kinderheim, der Tod seiner Geschwister und die Jahre ohne Mutter seine Entwicklung. Dort wurde er nicht unterrichtet. In Krementschuk ging er auch nicht in die Schule. Vielleicht war er mit seinen vierzehn Jahren zu alt für die dritte Klasse. Um Grischa privat unterrichten zu lassen, hatte Tante Rita nicht genug Geld. Sie arbeitete irgendwo, und die beiden lebten in großer Armut. Grischa war nicht dumm und sah auch nicht so aus. Er war nicht gemein, und ich freundete mich mit ihm an.

Wir hatten eine Gitarre, aber ich erinnere mich nicht, dass ich irgendwelche Erfolge im Spiel vorweisen konnte. Grischa hingegen spielte gut. Wir gingen oft mit der Gitarre auf die Straße. Er und Shora gaben richtige Konzerte für uns. Sie spielten sogar im Duo, Shora spielte Akkordeon und Grischa Gitarre, und das gelang ihnen gut.

Die Clique auf der Straße war jetzt ganz anders als einige Jahre zuvor. Polja und Marinka waren verschwunden, dafür tauchten Ljuba Gretschuk und ein Junge namens Vitja auf. Vitja wohnte in dem Haus gegenüber. Er mochte mich sehr. Auf seine Initiative hin organisierten er und Grischa für mich einen Strauß Feldblumen, den sie vor unseren Aufgang stellten. Dann versteckten sie sich hinter dem Haus, in dem Grischa wohnte, und beobachteten, was ich wohl tun würde. Der Strauß gefiel mir, und ich nahm ihn mit nach Hause. Später riss ich ein Blatt aus dem Skizzenalbum und malte den Strauß mit Aquarellfarben. Diese Zeichnung existierte sogar noch in dem Haus, in dem ich jetzt wohne. Aber in letzter Zeit kann ich es nicht mehr finden, wie vieles andere auch. Schade!

Mit uns hing noch ein Junge herum. Er war älter als wir. An seinen Namen erinnere ich mich nicht, aber da gab es einen Vorfall mit ihm. Wenn ich mit meinem Fahrrad auf die Straße kam, wollte es immer irgendjemand leihen. Eigentlich war ich nicht geizig, ich lieh mein Fahrrad durchaus den anderen Kindern, aber mir war dabei immer schwer ums Herz.

Auch dieser Junge benutzte mein Fahrrad. Einmal hatte er eine Reifenpanne. Ich brachte Werkzeug und Leim, und er begann, das Fahrrad zu reparieren. Das geschah im Unkraut gegenüber dem Hof von Tscherkaschin, dabei trat ich barfuß auf eine zerbrochene Flasche. Mir wird jetzt noch schlecht, wenn ich mich daran erinnere, wie der Glassplitter herausgezogen wurde. Die Wunde war tief, irgendwelche Fäden ragten heraus, vielleicht Sehnen oder Nerven. Ich habe bis jetzt dort eine Narbe, und wenn ich darauftrete, fühlt es sich an, als bekäme ich einen Stromschlag. Wahrscheinlich sind dort die Nerven beschädigt. Irgendwie verband dieser Junge meinen Fuß und fuhr mich zu meiner Mutter in die Poliklinik.

In dieser Zeit hatte ich eine neue Leidenschaft. Unser Nachbar, der alte Tscherkaschin, war ein guter Anstreicher. Nachdem unser Haus fertig geworden war, hatte er unsere Böden gestrichen. Sie waren alle hell, aber die Ränder entlang der Wände waren gelb mit braunen Strichen, die gefielen mir besonders. Danach wurden die Böden elf oder zwölf Jahre lang nicht gestrichen. In den Jahren 1937 oder 1938 strich Papa sie neu. Jetzt waren die Böden dunkel und ohne Ränder.

Die Farbe im Handel war zu dieser Zeit schon minderwertig. Man musste die Böden jetzt alle zwei, drei Jahre streichen. Wenn man sie schrubbte, zog hinter dem Lappen ein weißer Streifen von der Spachtelmasse her an den Stellen, an denen die Farbe kaputt war. Und der Farbton war nie mehr so schön wie früher.

Im Sommer kamen sein Bruder und dessen Sohn zu Tscherkaschin. Zu dritt nahmen sie Bestellungen für das Streichen der Dächer an. Der Neffe von Tscherkaschin, Sascha, war älter als ich, so wie Mischka. Er war gut aussehend, groß, gut gebaut, so kam es mir zumindest vor. Weil der Zaun von Tscherkaschin nicht hoch war und unser Haus auf einem hohen Unterbau stand, konnte man abends, wenn das Licht angemacht wurde, von unserem Küchenfenster aus das Zimmer, in dem Sascha wohnte, wie auf einem Präsentierteller sehen.

Ich weiß auch nicht, ob mir Sascha gefiel oder ob ich einfach neugierig war, das Leben fremder Leute zu beobachten, die nicht ahnten, dass ich das tat. Jedes Mal, wenn sie von der Arbeit kamen, lehnte ich mich an den Geschirrschrank, machte das Licht aus und beobachtete, was hinter den Fenstern des fremden Hauses vorging. Das war wie kostenloses Theater.

Sie hatten keine Vorhänge. An der Decke hing eine Illjitsch-Birne (nach Lenin genannt). Sie hatte ungefähr 200 Watt, deshalb konnte man alles gut sehen. Sascha und sein Vater zogen sich um, wenn sie von der Arbeit kamen. Manchmal schleppten sie eine Schüssel herein, stellten sie auf einen Hocker, übergossen einander mit dem Wasser und wuschen sich. Dann setzten sie sich zum Abendessen hin. Nach dem Essen las der Vater Zeitungen. Sie zogen sich früh aus, gingen ins Bett und schalteten das Licht aus. Die Schau war vorbei.

Jeden Tag geschah fast das gleiche, aber ich ging mit einer beneidenswerten Sturheit wieder und wieder in die Küche, um dieses Theater zu beobachten. Sascha kam nicht zu uns auf die Straße, wir waren fast nicht miteinander bekannt. Die Arbeit auf dem Dach war gefährlich, deshalb hatte ich den ganzen Tag fürchterliche Fantasien. Und wenn abends bei Sascha das Licht anging und ich ihn lebend und unversehrt sah, freute ich mich.

54

Wenn ich nicht bei Freundinnen war oder mich mit meiner Clique traf, verbrachte ich die Tage zusammen mit Grischa. Ich entschied mich, unseren Hof ein bisschen aufzupeppen, deshalb versuchte ich, ähnliche Wege wie im Stadtgarten zu machen. Im Vorgarten unter dem Fenster pflanzte ich Flieder und Blumen ein, und in der Hofmitte legte ich sogar ein Blumenbeet an. Wenn Grischa seinen Ball zufällig in meine Blumen warf, schrie ich ihn an. Aber grundsätzlich hatten wir ein friedliches Verhältnis.

Weil Daniil Födorowitsch immer mehr in seiner Trunksucht versank und mein gutes Verhältnis zu ihm schwand, begannen Grischa und ich, ihm Streiche zu spielen. Daniil Födorowitsch hatte die Gewohnheit, eine Papirossa anzuzünden, ein paar Züge zu machen, sie dann auszulöschen und in das Päckchen zurückzulegen. Die Papirossy machte er selbst. Er kaufte leeren Hülsen und stopfte sie mit gekauftem Tabak mithilfe einer speziellen Vorrichtung. Dann legte er sie in die Schachtel, die bei uns im Schlafzimmer auf dem Fensterbrett stand. Den Inhalt füllte er ständig nach. Dieser Tätigkeit widmete er seine komplette Freizeit.

Aber sein Verhalten hatte eine Besonderheit. Wie ich schon erzählte, legte er die schon gerauchten Papirossy zurück in das Päckchen. Wenn er jedoch eine Papirossa aus dem Päckchen zog und sie schon benutzt fand, warf er sie weg und nahm eine neue. So warf er eine Reihe Papirossy fort, bis er eine fand, die noch nicht angezündet worden war.

Diese Besonderheit nutzten wir aus. Wir öffneten das Fenster im Schlafzimmer, machten es uns gemütlich, stellten die Schachtel von Daniil vor uns hin und begannen, die Papirossy eine nach der anderen anzuzünden. Angezündet, gelöscht und wieder in die Schachtel getan. Angezündet, gelöscht und wieder in die Schachtel getan. Und das so lange, bis in der Schachtel keine unberührte Papirossa mehr zu finden war.

Manchmal atmeten wir so viel Rauch ein, dass wir nachher Kopfschmerzen hatten. Wir waren doch beide Nichtraucher. Trotz dieser Unannehmlichkeiten machten wir das immer wieder, wenn in der Schachtel neue unangetastete Papirossy erschienen. Ich glaube, Daniil Födorowitsch begriff nie, was mit seinen Papirossy passierte. Und bei mir blieb fürs ganze Leben eine Abneigung gegenüber Rauchern zurück. Wenn ich Zigarettenrauch in die Nase bekomme, beginnen bei mir die Kopfschmerzen.

Grischa und ich konnten auch stundenlang im Album seiner Mutter Rita blättern, das er vom zu Hause mitbrachte. Das Album war schön. Nichts lag ungeordnet herum, alle Fotos und viele ungewöhnliche Postkarten steckten akkurat in den Schlitzen der Albumblätter. Die Bilder stammten aus der Zeit, als Grischas Vater und seine Brüder noch am Leben waren. Tante Rita war auf den Bildern unglaublich schön und schick gekleidet.

Dieses Album inspirierte mich, ein eigenes Album zu erschaffen. Weil ich kein echtes Fotoalbum auftreiben konnte, benutzte ich ein Album für Zeichnungen und machte Schlitze in die Blätter. So konnte ich unsere überall herumliegenden Fotos einsortieren, und das waren nicht wenige. Grischa half mir dabei. Um mein Album zu verschönern, gab er mir Postkarten aus dem Album von Tante Rita. Wir steckten sie in mein Album, und es wurde hervorragend. Wir ahnten nicht, dass das eigentlich ein Verbrechen war.

Wahrscheinlich suchte mich deshalb die Strafe heim. Nach einem Jahr, als die Deutschen schon in der Stadt waren, lungerten wir minderjährigen Kinder auf der Straße herum, weil die Schule geschlossen war. Schurka Dejneka und ihr jüngerer Bruder schlossen sich unserer Clique an. Sie waren entweder Verwandte oder Bekannte von Vera Litowtschenko. Schurka fing an, mich zu besuchen. Wir kannten sie von früher. Sie war auf unsere Schule gegangen und damals eine Klasse unter mir.

Vera warnte mich, dass Schurka nicht ganz sauber sei, was die Sachen von anderen betraf, und das stellte sich als wahr heraus. Einmal fand ich nach Schurkas Besuch mein Album nicht mehr. Zuerst hatte ich sie nicht im Verdacht, aber ihr Bruder verpetzte sie. Ich ging mit Freunden zu Schurka nach Hause, und wir schüttelten das Album aus ihr heraus. Aber was hatte sie damit gemacht! Sie hatte die Fotos umgestellt und etwas daruntergeschrieben. Und die Hälfte der Postkarten fehlte überhaupt. Wir bekamen sie nicht zurück. Sie behauptete, sie hätte die Karten an Bekannte verteilt. Das Album hatte seine ursprüngliche Schönheit verloren.

In der achten Klasse saß ich im Winter oft abends bei Vera. Dort gab es am Eingang vom Haus einen Flur, darin saß Veras Vater und reparierte für Geld die Schuhe anderer Menschen. Auch wir gaben ihm unsere Schuhe zur Reparatur. Mama nannte ihn Flickenmeister und meinte, dass er die Schuhe schlecht reparieren würde, aber es gab in der Nähe keinen anderen Schuhmacher, und wir wollten nicht zu weit laufen, deshalb nahmen wir die Dienste von Veras Vater in Anspruch. Ich ärgerte mich über Mamas Wort »Flickenmeister«. Ich mochte Veras Vater. Er war ein richtiger Witzbold.

Veras Mutter arbeitete irgendwo als Köchin. In ihrem Haus roch es oft nach »Kaklekten« (Buletten), wie Vera es fälschlich nannte. Weil es bei uns zu Hause solche Delikatessen nicht gab, hielt ich Vera ein bisschen für eine Bürgerliche. Das bestätigten zwei riesige Zweifamilienhäuser, die ihre Ahnen errichtet hatten. In einer Hälfte von einem der Häuser wohnte Veras Familie.

Die Zimmer dort waren riesig, die Decken hoch, die Fenster groß. Und genau wie bei uns gab es in einem Zimmer ein Venezianisches

Fenster. Das war in der Vorrevolutionszeit ein Merkmal für Reichtum, anscheinend waren Veras Ahnen also reich gewesen. Um ins Zimmer zu gelangen, musste man nach dem Flur noch eine große und ungemütliche Küche durchqueren. Auch das Zimmer war ein Durchgangszimmer. Nach meinem Gefühl war dieses Zimmer ein klassisches Beispiel eines bürgerlich-kaufmännischen Raumes. Im Zimmer stand ein riesiges Doppelbett mit unzähligen Kissen. Omas Bett konnte diesem nicht das Wasser reichen.

Auffallend war eine bauchige Kommode, darauf standen wie bei Tante Nazja viele Nippsachen. Der Tisch und die Stühle waren schön. Drumherum gab es viele Regale mit verschiedenen Kleinigkeiten. Aber ich sah dort keine Bücher, und wo Vera und ihre Schwestern ihre Hausaufgaben machten, konnte ich mir nicht vorstellen.

An den Wänden hingen riesige Portraits. Vera hatte zwei Schwestern, Ljuba, die älter war, und Nadja, jünger als sie. Jede war auf einem der Portraits im Alter von ungefähr einem Jahr abgebildet. In ihren weißen, mit Schleifen verzierten Kleidern verloren sich die Mädchen in den weißen Blumen, wahrscheinlich Rosen. Die Bilder hatte ein guter Maler gemalt, sie beeindruckten mich.

Auf das Zimmer folgte das Schlafzimmer. Ich erinnere mich an ein Bett mit einer abgenutzten Decke. Die drei Schwestern, ihre Mutter und ich sitzen auf diesem Bett, an die warme Wand gelehnt, und knacken lecker gebratene Sonnenblumenkerne. Das ganze Bett und der Boden sind mit den Schalen bedeckt. Wir sprechen über alles Mögliche, draußen heult der Wind, aber hier ist es warm und gemütlich. Ich wollte in meinem Haus immer so einen Platz haben, wo die Wand den Rücken wärmt und es möglich ist, Schalen auszuspucken, wohin du willst. Aber einen solchen Platz hatte ich nicht, und solche »Sitzungen« hatte ich auch nicht mehr in meinem Leben.

Im Mai begannen die Prüfungen. Ich war fleißig und bestand sie gut. An den Tagen danach erholte ich mich, setzte mich aufs Fahrrad und fuhr durch die Nachbarstraßen und den Stadtgarten. Einmal kam ich an der Schule vorbei. Draußen tummelten sich die Jungs aus der Parallelklasse, die irgendeine Prüfung hatten.

Tolik Schelest fragte zum Spaß, ob er mitfahren dürfe. Mein

Fahrrad war klein, aber sehr robust. Ich selbst war schlank und schien zerbrechlich zu sein, doch die Gemüsegärten, die Hausarbeit und die Putzerei hatten mich stark gemacht, deshalb bot ich ihm den Platz vorn auf dem Rahmen an. Er störte mich nicht, weil ich nach Männerart auf das Fahrrad stieg, also den Bein über den Sitz schwang. Tolik war groß, und seine Beine, die er hochzuhalten versuchte, waren immer in Gefahr, den Boden zu berühren. Ständig schrie ich: »Beine hoch!« und fuhr ihn, begleitet vom Lachen der Jungs, zu den Stadtgarten. Wir waren fröhlich. Keiner konnte vorhersehen, dass zwei Monate später der Krieg beginnen, wir viele nie mehr wiedersehen und manche von uns ganz aus dem Leben scheiden würden.

Von Tolik Kornienko weiß ich nichts. Aber über Tolik Schelest hörte ich einiges, obwohl wir uns nie mehr getroffen haben. Vor unserer Schule hatte er eine renommierte Schule in Kiew besucht, das erzählte mir viele Jahre später meine Mitarbeiterin im Forschungsinstitut ZNIIEP. Sie hatte eine gute Meinung von ihm. Die zehnte Klasse besuchte er wahrscheinlich nach der Evakuierung im Hinterland, wohin alle Familien der Nomenklatura geflohen waren. Ich dagegen verlor zwei Jahre während der Besatzung.

Nach dem Krieg arbeitete sein Vater in Kiew in der Regierung. Ich wohnte damals auch schon dort. Bald begann dort oben der Name von Tolik zu leuchten. Nicht von ungefähr hatte er so lange Beine, sie brachten ihn weit.

Nach Silvester 1941 fand Tante Rita einen neuen Mann, einen guten Menschen, und zog mit Grischa zu Markijan in die Stadt. Die Wohnung in unserem anderen Haus stand jetzt leer, und ich verlor meinen alltäglichen Freund.

55

Daniil Födorowitsch war endgültig verrückt geworden. Vielleicht war er immer schon so gewesen und hatte sich bisher nur zurückgehalten. Mama und er schliefen im Schlafzimmer, für mich wurde das Bett ins Esszimmer gestellt und dafür der Tisch hinausgeworfen, also schlief ich im Durchgang. In Papas Kabinett wohnten wie immer irgendwelche Mieter, aber die Tür zwischen Esszimmer und Flur war nicht verschlossen. Dort wurde im Winter ein Ofen geheizt. Außerdem gab es noch zwei Türen, die in die Küche und ins Wohnzimmer führten. Also ging man überall an mir vorbei.

Daniil Födorowitsch kam von der Arbeit nach Hause, dabei hatte er schon unterwegs getrunken. In der Küche setzte er das fort. Später ging er ins Schlafzimmer, zog sich aus und lief so durch die Wohnung. Dabei schimpfte er und klagte, gegen wen auch immer. Dass ihn keiner verstehe, dass im Haus nur Idioten wohnen würden und er deshalb mit niemandem reden könne. Es sah so aus, als hätten er und Mama Probleme.

Mama hatte nicht die Formeln im Kopf, die er beherrschte, aber sie war nicht dumm. Obwohl sie so beschäftig war, las sie viel in ihrer freien Zeit. Wir abonnierten die Zeitschriften »Ogonök« (Lichtchen) und »Um die Welt«. Die liegen noch immer irgendwo auf dem Dachboden. Zu einer der Zeitschriften gab es alle zwei Monate ein Buch dazu. Irgendwo liegen heute noch die Romane und Erzählungen von Tolstoj und Tschechow herum. Mama erzählte oft von den Büchern, die sie gelesen hatte, dann suchte ich mir diese Werke heraus und las sie ebenfalls. Das war immer interessant. Ich brachte auch Bücher nach Hause, und die las Mama manchmal.

Dabei war sie auch eine Krankenschwester von Gottes Gnaden. Aber für den genialen Daniil Födorowitsch war sie nicht gut genug. Er hielt sich nicht nur für genial, sondern meinte auch, dass seine männlichen Qualitäten außerordentlich wären. In der öffentlichen Toilette im Park war es mir nicht gelungen, diesen Teil des männlichen Körpers kennenzulernen, jetzt dagegen konnte ich schauen, soviel ich wollte. Diese menschliche Nichtigkeit, ich nannte ihn nicht anders in meinen Gedanken, stellte sich vor mein Bett und schüttelte, Entschuldigung, seine Hoden. Dazu murmelte er etwas.

Ich saß gekrümmt, hielt meine Knie umklammert und war bereit, mich jeden Moment zu wehren. Unter die Decke zu kriechen, traute ich mich nicht. Wenn er die nun von mir wegzog? So ging es viele Abende.

Ich hatte zu meiner Mutter kein Vertrauensverhältnis und konnte es ihr nicht erzählen. Und es den Freundinnen zu erzählen, wäre noch peinlicher gewesen. Stattdessen wurde ich nervös und schnauzte alle an. Einmal sagte meine Mutter, ich solle Daniil zeigen, was er essen könne. Ich antwortete, sie solle es selbst machen, ich würde es nicht tun. Sie war wie vom Blitz getroffen und beklagte sich bei allen, dass ich einen unerträglichen Charakter hätte, wahrscheinlich wegen des Alters. Und dass ich ihr sowieso nicht perfektes Familienleben zerstören würde. Alle fingen an, mich zu belehren. Und ich begann, meine Mutter zu hassen.

Einmal kam Daniil spät nach Hause, als ich schon schlief. Plötzlich spürte ich, wie etwas meine Beine entlang und immer höher und höher kroch. Im Zimmer war es dunkel, aber ich hörte, wie Daniil schnaufte. Hastig sprang ich auf. Gut, dass sich der Lichtschalter in Griffnähe befand. Als das Licht anging, sah ich, dass Daniil versuchte, unter meine Decke zu kriechen.

Wie das alles im Detail war, daran erinnere ich mich natürlich nicht. Ich habe nur das Bild vor Augen, wie ich ihn aus dem Wohnzimmer ins Gästezimmer hinaus stieß und dann direkt in Mamas Lieblingsblumen beförderte. Wir hatten im Wohnzimmer eigentlich fast nichts, da standen nur das Sofa und die Kommode und dazu viele Blumen: auf den Fensterbrettern, auf dem Boden, auf irgendwelchen Höckerchen.

Ich konnte bis zum Morgengrauen nicht schlafen. Am Morgen machte ich nicht sauber. Als Mama nach Hause kam, war Daniil schon weg. Sie beschuldigte mich. Und dann kam der Dammbruch. Ich schrie und weinte und flehte sie an, dass sie mal von ihrer blöden Nachtschicht kommen und sich anschauen solle, was Daniil hier anstellte. Mama wollte wissen, was er denn so mache, er hätte doch aufgehört, die Stühle zu zerstören. Ja, weil sowieso schon alle kaputt waren. Dafür hatte er ein neues Hobby.

Am Abend sagte Mama Daniil, dass sie wieder eine Nachtschicht habe und ging ungefähr um sieben aus dem Haus. Daniil begann sofort sein Abendessen, natürlich mit einer Flasche Wein. Bis zehn Uhr war er damit fertig und begann wieder, mir sein Kino zu zeigen. Die zurückgekommene Mutter sah alles durch das Glas in der Kabinetttür und stürmte wie ein Wirbelwind ins Zimmer.

Wie es dort weiterging, kann ich nicht sagen. Seine Sachen befanden sich plötzlich draußen im Hof. Seit diesem Tag wohnte Nikitenko Daniil Födorowitsch in der Wohnung, in der neulich noch Grischa wohnte.

Daniil wohnte nicht mehr bei uns, und Mama landete im Krankenhaus. Einer unserer immer vorhandenen Mieter fragte mich, wie es ihr ginge. Ich erklärte, dass sie ein schwaches Herz hätte. Mama sagte immer, ihr Herz sei wie ein Lappen. Sogar meine Kinder kennen diese Redewendung. Aber die Mieter lachten mich aus. Wie sich herausstellte, hatte meine Mutter keine Herzkrankheit. Sie lag in der Gynäkologischen Abteilung, bei ihr wurde eine Abtreibung durchgeführt. Jetzt wusste ich, wo das eklige Sofaquietschen endete.

Mama und Daniil machten es genauso wie die Mähdrescherführerin Oksana, die ich nicht mochte. Sie machten sich keine Gedanken, dass sich so ein junges Lebewesen wie ich im Haus befand. Auf der einen Seite war mir das unangenehm, auf der anderen Seite konnte ich den Sinn der Abtreibung nicht verstehen. Ich wollte doch so gern einen Bruder oder eine Schwester haben!

In diesem neuen Jahr 1941 hatte Mutter kein Glück mit ihrer Gesundheit. Nach der Grippe bekam sie Kopfschmerzen. Einmal musste sie auf der Arbeit etwas lesen und stellte plötzlich fest, dass sie nichts sah. Sie ging zu ihrem Oberarzt, Iwan Sergejewitsch. Der berief schnell ein Konsilium der Ärzte ein, und die Diagnose war nicht tröstlich: Hirnhautentzündung. In jenen Zeiten starben die Leute wie die Fliegen an dieser Krankheit. Mama wurde nicht in unserer Stadt behandelt, stattdessen schickte man sie nach Charkiw. Dort lag sie fast einen Monat, wurde aber geheilt und sogar Studenten vorgeführt. Sie kam mit einer Diagnose hinein, mit der nur wenige Menschen überleben, aber sie schaffte es.

Sie überlebte, das stimmt, dass sie richtig gesund wurde, konnte man allerdings nicht behaupten. Die linke Seite des Gesichts hing ein bisschen tiefer. Und das Gehirn spielte ihr Streiche. Sie vergaß die Namen der Dinge und vergaß und verwechselte Wörter. Einmal wollte sie, dass ich ihr die Schere bringe. Als ich sie ihr geben wollte, war sie empört: »Ich bat dich doch, das Messer zu holen.« Mutter war lange krankgeschrieben.

Anfang Juni vereinbarte ich mit Oma (irgendjemand musste ja bei Mutter bleiben), dass ich mit Luda Koroljowa in ein Dorf zu Ludas Verwandten fahren durfte. Wir mussten ein Dampfschiff nehmen. Das Dorf hieß entweder Mironowka oder Manuilowka und gefiel uns sehr. Alles sah nach Aussiedlerhof aus. Was für ein malerisches Kuhnest!

Das Rathaus lag ziemlich weit vom Haus von Ludas Verwandten entfernt. Deshalb erfuhren wir erst am Abend des 22. Juni von einem Mann, der zu uns kam, dass Moskau, Kiew, Charkiw, Minsk und andere Städte am Morgen von den Deutschen bombardiert wurden. Und am nächsten Tag wurde offiziell berichtet, dass der Krieg ausgebrochen war. Es war nicht einfach, nach Hause zu gelangen, das Dampfschiff verkehrte nicht jeden Tag. Und bis zur Anlegestelle musste man es auch noch schaffen. Drei Tage nach Beginn des Krieges kehrten wir nach Hause zurück.

56

In der Stadt war alles durcheinander. Die Deutschen rückten so schnell vor, dass man schon Anfang August zu evakuieren begann. Onkel Petja schickte ständig Telegramme, dass wir zu ihm fahren sollten. Onkel Wolodja fuhr Gascha und die Kinder in ihr Dorf. Mutter und ich waren verzweifelt. Ich hatte Angst, dass sie es bis zu Onkel Petjas Ort nicht schaffen würde, deshalb schickten wir nur Oma ins Hinterland. Und dann wussten wir zwei Jahre lang nicht, wo unsere Oma war.

Ich erinnere mich nicht, wer Oma zum Bahnhof brachte und wann der Zug abfuhr. Aber ich weiß genau, dass an diesem Tag die Brücke nach Krükow entweder von den Deutschen zerbombt oder von den Unsrigen gesprengt wurde. In der Stadt brannten viele Betriebe. Nur die heldenhafte Rote Armee sah man nicht.

Im Volk verkehrten verschiedene Gerüchte. Man erzählte sich, dass die Militäreinheit in Galeschtschina nur Übungsgewehre besaß und auf einen Zug mit Waffen wartete. Der Zug kam, aber nicht mit Waffen, sondern mit Wattejacken. In den nahe gelegenen Dörfern trug man diese Wattejacken noch viele Jahre. So viel Blödsinn gab es immer wieder.

Vaters Bruder Onkel Wasja erzählte mir nach dem Krieg, dass sich sein Sohn Valentin, der drei Jahre älter war als ich, freiwillig zur Armee gemeldet hatte. Solche Leute wurden bei der Stadtverteidigung eingesetzt. Meistens waren es Jungen, die zu jung oder untauglich waren, in der Regel Freiwillige.

Diese Jungs wurden auf Pferde ohne Sattel gesetzt, sie bekamen ein Gewehr für zwei Kämpfer, und dann schickte man sie gegen die deutschen Panzer. Natürlich wurden sie alle wie die Rebhühner abgeschossen. Onkel ging zum Schlachtfeld, um seinen Sohn zu suchen. Das war ein schreckliches Bild, wie im Gedicht »Borodino« von Michail Lemontow über den Krieg von 1812: »Da vermischten sich Pferde und Menschen ...« Valentin fand er nicht. Er hatte die Hoffnung, dass er sich in Gefangenschaft befände. Aber Valentin kam nicht vom Krieg zurück.

In der ersten Zeit wurde unsere Stadt nur bombardiert. Einmal gingen Ljuda und ich in die Stadt, keiner weiß, warum. Auf dem Weg nach Hause gingen wir dann die Straße entlang, in der Papas Tante Elja wohnte. Wir waren schon in der Nähe ihres Hofes, als ein deutsches Flugzeug im Tiefflug vorbei flog. Man konnte sogar den Piloten sehen. Wir fingen an zu laufen. Das Flugzeug machte kehrt und flog jetzt die Straße entlang, dabei wurde mit aller Macht aus dem Maschinengewehr geschossen. Wir schafften es bis zu Eljas Hof, aber das Tor war zugesperrt. Wir zwei Blöden drückten uns unter das Tor in der Hoffnung, dass das dünne Brett über unseren Köpfen uns retten würde. Die Kugeln pfiffen die Mitte der Straße entlang.

Unser Leben wurde geteilt in vor dem Krieg und jetzt. Vor dem Krieg waren wir selbstsicher. Ein Lied erklang überall, es stammte wahrscheinlich aus einem Film, und wir sangen es im Chor: »Wenn morgen ein Krieg kommt, wenn der Feind angreift, wenn die schwarze Kraft uns überrollt, steht das sowjetische Volk bis auf den letzten Mann für die freie Heimat auf.« Das war vorher. Und jetzt? Ich merkte nichts davon, dass das Volk kämpfen wollte. In unserer Straße verschwanden alle Männer, als hätte es sie nie gegeben. Als die Deutschen kamen, krochen sie wieder heraus.

Mama ging in die Poliklinik, sie hoffte darauf, noch ihr Krankengeld zu bekommen. Weit gefehlt. Der Oberarzt und der Buchhalter flüchteten ins Hinterland und nahmen den Monatslohn der Mitarbeiter mit. Und weil die Deutschen anfingen, die Stadt regelmäßig zu beschießen, verschwand auch die städtische Leitung wie ein Rauch oder ein morgendlicher Nebel. Wir blieben ohne Geld und ohne Lebensmittelvorrat. Brot wurde auch nicht mehr an die Haushalte verteilt. An den Ladentüren hingen Schlösser.

Dabei lag unsere Ernte vom Gemüsegarten in Galeschtschina bei Shaltschicha im Keller, aber wir schafften es nicht, sie vor dem Beschuss der Stadt nach Hause zu bringen. Ich hatte bei der Ernte nicht mitgeholfen. Als der Krieg erklärt wurde, war Mutter allein dorthin gefahren, obwohl sie krank war, und hatte alles geerntet. Doch wir waren in der Stadt, und die Ernte lag 120 Kilometer von uns entfernt im Keller.

Irgendwo auf den Regalen fanden wir ein paar Päckchen mit Perlgraupen. Früher konnte ich die nicht ausstehen. Wir nannten sie »Äugelchen«. Sie waren groß und nach dem Kochen glitschig. Jetzt aß ich sie mit Vergnügen.

In einem Lied hieß es: »Auf der Erde, im Himmel und am Meer ist unser Gesang gewaltig und stark. Wenn morgen der Krieg kommt, musst du zum Feldzug bereit sein.« Also, auf der Erde wollte niemand unsere Stadt verteidigen. Im Radio erzählte man, dass die Menschen in Leningrad, Sewastopol und anderen Städten Schützengräben aushuben. In unserer Stadt machte keiner etwas. Keiner war in der Lage, die Leute zu organisieren, denn alle Führer waren bereits weit, weit weg.

Und im Himmel sah ich kein einziges von unseren Flugzeugen, obwohl in der Stadt eine bekannte Fliegerschule stationiert war. Wie es auf dem Meer aussah, weiß ich nicht. Aber auf unserem Dnipro brannte alles, was nur brennen konnte, Schleppkähne, Dampfschiffe, Boote. Sogar der Getreidespeicher wurde angezündet, der auf der anderen Seite des Dnipro lag. Bis zu uns drang der Geruch verbrannten Korns. Keiner hatte vor, die Stadt zu verteidigen, aber sie zu sprengen und zu verbrennen – dazu fanden sie Kraft. Wir konnten es nicht verstehen. Was machen die Unsrigen da? Haben sie nicht vor zurückzukehren?

Am Ende der Leninstraße in Krementschuk fast am Kai steht ein alter Dom. Ich weiß nicht, in welchem Jahrhundert er gebaut wurde, ungefähr im siebzehnten oder achtzehnten. Unter diesen Dom wurde so viel Sprengstoff gelegt, dass niemand glaubte, dass davon noch etwas übrigbleiben würde. Aber nur die Wände bröckelten ein bisschen. Die Deutschen versuchten es ebenfalls, doch auch bei ihnen klappte es nicht. In der Zeit der Sowjetunion befanden sich ständig Lager darin, und die Deutschen machten aus dem Dom einen Pferdestall. Alle zwei- und dreistöckigen Häuser der Stadt wurden vom Militär oder von den Geheimdiensten gesprengt. Einen Teil der Einfamilienhäuser schafften sie auch noch zu verbrennen, dabei wurden die Besitzer hinausgejagt. Kurz gesagt verwandelten sie die Stadt in eine Brandstätte. Das war alles, was unsere heldenmütige Armee erreichte.

Den ganzen Monat beschossen die Deutschen die Stadt. Das taten sie streng nach einem Zeitplan. Wir wussten, wann sie frühstückten, zu Mittag und zu Abend aßen. Während dieser Zeit konnte man ruhig gehen, wohin man wollte: keine Geschosse. Mama und ich schleppten die Matratze vom Bett in die Küche und warfen Kissen, Federbetten und Decken darauf. Wir dachten, so könnte man sich vor den Geschossen und Bomben retten. Unter der Küche befand sich der Keller, dort stellten wir uns eine Pritsche bereit, und wenn abends zu viel geschossen wurde, gingen wir zum Übernachten in den Keller.

Manchmal kamen auch Nachbarn zu uns, die Schutz vor Beschuss und Bombardierung suchten. Mutter war sachlich, alle hörten auf sie, und es gelang ihr, alle zu beruhigen. Sie konnte auch mit den Kindern umgehen und organisierte Spielzeug für sie, damit sie nicht weinen. Und ich dachte: Was für eine mutige Mutter habe ich!

Am schlimmsten war natürlich die erste Bombardierung. Ich erinnere mich bis heute, welche Angst ich damals hatte. Der Kopf ist absolut leer, und im Inneren kommt vom Herzen her zusammen mit dem Brechreiz eine Kälte. Die Knie zittern unangenehm. Und egal, wie stark du dieses Zittern zu beruhigen versuchst, du bekommst es nicht weg. Als Mutter alles erledigt hatte, setzte sie sich neben mich.

Unsere Knie berührten sich, und ich fühlte, dass ihre Knie genauso zitterten wie meine. Als ich sie fragte: »Hast du auch Angst?«, antwortete sie mir leise: »Natürlich habe ich Angst.«

Wir wurden so lange beschossen und bombardiert, dass wir uns irgendwie daran gewöhnten. Das war im Herbst. Die Pflaumen waren reif, und ich kletterte auf den Pflaumenbaum. Plötzlich sah ich ein deutsches Flugzeug am Himmel. Es flog nicht besonders hoch, und man konnte gut sehen, wie sich die Bomben daraus lösten und herunterfielen. Ich erinnere mich, wie meine Hände die Zweige umklammerten. Als ich die Bomben sah, ließ ich die Zweige einfach los und war plötzlich auf dem Boden. Ein paar Sekunden später war ich schon im Keller. Komisch, ich hatte keinen einzigen Kratzer.

Ich weiß es nicht, aber es schien, als hätten die Deutschen eine schlechte Aufklärung. Den ganzen Monat schickten sie die Geschosse im Grunde genommen vergeblich herüber. Ich glaube, in der Stadt gab es zu dieser Zeit keine nennenswerten militärischen oder strategisch wichtigen Objekte. Es gab nur Menschen, die aus verschiedenen Gründen nicht in der Lage waren wegzufahren. Und die nicht verstanden, wie unsere Rote Armee uns einfach so unserem Schicksal überlassen konnte, obwohl doch in einem Lied gesungen wurde: »Unsere Rote Armee ist die stärkste von allen.« Später erklärte man uns ständig im Radio, dass der unerwartete Angriff des Feindes unsere Armee zeitweilig zum Rückzug gezwungen hätte. Wir konnten uns nicht vorstellen, dass unsere heldenmütige Rote Armee uns für die gesamten zwei Jahre verlassen würde. Wir dachten: vielleicht für eine Woche, höchstens für einen Monat. Aber für zwei Jahre!

Wir änderten unsere Meinung, als die Deutschen die Stadt besetzten. Sie fuhren überwiegend mit Autos, Panzern und Motorrädern vom Stadtteil »Die Parks« an unseren Läden, der Spirituosenfabrik und meiner Schule vorbei. Was sie in der Stadt machten, weiß ich nicht. Die Stadt existierte zu dieser Zeit praktisch nicht mehr. Einiges war noch stehengeblieben, sogar auf der Leninstraße, aber die schönen Gebäude des Rathauses und des städtischen Parteikomitees waren verschwunden, auch das Kino »Bolschewik« war weg. Die beiden Atlanten lagen zerbrochen auf dem Boden, und vom Kino blieben nur die Wände mit Löchern statt Fenstern übrig. Die »Passage«

gab es auch nicht mehr und vom ganzen Wohnblock nur die Ziegelsteine. Einzig am Ende der Leninstraße standen zur allgemeinen Bewunderung noch das alte Bankgebäude und der Dom. Vom Kai sah man die Brücke nach Krükow, ein paar ihrer Bögen ragten aus dem Wasser. Nach Krükow gab es keine Verbindung.

Ich weiß nicht, wo die deutschen Einheiten in der Stadt stationiert waren. Aber drei oder sogar vier Tage lang fuhren sie Tag und Nacht an uns vorbei. Frauen und Kinder wie ich liefen zur TPO und verfolgten diesen Eisenstrom.

Mein Onkel Andrej diente bei der Marine, von dort hatte er ein paar Matrosenhemden und gestreifte Unterhemden mitgebracht. Ein Hemd hatte ich für mich erbeten. Es war zu groß, deshalb nähte ich es an den Seiten zu, um es enger zu machen. Aber der Kragen blieb weiter zu groß und rutschte ständig entweder auf die rechte oder linke Schulter. Und blöd wie ich war (wo meine Mutter gerade hingeguckt hat, weiß ich nicht), zog ich dieses Matrosenhemd an und ging damit los, um den in die Stadt kommenden Deutschen zuzuschauen. Da kam ein Mann auf mich zu und sagte, dass ich schnell nach Hause laufen und nicht nur mein Matrosenhemd ausziehen, sondern es auch so gut wie möglich verstecken sollte, weil die Matrosen den Deutschen großen Widerstand leisten und die Deutschen sie hassen würden. Wenn sie vermuteten, dass es in meiner Familie Matrosen gebe, dann würden sie alle erschießen, und mich als Erste. Ich hörte auf ihn.

Neben dem Hof von Familie Rogus, gegenüber von uns, stand ein gutes Haus. Seine Eigentümer waren in den ersten Kriegstagen weggefahren, und weil die Wohnung von Markijan in der Stadt verbrannt war, zogen Rita und Grischa in dieses Haus ein. Mein Straßenfreund kehrte zu mir zurück.

Aber viel geschah noch vor der Ankunft der Deutschen. Um ihnen das Vieh nicht zu überlassen, trieben viele Kolchosen ihre Herden ins Hinterland. Eine Herde gelangte auf unsere Straßen. Die Kühe drängten sich in alle Höfe und muhten. Wahrscheinlich waren sie hungrig und durstig. Ihre Euter waren prall, sie hatten gewiss Schmerzen. Eine Kuh ließen wir in unseren Hof. Mama melkte sie, gab ihr Wasser und Gras von der Wiese. Aber die Nachbarn Gretschuk lachten meine Mutter aus, als sie von der Kuh in unserem Hof erfuhren. Die Kuh blieb nicht lange bei uns. Irgendjemand begann, die Kühe aus den Höfen wegzuführen. Die Gretschuks nahmen auch ein paar Kühe zu sich. Die Leute sagten, dass sie nur eine zurückgaben und es schafften, andere zu schlachten. Dabei hatten sie unseren Hof angezeigt. Das war der erste Verrat der Gretschuks.

57

Ein paar Tage nach der Besetzung der Stadt zogen die deutschen Angreiftruppen weiter, und die Einheiten der SS kamen in die Stadt. Ein Totenschädel schmückte die Mützen der Offiziere. Die Leute erzählten sich, dass diese Einheiten »Totenkopf-SS« hießen. Sie ließen sich überwiegend in unserem Stadtteil nieder, dadurch blieben auf unserer Straße alle Häuser heil. Jetzt wohnten in jedem Haus zwei oder drei Offiziere. In unserem anderen Haus wohnten in einer Wohnung die Soldaten und in der anderen Daniil.

Um die Ordnung in der Stadt wiederherzustellen, ließen die Deutschen eine ukrainische Stadtverwaltung zu. Polizisten wurden aus der hiesigen Bevölkerung rekrutiert. Und das Wichtigste: In der Innenstadt und im Stadtbezirk »Auf den Bergen« wurde wieder der Markt geöffnet. In der Stadt entstand ein Trödelmarkt. Mama reagierte schnell. Sie schnitt einen weißen Stoff in Quadrate, und ich stickte diese Quadrate den ganzen Tag in Taschentücher um, die Mutter dann auf dem Trödelmarkt verkaufte. Der Gewinn war nicht groß, aber besser als nichts.

Wir hatten kein Geld. In der Stadt zirkulierten noch die sowjetischen Geldscheine. Wir hatten keine Ahnung, wie es weitergehen würde. Zwei Offiziere zogen bei uns in die Wohnung ein. Welchen Dienstgrad der dritte Mann hatte, weiß ich nicht, aber er war auch kein einfacher Soldat. Zwei hießen Karl und einer Adolf. Ich vermutete, dass einer der Karls die russische Sprache verstand, aber er stellte sich, als sei er der russischen Sprache nicht mächtig. Dieser Karl war groß, akkurat, ordentlich und nicht gesprächig.

Der zweite Karl war ganz anders. Er sprach ständig deutsch und lief hinter mir her. Er sprach auch gut russisch und polnisch, weil er irgendwo in Polen zur Welt gekommen war. Er bat Mama, die Wäsche der Männer zu waschen, und gab uns dafür Lebensmittel. Jetzt hatten wir immer deutsches Brot, so einen weißen Würfel und oben das Backjahr: 1935. Ich war erstaunt. Wo wurde es gelagert? Das Brot war nicht trocken. Es machte den Eindruck, als sei es erst gestern gebacken worden.

Mama war ständig schlechter Stimmung. Der Keller war leer, der Schuppen auch, und vor uns lag der Winter. Einmal fragte mich Adolf, warum »Matka« so traurig sei. Ich erklärte ihm, dass der Winter komme, wir aber keine Lebensmittel hätten und Mutter nirgendwo arbeiten könne. Und die Militäreinheiten würden ja nicht für immer bleiben. Er sagte, dass sie noch anderthalb Monate bleiben würden, und fragte, wie sie helfen könnten. Gott sei Dank wusste ich, wie. Ich erzählte ihm, dass 120 Kilometer entfernt unsere Ernte aus dem Gemüsegarten bei Bekannten lag. Er ging zu den Karls, um es zu besprechen. Sie murmelten lange miteinander, dann erklärte Adolf meiner Mutter, dass er und sie morgen dorthin fahren würden, um die Ernte abzuholen.

Nachts schloss ich die Schlafzimmertür ab, denn der zweite Karl blieb zu Hause und lief den ganzen Tag hinter mir her, und nach der Erfahrung mit Daniil hatte ich, ehrlich gesagt, Angst. Wir rechneten damit, dass meine Mutter und Adolf am gleichen Tag zurückkehren würden. Pustekuchen! Mama erzählte später, dass sie zunächst gut dorthin gelangt waren. Sofort wurden Soldaten organisiert, die alles ins Auto luden. Aber auf dem Rückweg gerieten sie in tiefen Morast. Sie versuchten, das Auto aus dem Sumpf zu ziehen, aber es versank immer tiefer. Sie mussten einen Panzer zu Hilfe holen.

Am zweiten oder dritten Tag kamen sie zurück und schimpften endlos über die russischen Wege. Außerdem erklärte mir Adolf, dass sie keine Berechtigung hatten, so weit zu fahren. Wenn die Kommandierenden das erfahren hätten, wären sie hart bestraft worden. Aber wir hatten jetzt Hoffnung zu überleben.

Zusätzlich liefen Mama und ich noch zur Anlegestelle. Dort lagen viele Schiffe und Schleppkähne mit verschiedenen Waren und Lebensmitteln. Manche Schiffe waren halb unter Wasser, manche rauchten noch ein bisschen, obwohl sie doch schon einen Monat zuvor von den Unsrigen während ihres Rückzugs angezündet worden waren. Das Volk schleppte alles fort, was möglich war. Wir fanden nur noch einen Schleppkahn mit Linsen. Die Linsen glommen irgendwo unten, der Schleppkahn war teilweise abgebrannt, aber an manchen Stellen konnte man noch laufen. Die oberen Linsen waren nicht angebrannt, stanken aber stark.

Als wäre es gestern gewesen, sehe ich diesen halbversenkten Schleppkahn vor mit, gefüllt mit kleinen Linsen. An verschiedenen Stellen waren sie unterschiedlich gefärbt, an manchen Stellen hellbraun, an anderen schwarz und verbrannt. Manchmal erschien auf der Oberfläche ein Sog, in den die Linsen hineinsausten, als hätten sie Angst, sich zu verspäten. Wahrscheinlich hatte der Schleppkahn an der Stelle ein durchgebranntes Loch im Boden, und die Linsen rieselten dort in den Dnipro.

Es war unmöglich, genug unverbrannte Linsen nur an einer Stelle zu sammeln. An den Rändern, die besser zugänglich waren, schleppte das Volk schon alles davon, deshalb musste man etwas riskieren. Einerseits könnte man denken: Was sind schon drei oder fünf Meter? Aber man musste dabei durch die Linsen laufen. Die Füße versanken sofort in einer warmen oder sogar heißen Masse. Es kam darauf an, die guten Linsen schnell in den Sack zu harken und sofort zurückzulaufen. Würde in diesem Moment der Boden durchbrechen, gäbe es keine Rettung, man würde unter den Kahnboden gezogen.

Wir harkten jeder einen halben Sack Linsen zusammen, nahmen die Säcke auf die Schultern und schleppten sie durch die Stadt nach Hause. Und weil Hunger kein Spaß ist, aßen wir alle Linsen weg.

58

Wo die Frontlinie lag, davon hatten wir keine Ahnung. Ein bisschen später lernte ich eine Frau kennen, die bei unseren Nachbarn zu Miete wohnte. Die Nachbarn selbst waren weg. Im Hof hatten sie ein Geschäft, sie räucherten Fisch oder Fleisch, deshalb war das Wasser im Fluss oft schmutzig. Später brannte das Geschäft aus. Bald nach dem Krieg wurde das Grundstück von nicht sonderlich netten Dörflern gekauft.

Da gab es auch Probleme mit dem Zaun. Als die Räucherei, die ungefähr dreißig Meter lang war, noch im Betrieb war, standen ihre Werkhallen mit der Rückseite zu uns. Was im Hof vor sich ging, sahen und hörten wir nicht. Aber jetzt, wo es keine Macht in der Stadt gab, suchten die Leute in allen Betrieben nach etwas, das man klauen könnte. An einer Stelle durchbrachen sie den Zaun und stürmten in unseren Hof. Das war im Herbst. Sie begannen, unsere Äpfel in Säcke zu schaufeln, und versuchten, unseren Zaun zu demolieren, um die Bretter wegzuschleppen. Sie kamen mit Äxten und Sägen. Ich weiß nicht, wie wir uns ihrer erwehrten.

Ein Mann versuchte, Mama zu beweisen, dass es nicht unser Zaun sei, weil er mit der glatten Seite zur Räucherei stand. Der Zaun war wirklich so gemacht. Als wir ihn errichteten, gab es keine Nachbarn, und der Zaun wurde mit der glatten Seite zur Straße gesetzt. Dann kam die Räucherei, aber der Zaun blieb natürlich, wie er war. Bis die Deutschen kamen, mussten Mama und ich ihn Tag und Nacht bewachen. Als sie dann die Stadt besetzten, war es mit den Plünderungen vorbei. Wir setzten den Zaun irgendwie instand und mussten nicht mehr darauf aufpassen.

Das Nachbarhaus blieb heil, dort zog also diese Frau ein. Sie hatte ein Zimmer, in den anderen wohnten die Deutschen. Wenn niemand da war, hörte sie heimlich den Radiosender aus Moskau. Ich habe sie nicht besucht, war aber froh, wenn ich sie auf der Straße traf. Sie erzählte mir, was an der Front lief. Da gab es bis zu diesem Zeitpunkt nichts Tröstendes. Unsere Einheiten befanden sich auf dem Rückzug.

Während des Angriffs traf einer der letzten deutschen Geschosse Omas Haus, nicht direkt, sondern irgendwie hinterm Haus. Die hintere Wand brach auf der Seite der Nachbarin Arsentjewna teilweise ein, und das Dach wurde auf einer Seite zerstört. Oben klaffte ein Loch über die Länge des Hauses. Hätten wir einen Mann im Haus gehabt, hätte man das vielleicht reparieren können, dann wäre das Haus bewohnbar geblieben. Aber wir hatten andere Sorgen.

Alles, was es in diesem Haus gab, schleppten wir zu uns. Ich fiel über die Bücher her, sogar vom Dachboden nahm ich alles mit. Das Haus blieb leer, allerdings wurde es abgeschlossen. Ich erinnere mich an einen warmen Herbsttag. Zum letzten Mal in meinem Leben saß ich vor Omas Hauseingang und sortierte die Bücher, Schallplatten und Zeichnungen von Onkel Petja.

Als der Winter kam, erzählte einer unserer »lieben« Nachbarn den Deutschen, dass in Omas Haus Kommunisten wohnten, und sie nahmen es auseinander, um es als Brennstoff zu verwenden. Ich vermute, das war entweder Arsentjewna, die das ganze Leben auf Oma neidisch war und versucht hatte, ihr auch meinen Opa Kusma wegzunehmen, oder es war die Familie Loboda, wegen denen mein Opa starb. Sie fingen damals an, Omas Familie als Feinde zu betrachten. Kurz gesagt: Das Haus war kaputt, und die Deutschen nahmen alles mit, was sich mitnehmen ließ. Manches blieb da, zum Beispiel der Dachstuhl und die Pfosten. Diese Reste schleppten Mama und ich mit Schlitten zu uns nach Hause. Wir mussten ja auch unser Haus beheizen.

Ein interessantes Detail: In der Nacht vor Opas Tod hatte meine Oma einen Traum gehabt, dass die Rückwand des Hauses zerstört sei. Alle sagten damals, dass der Traum Opas Tod prophezeien würde. Keiner hätte sich vorstellen können, dass das Haus zehn Jahre später genauso von einem Geschoß zerstört werden würde. Als wir das erste Mal diese eingestürzte Wand sahen, sagte Mama: »Genau so hat es meine Mutter geträumt.«

Die Pfosten auf den Schlitten zu transportieren, war schwer. Einmal schleppte ich welche die Schtschorsstraße entlang, da holte mich ein Mann ein, übernahm das Seil und zog die Ladung fast bis zu unserem Hof. Dabei schimpfte er auf meine Eltern, nannte sie Idioten. Ein Mädchen dürfe nicht solch schwere Dinge schleppen. Und dann würden sich diese Eltern später wundern, dass ihre Tochter keine Kinder bekommen könne.

Zum Glück hatte ich später kein Problem damit, Kinder zu bekommen. Stattdessen gab es ein anderes Problem: Ich bekam nicht alle Kinder, die mir Gott schickte.

Also, meine Oma blieb ohne Haus. Das Grundstück verkaufte sie nach dem Krieg, die Leute bauten dort ein neues Haus. Und ich hatte nichts mehr, wohin ich gehen konnte. Als die Sowjetmacht in den zwanziger Jahren der Bevölkerung das Gold wegnahm, versteckte Opa den Familienreichtum (zwei Nikolaj-Goldrubel und ein paar Ringe) irgendwo, vielleicht im Keller oder im Brunnen. Als Oma ihn fragte, wo er alles versteckt hätte, sagte er, dass man es nicht finden würde. Dann kam Opa um, und alles blieb unter dem Mantel des Geheimnisses verborgen. Den Leuten, die dort später wohnten, wurde diese Geschichte angeblich erzählt. Aber ich glaube nicht, dass sie etwas fanden. So liegt Opas Schatz irgendwo bis heute versteckt.

59

Nun lebten wir also unter deutscher Herrschaft. Mama fand Bekannte in der Verwaltung. Weil sie Hebamme war, kannten sie viele Menschen. Von diesen Bekannten erfuhr sie, dass die Verwaltung Kurse für Schneider, Tischler und so weiter organisieren würde, und die Teilnehmer hätten anschließend vielleicht Aussicht auf Arbeit. Ich besuchte so einen Kurs, der in einem teilweise abgebrannten Haus mit Laden abgehalten wurde. Unser Unterricht fand direkt im Schaufenster von diesem Laden statt.

Dort fand ich neue Bekannte, Dusja und Mascha, ich besitze sogar noch Fotos von ihnen. Dusja hatte eine Familientragödie erlebt. In den ersten Tagen, als die Deutschen kamen, wurde auf ihrer Straße ein deutscher Soldat getötet. Man munkelte, dass es Partisanen waren, aber niemand wusste Genaues. Am gleichen Tag wurden zehn Männer auf der Straße nach dem Zufallsprinzip verhaftet, wer ihnen gerade in die Hände fiel. Dusjas Familie hatte Pech. Ihr Vater und ihr Bruder waren zu Hause, und weil keiner den Mörder verriet, wurden alle Männer erschossen, darunter auch Dusjas Vater und Bruder. Ich glaube, die Leute wussten gar nicht, wer den Soldaten getötet hatte.

Am meisten freundete ich mich mit Inna Barlet an. Sie war in unserer Schule eine Klasse unter mir. Unsere Lehrerin, Antonina Simonowna (»Kilometrowna«), war ihre Tante. Sie wohnten alle in einem großen Haus. Dort wohnte auch die Kusine von Inna Lilja. Als sich die Deutschen später zurückzogen, wurde Liljas Mutter, die aus irgendeinem Grund in die Stadt ging, von einem Geschoß getötet.

In Innas Familie waren alle hoch gebildet. Ihr Haus, das nicht weit von der Poliklinik und der Eisenbahnfachschule entfernt lag, kannten alle in der Stadt. Inna, die gesellig und humorvoll war, passte nach ihrem Charakter zu mir. Wir lachten ständig. Sie konnte selbst aus einer unschönen Situation noch etwas Lustiges machen.

Wir liefen natürlich die ganze Zeit halb hungrig durch die Gegend und kauten mit Vergnügen alles, was einigermaßen essbar war und in unsere Hände geriet. Einmal gingen wir in der Stadt auf eine Toilette, die sich in einem Hof befand. Die heutige Generation kann sich im Traum nicht vorstellen, wie es war: eine offene Grube, zwei Löcher und ein unerträglicher Gestank. Die Löcher waren in der Regel groß, es war unbequem, sie zu benutzen, deshalb blieb das, was eigentlich runterfallen sollte, oft auf den Brettern liegen. Zudem hätte auch die Kultur der Bevölkerung besser sein können. Wozu in das Loch zielen? Mach die Tür zu, und dann kann man überallhin zielen, auch auf die Wände. Um zu desinfizieren, wurde alles mit Chlor übergossen, wovon einem die Augen tränten.

Und so öffnete Inna die Tür eines dieser wunderbaren Häuschen und sagte, als ob sie etwas Leckeres sehen würde: »Agnessa, Kirschen!« Und wirklich, auf dem Boden lagen viele Kirschen, groß und reif. Ich erinnere mich bis heute an dieses Bild. Wir schauten einander an und begannen zu lachen. Uns schossen Tränen in die Augen, und wir vergaßen beinahe, warum wir dort waren.

Inna hatte ein schönes Lachen, angenehm im Ton und ansteckend. Aber ihr Leben verlief nicht glücklich. Zuerst war alles gut. Sie studierte, dann heiratete sie. Ihr Mann war anscheinend auch gut. Sie gebar einen Sohn und zog ihn groß. Aber beide, den Sohn und den Mann, verlor sie früh. Noch im Jahr 2010 habe ich einen Brief von ihr bekommen. Sie wohnte allein, mit den Augen stand es auch nicht zum Besten. Ihre Nichte pflegte sie. Eben diese Nichte antwortete auf meinen letzten Brief. Deshalb wäre es für mich eine Sünde, mein Leben zu beklagen.

Diesen vorhin erwähnten Kurs besuchte ich nicht besonders lange. Mamas Bekannte aus der Verwaltung teilte ihr mit, dass die Deutschen vorhätten, die Bevölkerung zur Zwangsarbeit nach

Deutschland zu schicken. Ich war fünfzehn und deshalb noch nicht gefährdet. Aber wer von ihnen klärt das? Sie fahren mit einem Auto zu dem Kurs und laden alle ein, dann schubsen sie sie in einen Zug, ohne den Eltern etwas zu sagen, und auf Wiedersehen in Deutschland.

Der Kurs brach, glaube ich, auseinander. Ich hörte jedenfalls auf, ihn zu besuchen. Schade. Wir hatten dort eine gute Clique, wir gingen sogar zusammen ins Kino, das wieder geöffnet hatte. Dort wurden deutsche Filme gezeigt. Wir gingen ein paar Mal dorthin. Ich sah zum ersten Mal im Leben eine nackte Frau auf der Leinwand. Wie man sagt: Sie war so, wie ihre Mutter sie gebar. Der Film hieß »Die Nacht im Mai«. Die Frau lief auf der Leinwand nackt durch den Wald, und wir saßen mit angehaltenem Atem im Saal. Für uns war das eine große Erschütterung. Dann gab es noch die Filme mit Marika Rökk. Die waren bescheiden, aber sehr musikalisch. Und was wichtig war: Es erklang Jazz, der in der Sowjetunion eigentlich verboten war.

Im Kino sah ich immer einen Jungen, der mir sehr gefiel. Er lief ständig in einem blauen Sportanzug herum und hatte blonde Haare. Seine Augen waren genauso blau wie sein Sportanzug. Er saß immer weit von mir entfernt, ich konnte ihn nicht genau betrachten, aber ich erinnere mich noch gut an ihn. Warum dieses Interesse? Ich weiß es nicht. Vielleicht war meine Kindheit vorbei, und mit der Jugend kam ein Drang, sich in irgendwen zu verlieben, ein Drang, irgendwen zu lieben.

60

Zusammen mit den Filmen, der Musik und meinem Interesse an Jungs zeigte mir das Leben auch andere Bilder, schon in den ersten Tagen, als die Deutschen kamen. In Stadtteil »Die Parks« wurden die Militärzüge mit unseren gefangenen Soldaten und Kommandeuren (damals gab es noch keine Offiziere) entladen. Man trieb sie aus irgendeinem Grund Richtung Stadt. Das Wort »treiben« passt hier genau. Auf beiden Seiten befanden sich deutsche Soldaten mit Maschinengewehren. Das Tempo der Kolonne war hoch. Die Gefangenen versuchten, die Verwundeten in der Mitte zu halten. Wenn die mit ihren Kräften am Ende waren und zurückblieben, gelangten sie in die letzten Reihen. Diese Gefangenen waren dann meist dem Untergang geweiht. Wichtig war, nicht zu fallen. Wer fiel, wurde sofort erschossen. Wenn die Helfenden selbst stockten und hinter der Kolonne zurückblieben, wurden sie auch erschossen. Die Erschossenen blieben auf den Straßen liegen bis zum Abend. Die Leute hatten Angst, tagsüber etwas zu unternehmen. Abends wurden die Leichen dann weggeschafft und begraben.

In unserer Armee waren alle Soldaten kurz geschoren, nur die Kommandeure liefen mit den Frisuren, die »Wir kämpfen für das Volk« hießen, herum: kurze Haare, nach hinten gekämmt. Alle Männer hatten solche Frisuren, nur Soldaten und Häftlinge waren kurz geschoren. Deshalb erschossen die Deutschen alle Männer mit solchen Frisuren.

Die Gefangenen wurden im Stadtteil »Auf den Bergen« erschossen. In unserem Stadtteil sperrte man sie in der Eisenbahnfachschule ein. Das Gebäude war dreistöckig, und es gab einen großen Hof. Die Gefangenen wurden nicht ernährt, deshalb brachte ihnen die Bevölkerung, was möglich war. Die Leute kochten »Balanda« (eine magere Suppe) und brachten sie zum Zaun. Der Zaun war aus Metall, und es war möglich, zwischen den Stäben Soldatenkochgeschirr hindurchzureichen. Doch das hatte nicht jeder. Manche Gefangenen reichten ihre Kappen hindurch. Man kam zum Zaun und sah sich Hunderten von Händen gegenüber. Und man hatte doch nur einen Kochtopf mit Essen, und selbst das nahm man sich selbst weg.

Mama und ich brachten ebenfalls Essen. Die Leute sagten, dass vieles von den Wächtern abhängig sei. Auch unter den Deutschen gab es verschiedene Menschen. Manche taten so, als ob sie nichts merken, da konnte man auch Papier und Bleistifte übergeben. Manche Gefangenen reichten einen Zettel für ihre Verwandten hindurch. Und obwohl die Post nicht funktionierte, war man bemüht, die Nachricht über andere Leute weiterzugeben. Und es gab böse Wächter, die nicht einmal die »Balanda« erlaubten. Noch schlimmer, sie veranstalteten Spiele: Wenn ein Gefangener Suppe im Kochgeschirr bekam, schlug der Wächter mit dem Maschinengewehr zu, und alles fiel auf den Boden. Das war wie ein Wettbewerb. Wer ist schneller? Der mit dem Maschinengewehr oder der mit dem Kochgeschirr?

Es gab auch Fälle, wo Gefangene erschossen wurden, weil sie um etwas baten und etwas bekamen. Das war schrecklich. Aber noch schrecklicher war, wenn eine Kolonne Deutscher, die nicht kämpfen wollten oder straffällig geworden waren, durch die Stadt getrieben wurde. Ihnen gegenüber kannte man noch weniger Gnade. Sie wurden geschlagen und unterwegs erschossen. Die Menschen begruben die getöteten sowjetischen Gefangenen, aber sie hatten Angst, die erschossenen Deutschen anzurühren, und die Leichen lagen tagelang auf den Straßen.

Trotz aller strengen Maßnahmen gelang unseren Jungs manchmal eine Flucht aus der Gefangenschaft. Alles, was uns von Papa und Mamas Brüdern geblieben war, gaben wir dann den Flüchtlingen. Vera und ich saßen ganze Tage und trennten die Soldatenmäntel und Militärhemden, die uns geblieben waren, auf. Mutter schnitt aus diesem Stoff Filzstiefel. Die konnten wir im Winter benutzen und versuchen, sie zu verkaufen, den Stoff hatten wir doch gratis. Aber Mutter war keine gute Geschäftsfrau. Wie man später feststellen konnte, bin ich wie sie.

Wir trennten die Soldatenmäntel auf, um die Spuren der Gefangenen zu beseitigen. Wenn uns irgendwer verraten und man bei uns einen Haufen Soldatenmäntel finden würde, dann würde man uns einfach erschießen. Diese Gretschuks, zum Beispiel, konnten uns leicht verraten. Und sogar Daniil, der trank, die Selbstkontrolle verlor, im Hof herumlief und uns auf Deutsch drohte, dass er jetzt in die Kommandantur gehen und alles über uns erzählen würde, was wir da taten. Gut, dass die Deutschen ihn dabei nicht hörten.

Wir konnten solche Sachen machen, solange keine Deutschen bei uns wohnten. Nach der Abfahrt von den Karls und von Adolf veranstaltete Mama zu Hause ein Chaos. Sie brachte Müll und alte Möbel nach Hause, keine Ahnung, wo sie das alles fand. Zu meiner Freude putzten wir im Haus nicht mehr. Die Deutschen kamen vorbei, um hier zu wohnen, fanden es zu schmutzig und gingen wieder. Unser Haus war Klasse, deshalb dachten sie wahrscheinlich, dass hier früher ordentliche Menschen gewohnt hatten. Aber jetzt wohnten hier die »Schweine«. So hatten wir unsere Ruhe.

61

Als unsere kleine Schule gesprengt wurde, blieb die Bücherei unter den Ziegeln. Alles lag in Trümmern. Die Dreifaltigkeitskirche sprengten die Sowjets in den dreißiger Jahren. Und nun sprengten unsere Militärs alle Dienstgebäude, die früher der Kirche gehörten. In so einem Gebäude fand in letzter Zeit unser Schulunterricht statt. Früher waren wir während der Pausen auf die Steine der gesprengten Kirche geklettert und hatten dort verschiedene Kirchengegenstände und sogar die Kleidung von Geistlichen gefunden.

Jetzt kletterten Luda Koroljowa und ich auf die Steine unserer ehemaligen Schule und gruben die Bücher aus. Wir taten das, als in der Stadt keine Macht präsent war und die Stadt von Deutschen beschossen und bombardiert wurde. Ein paarmal gingen wir auch dorthin, als die Deutschen schon da waren. Wir fanden viele Bücher. Neun von zwölf Bänden der Gesamtausgabe der Werke von Puschkin, zwei Bände von Schewtschenko, auserwählte Werke von Lermontow, Tschechow, Romain Rolland, Goethe (Kolja Shalki gab dieses Buch nie zurück) und Schiller (das ich irgendwem zum Lesen gab). Und ein paar Bücher aus der Serie »Das Leben berühmter Menschen«: »Polsunow« und »Cromwell«.

Das ist alles, was mir blieb. Viele Bücher landeten bei Wolodja, dem Bruder von meinem Mann. Als wir nach Kiew umzogen, nahm Mama sie nicht mit. Die meisten Bücher musste ich zurückgeben, als unsere Einheiten kamen und wir wie immer verraten wurden. Aber das war nicht mehr wichtig, weil ich in den zwei Jahren der Okkupation alle Bücher durchlas, und im Übrigen tauschte ich auch mit Luda Bücher aus.

Während der gesamten beiden Jahre der Okkupation galt nachts die Sperrstunde. Aber hielt uns das auf? Ich blieb oft lange bei Luda und ging dann während der Sperrstunde nach Hause. Deutsche Patrouillen gingen durch die Straßen. Sie fragten natürlich irgendwas auf Deutsch, und ich erwiderte frech auf Ukrainisch: »Wir gehören zu euch« und ging weiter. Ich wurde kein einziges Mal aufgehalten.

Aber einmal gingen Luda und ich zu Manja Abassowa, die gegenüber von Luda wohnte. Manja war eine reinrassige Griechin. Ihr Vater war in den dreißiger Jahren verhaftet worden, und wohin er verschwunden war, wussten sie nicht. Und die Mutter war zu Kriegsanfang verhaftet worden. Manja blieb allein in ihrem guten Haus. Dass alle Nationen in der Sowjetunion gleichberechtigt sind, wurde nur in den Liedern besungen und in unseren Lehrbüchern geschrieben, im Leben war alles anders. Im Volk munkelte man, dass mit Kriegsbeginn alle Krimtataren von der Krim nach Sibirien deportiert worden waren. Ich weiß nicht, wie Manja überlebt hatte. Sie war so lustig, man konnte mit ihr nicht über ernste Dinge reden.

An diesem Abend machten wir eine Seance. Auf der auf dem Tisch ausgebreiteten Zeitung schrieben wir Buchstaben im Kreis. Manja holte eine echte Fayence-Untertasse aus dem Schrank. Drei fünfzehnjährige Dummchen setzten sich rund um den Tisch, drehten die Untertasse um, legten zwei Finger darauf, und die Untertasse wurde lebendig. Wahrscheinlich kann man das mit irgendeiner Energie in unseren Fingern erklären. Aber damals glaubten wir, dass wir Geister hervorriefen. Wir fragten sie, wann der Krieg zu Ende ginge, wir fragten nach Jungs und wann wir heiraten würden.

Die Antworten waren ausgezeichnet. Der Krieg würde bald zu Ende sein. In Wirklichkeit dauerte er noch fast vier Jahre. Ich würde Valentin und Luda würde Wasja Skirda heiraten. Bei Manja erinnere ich mich nicht genau. Im wahren Leben heiratete ich Valentin nie, und Wasja wurde im Krieg getötet.

Aber Wahrsagen zu spielen war interessant, und wir merkten nicht, wie die Nacht näher rückte. Nach Hause zu gehen, war schon gefährlich. Ich hatte Angst, weniger vor den Patrouillen als vor den Geistern, mit denen wir uns bis Mitternacht unterhalten hatten. Also gingen wir bei Manja ins Bett. Na gut, ich musste eigentlich nur vier Wohnblocks bis nach Hause gehen. Aber Luda wohnte gegenüber, sie hätte nur die Straße überqueren müssen, doch sie hatte ebenfalls Angst vor den Geistern.

Wir schliefen lange. Unsere Eltern wussten nicht, wo wir waren.

Dass wir bei Manja übernachtet hatten, konnten sie nicht ahnen, wir waren nicht so enge Freundinnen. Als ich nach Hause kam, schimpfte meine Muter nicht. Sie war verweint und fragte mich nicht direkt, sondern zur Seite schauend: »Wo ist das Gewissen, wo ist das Gewissen?«

Viele Jahre später spielte mir meine Tochter fast den gleichen Streich. Sie war lange nicht daheim, und ich ging ans Ende der Gasse. Von dort aus konnte man gut die Straße überblicken. Die Trolleybusse verkehrten nicht mehr, aber ich hoffte, dass sie vielleicht noch mit einem Nachtbus käme. Um drei Uhr morgens kam meine Tochter mit einem Taxi, stieg mit einem Kerl aus, und sie begannen, die Treppe hinaufzusteigen. Dabei führten sie ein emotionales Gespräch. Ich wollte schon nach Hause gehen, als sie plötzlich auf der Treppenmitte stoppten und weiter miteinander sprachen. Ich verlor die Geduld und fragte: »Oksana, hast du eine Uhr?« Sie antwortete, dass sie natürlich eine hätte. Dann erinnerte ich mich an meine Mutter und fragte: »Und das Gewissen?« Sie versprach, sofort nach Hause zu gehen.

Sie kam eine Stunde später. Ich konnte nicht mehr schlafen. Und sie erzählte mir bis zum Morgengrauen von diesem Jungen. Wie sie ihn kennengelernt hatte, wie interessant er war, aber dass er zugab, verheiratet zu sein. Und so weiter.

62

Unsere Vorkriegsclique brach langsam auseinander. Einmal kamen wir noch zusammen: Wolodja, Vitja, Luda und ich. Weil ich ein paar Mal bei Sveta gewesen war, wusste ich, dass sie einen Deutschen oder Polen in ihrem Haus hatten. Er hieß Stefan und machte ihr den Hof. So entschieden wir uns, Sveta zu besuchen und uns diesen Stefan anzuschauen. Wir kamen in den Hof, die Fensterläden waren geschlossen. Eigentlich hätten wir klopfen müssen, stattdessen schauten wir durch die Spalten der Fensterläden. Uns bot sich ein unglaubliches Bild: Sveta stand mit Rücken zum Ofen, und Stefan legte sich mit seinem ganzen Gewicht auf sie. Was sie dort machten, wollten wir nicht weiter verfolgen. Es war eine große Enttäuschung, weil wir alle wussten, dass Wolodja Sveta mochte. Und natürlich war es für ihn unangenehm, das mit anzusehen.

Am Anfang des Krieges gab es viele Meldungen, dass die Deutschen Juden, rote Kommandeure und Geiseln erschießen und Frauen vergewaltigen würden. Was die Juden und die roten Kommandeure betrifft, ist es wahr. Aber die Vergewaltigungen waren eine Lüge. Wer wollte, der wurde vergewaltigt. Wer nicht wollte, der wurde nicht angerührt. Viele wurden unfreiwillig nach Deutschland geschickt. Wer das nicht wollte, versteckte sich.

Am Anfang, als die Deutschen kamen, argumentierten viele von den Juden, die es nicht schafften zu flüchten, dass die Deutschen doch eine zivilisierte Nation seien. Wir wohnten hinter dem Eisernen Vorhang und wussten nicht, was in Europa geschah. Vielem, was aus Europa durchsickerte, schenkte man keinen Glauben. Erst später wurde manches klar, aber auch dann war vieles nicht sicher.

Die Leute erzählten, dass Hitler mit den Juden eine eigene Rechnung offen hätte. Angeblich war der Stiefvater seines Vaters Jude und wollte ihn nicht anerkennen, weil er unehelich geboren wurde. Und als Hitler die Macht an sich riss, rächte er sich am ganzen jüdischen Volk. Ein anderer Grund (den ich plausibler finde) war, dass in jüdischen Händen das deutsche Großkapital konzentriert war. Hitler brauchte das Geld für seine blöden Kriege. Indem er die Juden vernichtete, riss er zugleich ihre Reichtümer an sich. Er machte das gleiche, was in Russland während der Revolution gemacht wurde. Damals wurde den Grundbesitzern, Fabrikanten und anderen vermögenden Menschen alles weggenommen. Diese Raubzüge nutzten am Ende weder Hitler noch Stalin. Russland wurde ein armes, verhungerndes Land, und Hitler verlor den Krieg.

Die erste Zeit nach der Besatzung wurden die Juden von den Deutschen ausgenutzt. Alle guten Ärzte wurden in die deutschen Lazarette geschickt, um die Verwundeten zu behandeln. Die Musiker in den Theatern unterhielten die deutschen Soldaten. Das ungebildete Volk erledigte die einfache Arbeit. Das dauerte ungefähr ein Jahr. In der Poliklinik arbeitete ein Zahntechniker namens Morduchowitsch mit Mama zusammen. Er machte für sie Zahnprothesen, die sie viele

Jahre benutzte. Als die Prothesen mit der Zeit zu brechen begannen, war die Not groß, weil niemand sie so gut machen konnte wie er.

Im zweiten Jahr der Besatzung wurde eine Verordnung veröffentlicht, und alle Juden wurden irgendwo in der Stadt am Dniproufer versammelt. Und dann, vielleicht als Einschüchterung, wurden sie durch die Stadt zum Stadtteil »Auf den Bergen« getrieben. Man erzählte, dass die Kolonne so lang war wie die Leninstraße. In dieser Kolonne sahen viele auch Morduchowitsch. Er schrie den Bekannten zu, dass sie zur Erschießung geführt wurden.

Er irrte sich nicht. Sie alle wurden erschossen. Zwei Jahre lang konnte man Tag für Tag Maschinengewehrsalven von dort hören. Mit Pausen für Frühstück, Mittagessen und Abendessen. Wir wussten, dass dort die Leute starben. Der Krieg ist eine schreckliche Sache.

63

Im März 1942 wurde ich sechzehn und hätte zur Zwangsarbeit nach Deutschland geschickt werden können, deshalb wurden wir vorsichtiger. Einmal, im Winter, sah ich auf dem Weg zur Leninstraße am Haus einer ehemaligen Evangelischen Gemeinde eine Anzeige, die besagte, dass sie wieder geöffnet hatte. Ich erzählte Mutter, dass Omas Kirche wieder offen war, und wir gingen dorthin.

So begann ein neues Kapitel in meinem Leben. Die Gemeinde hatte einen passablen Chor, den viele Jugendliche besuchten. Dort fand ich eine neue Freundin, Nina Skirta. Ihren Vater Mischa hatte meine Mutter in ihren Jugendjahren gekannt, sie sangen zusammen im Kirchenchor. Dann studierte Mischa und wurde Arzt. Später heiratete er eine jüdische Frau und arbeitete als Dorfarzt in Manuilowka irgendwo am Dnipro. Nina wuchs dort auf.

Mischas Mutter wohnte in Krementschuk, nicht weit von uns Richtung »Auf den Bergen«, in einer Hütte, die so alt war wie die Oma Skirticha selbst, die gebückt ging. Ihre letzten Jahre lebte sie auf Kosten der Kirche. Vor dem Krieg half ihr Mischa, doch während der Besatzung hatte sie nichts. Sie war alt und krank, aber gläubig und für die Kirche eine Art Reliquie. Alle Leute halfen ihr.

Als der Krieg begann, wurde Ninas Vater an die Front geschickt. Nina und ihre Mutter blieben im Dorf, ich weiß nicht, warum. Dort holte sie die Besatzung ein. Leider gab es im Dorf »gute« Leute, die den Deutschen berichteten, dass Ninas Mutter eine Jüdin sei. Sie wurde abgeholt, und ihre Tochter hörte nie wieder etwas von ihr.

Nina blieb allein. Einmal kam nachts ihr Klassenkamerad Grischa zu ihr, sie waren Freunde. Er sagte ihr, dass sie flüchten müsse, weil er gehört hatte, dass man auch sie an die Deutschen verraten wolle. Nina nahm mit, was sie konnte, und sie liefen nachts zu der Anlegestelle im Nachbarort. Am nächsten Tag konnte sie ein Dampfschiff besteigen, das nach Krementschuk fuhr. Ich glaube, es ist ihr nur deshalb gelungen, weil sie kleinwüchsig war. Man sah ihr ihre sechzehn Jahre nicht an. Die Deutschen sprachen sie mit »Kind« an und verlangten keine Papiere. So bekam die alte Skirticha ihre Enkelin. Alle halfen ihnen zu überleben. Ab und zu wohnte Nina bei irgendeinem Nachbarn.

Seit ihrer Jugend kannte Mutter viele Familien, die die Gemeinde besuchten. In der Familie Drobot war Nadja die Kleinste. Sie war älter als ich, so um die zwanzig, nicht hübsch, aber gutmütig. Mama sagte, sie sei nicht wie ihre Eltern, die als geizig galten. Sie hatten ein eigenes Haus. Im Hof wuchs etwas, außerdem hatten sie einen riesigen Garten, und sie verkauften alles auf dem Markt. Wie man so sagt, sie würden einem im Winter nicht mal Schnee als Almosen geben. Und die Winter waren damals sehr schneereich.

Wahrscheinlich konnte meine Mutter über ihren Geiz aus eigener Erfahrung sprechen. Ich sah es ebenfalls. Wir hatten auch einen Garten, aber unsere Äpfel verkauften wir nie. Wenn irgendjemand zu uns kam, durfte er pflücken, so viel und was er wollte. Und er durfte auch mitnehmen, so viel er tragen konnte. Deshalb war ich erstaunt, als Nina und ich bei Nadja zu Gast waren und in die Himbeerbüsche gingen. Sie war erschrocken und bat uns hinauszugehen, sonst bekäme sie Ärger mit den Eltern.

Die Drobots hatten noch eine Tochter mit Namen Marusja, eine Altersgenossin meiner Mutter. Ihr Sohn Sascha war interessant, genauso wenig hübsch wie Nadja und ein Spaßvogel. Er war mit Tanja verheiratet. Tanja war hübsch und gutmütig. Sie hatten keine Kinder und wohnten in Kochnowka.

Hinter dem Stadtteil »Auf den Bergen« war die Stadt zu Ende, gleich danach begann das Dorf Kochnowka. Jetzt ist es ein Stadtteil mit mehrstöckigen Hochhäusern, aber damals war es ein normales Dorf mit großen Gutshöfen. Tante Tanja und Onkel Sascha, so nannten wir sie, beschäftigten sich mit Landwirtschaft. Sie hatten zwei Schafe, eine Ziege und viele Hühner zu Hause, außerdem Gänse, Enten und sogar ein Schwein.

Wir überfielen dieses Gut oft, nicht nur, weil wir dort herzlich und lecker bewirtet wurden. Wenn Onkel Sascha zu Hause war, ging es lustig zu. Manchmal machte er Scherze oder erzählte Witze, die die Toleranz der Gläubigen herausforderten. Tante Tanja war dann verlegen und bat ihn aufzuhören. Wir versuchten, uns zurückzuhalten, konnten uns jedoch nicht im Zaum halten und begannen zu lachen.

Einmal kam an Silvester Ljonja Kowalenko aus Krükow zum Gottesdienst. Meine Mutter besuchte in ihrer Jugend die Gottesdienste mit seinem Vater Jefim. Später wurde Jefim ein Pfarrer und wurde wegen seiner Religion verbannt. Als ich die Familie kennenlernte, lebten sie in Krükow. Ljonja hatte einen älteren Bruder, der nicht zu den Gottesdiensten kam. Seinen jüngeren Bruder Shenja kannten alle, er war oft in der Kirche in Krementschuk.

Zu Beginn des Krieges experimentierten Shenja und die anderen Jungs mit einem Geschoss, das nicht explodiert war. Während dieser Experimente explodierte das Geschoß. Bei Shenja wurde eine Ferse verletzt. Er musste mit einem Stock gehen, konnte aber passabel Fahrrad fahren. Shenja war ein feiner Kerl, einfach und fröhlich. Nach dem Krieg absolvierte er die Medizinische Hochschule. Und weil die ganze Familie nach Kiew umsiedelte, bat er darum, ihn zum Dienst in ein Dorf unweit von Kiew zu schicken. Ich traf mich ein paar Mal mit ihm, als ich schon in Kiew lebte. Wahrscheinlich lebt er bis heute dort.

An diesem Tag, als ich Ljonja wiedertraf, fand in der Kirche eine Feier statt, und ich sang ein Weihnachtslied. Ich hatte eine gute Stimme. Ich glaube, dass Ljonja sich sofort in mich verliebte.

Tante Shenja Schtscherbina war Mamas Bekannte aus Jugendjahren. Ihr Mann Dmitri war unser Chorleiter. Er war gut aussehend und jünger als Tante Shenja. Wir verguckten uns alle in ihn. Sie waren ein zwar nicht junges, aber schönes Paar. Ich glaube, dass Tante Shenja Schönheit zu schätzen wusste. Einmal sagte sie mir, dass ich das Alter erreicht hätte, in dem ich eine wirkliche Schönheit geworden sei. Sie und Onkel Mitja (Dmitri) beschäftigten sich mit Fotografie, und sie machte ein paar wunderbare Bilder von mir.

Ich war in dieser Zeit hübsch, besaß einen guten Charakter und war immer zufrieden, hatte auch keine Konflikte mit anderen. Außerdem konnte ich gut singen. Kurz gesagt, es war möglich, sich in mich zu verlieben.

Ljonja war ernst, er predigte schon kluge Sachen vom Katheder. Alle Mädchen waren in ihn verknallt. Mir dagegen war er egal. Obwohl die Deutschen kamen und er an die Front geschickt wurde, schrieben wir einander Briefe bis zum Kriegsende. Nach dem Krieg fuhr ich nach Kiew zum Studieren, und die Verbindung mit Ljonja brach ab.

Er studierte ebenfalls in Kiew. Weil er begabt war, schaffte er die Prüfungen an der Uni für den Philosophischen Studiengang beim ersten Mal. Ich weiß nicht, wie es ihm gelang, die Uni zu beenden, denn er verhehlte seine Überzeugungen nicht. Wobei es nach dem Krieg, als die Sowjetunion auf Kuschelkurs mit Europa ging, nicht mehr so viel Druck auf die Gläubigen gab. Aber der KGB kontrollierte weiter alles.

In Kiew trafen Ljonja und ich uns irgendwie nie. Wir sahen uns nur während der Ferien, wenn ich nach Krementschuk kam und er nach Krükow. Alle in der Kirche munkelten, dass er in mich verliebt war, aber er zeigte es mir nicht. Eigentlich schade. Wer weiß, wer weiß ...

Als ich schon die Hochschule beendet hatte und sich bei mir etwas mit Valentin anbahnte, verriet irgendeines der Mädchen, ich glaube Nina, Ljonja diese Neuigkeit. Er kam nach Krementschuk vor meinem fünften Studienjahr, und versuchte, mich zu überzeugen, keinen Ungläubigen zu heiraten. Er behauptete, dass sich so ein Mensch nicht um mich kümmern würde. Aber ich schaltete auf stur, obwohl ich mir noch gar nicht sicher war: Alles ist entschieden, und so bleibt es.

Meine Heiratspläne, soweit es Valentin betrifft, fielen im Winter auseinander. Mitja, den ich heiratete, kümmerte sich nicht um mich. Das ganze Leben lang liebte er nur sich selbst. Ljonja hatte Recht.

Nach der Eheschließung verlor ich ihn für lange Zeit aus den Augen. Seine Familie zog von Krükow nach Potschtowaja Vita, nicht weit von Kiew. Ljonja heiratete die Tochter eines Geistlichen der Kiewer Kirche. Sie bekamen vier Kinder. Shenja erzählte mir, dass Ljonjas Frau eine stolze Frau sei und er sich mit ihr nicht besonders gut vertrage. Ich sah ihn noch ein paar Mal, als unsere Kinder schon groß waren.

Mein Sohn bereitete sich auf die Ausreise nach Deutschland vor, und Ljonja überlegte, ob er nach Amerika übersiedeln sollte oder nicht. Natürlich riet ich ihm, so weit aus unserem blöden Land zu fliehen wie möglich. Ich weiß nicht, ob mein Rat ihn beeinflusste oder nicht. Er zog nach Amerika mit seiner Frau, einer von zwei Töchtern und einem von zwei Söhnen. Aber dem Sohn Jura gefiel es in Amerika nicht, und er kehrte in seinen Ort Potschtowaja Vita zurück. Sie besaßen dort schließlich ein großes, solides Haus.

Vor Ljonjas Abreise besuchte ich ihn mit meiner Mutter und traf zum ersten Mal seine Frau. Sie war interessant, einen Vergleich mit ihr würde ich wahrscheinlich verlieren. Aber jedem das Seine. Sie hatte ein krankes Herz, in Amerika wurde sie operiert. Ihr Sohn erzählte mir, dass sie zurück wollten, aber das war unmöglich. Seine Frau stand unter Beobachtung der amerikanischen Ärzte und durfte nicht reisen.

Als ich schon Rentnerin war, fand ich die evangelische Kirche, die Familie Kowalenko besuchte. Sie befand sich nicht mehr dort, wo sie während meines Studiums gewesen war. Jetzt musste man weit fahren. Ich besuchte sie ein paar Mal. Ljonja war weg, aber ich sah manchmal Jura. In den Jahren der »Perestrojka« stürzten wir alle in die Armut. Einmal übergab mir Jura von Ljonja eine Menge Dollars. Ich kam immer seltener in die Kirche. Eine Weile gratulierten Jura und ich einander zu Weihnachten und Silvester. Er leitete mir Grüße von Papa und Mama weiter. Dann versiegte der Briefwechsel.

In letzter Zeit weiß ich nichts mehr von Familie Kowalenko. Immer wieder möchte ich ihnen einen Brief schreiben, aber ich komme nicht dazu.

64

Doch das geschah später. Jetzt lebten Mama und ich auf dem von Deutschen besetzten Territorium und wussten nichts über den Verbleib von Mamas Verwandten. Eine Weile rettete uns die Ernte aus dem Gemüsegarten. Aus Sonnenblumenkernen wurde bei Tscherkaschin Öl gepresst, zwei großen Flaschen von etwa drei Liter. Wir schabten Maiskörner von den Kolben, trockneten sie und mahlten sie auf einer »Kruporuschka«. So konnte man Graupen (Krupa) oder bei Wiederholung des Vorgangs sogar Mehl bekommen.

Die Kruporuschka war eine erstaunliche Erfindung der Hungerjahre. Oma erzählte, dass sie in den Revolutionsjahren etwas Ähnliches hatten. Riesige Schraubenmuttern wurden auf einen Stock geschraubt, dann wurde dieser Stock auf einem Brett befestigt. Das Ganze wurde in ein Rohr geschoben, darauf befestigte man einen Griff zum Drehen. Man brauchte viel Kraft, um Graupen zu bekommen. Aber den Mais in einem Mörser zu zermahlen, war noch schwerer. Mutter versuchte, mich von dieser Arbeit zu befreien.

Meistens las ich und bestickte Nachthemden und Taschentücher auf Bestellung. Mamas Erfolge auf dem Markt waren bescheiden. Sie versuchte, auch Dinge weiterzuverkaufen, die sie billig einkaufte. Das lief noch schlimmer. Deshalb bekam ich als Ergebnis zwei Kleider, die sie gekauft hatte, aber nicht verkaufen konnte. Ein Kleid war aus dunkelblauer Nadelspitze, sehr schön. Leider war es abgetragen und ging schnell kaputt. Das zweite Kleid habe ich nicht mehr in Erinnerung.

Wir freuten uns, als die Poliklinik der Eisenbahn wieder ihre Pforte öffnete. Jetzt musste man allerdings für die Behandlung bezahlen. Komisch, aber sie hatte viele Patienten, und nicht nur Eisenbahner. Besonders viele kamen aus den Dörfern. Unsere Armee war so schnell geflüchtet, dass sie es nicht geschafft hatte, die Poliklinik zu evakuieren. Und Wunder über Wunder, die Bevölkerung hatte es nicht geschafft, sie zu plündern. Mamas Elektrokabinett war auch heil geblieben. Und nun kam das Volk in Massen für eine Elektrobehandlung. Mama schloss neue Bekanntschaften. Sie lernte ein Mädchen aus dem Dorf Manuilowka kennen, das ungefähr 120 Kilometer von uns entfernt war.

Die erste Begeisterung über die Deutschen verpuffte allmählich bei Daniil Födorowitsch. Niemand brauchte seinen klugen Kopf. Er ging als Schlosser in eine Fleischfabrik. Dort Fleisch zu klauen, war schwierig, aber mit Salz funktionierte es. Mama und ich schlossen mit ihm Frieden, man musste doch irgendwie überleben! Mutter gab ihm manchmal sogar Essen. Daniil brachte das Salz, und ich schleppte es zu diesem Dorf, um es gegen Korn zu tauschen, das wir dann mit unserer »Kruporuschka« mahlten. Anschließend backten wir Fladen daraus. Zusätzlich kamen noch Mais und irgendein Unkraut rein. Seit diesen Zeiten kann ich Mais nicht ausstehen. Kürbisse auch nicht, die habe ich seit dem Krieg satt.

Ich ging früh nach Manuilowka, wenn es noch dunkel war. Aus der Stadt zu gelangen, war schwierig, es galt noch die Sperrstunde. Aber ich kannte Straßen, in denen keine Deutschen herumliefen. Wahrscheinlich beschützte mich Gott, ich wurde jedenfalls kein einziges Mal aufgehalten. Spät nachts kam ich ins Dorf, und am nächsten Tag tauschte ich das Salz ein. Manchmal bekam ich noch etwas zusätzlich. Nach der Übernachtung ging ich noch vor der Morgenröte wie ein Kamel beladen mit einem Sack auf dem Rücken (damals kannten wir keine Rucksäcke) nach Hause. Spät abends war es gefährlich, durch die Stadt zu laufen.

In der Familie, bei der ich übernachtete, gab es zwei Mädchen. Galja war so alt wie ich, die andere war älter. Sie wurde in Mamas Kabinett behandelt. Ich weiß nicht, warum, aber sie wurden beide nicht nach Deutschland geschickt. Nach der neunten Klasse fuhr ich sogar zur Erholung zu ihnen. Mit Galja besuchte ich den Dorfklub, wir tanzten und sangen dort. Galja hatte eine schöne Stimme, ich, glaube ich, auch. Tanzen konnte ich nicht. Tagsüber arbeiteten wir auf dem Feld, es war gerade Erntezeit. Ich lernte schnell, Garben zu binden, und die Erwachsenen wunderten sich: Unglaublich, sie ist ein Stadtmädchen, und alles gelingt ihr. Später verloren wir diese Bekannten aus den Augen.

65

Der Kurs, den ich besuchte, hörte im Herbst auf. Aber nach Silvester nahm die Medizinische Fachschule vom Krankenhaus ihre Arbeit wieder auf, und ich ging dorthin zum Studieren. Mama machte sich Sorgen wegen meiner Vorlesungen im Leichenhaus, doch das jagte mir keinen Schreck ein. Ich konnte sogar während des Abendessens erzählen, wie es dort zuging. Die Vorlesungen hielten Ärzte aus dem Krankenhaus, das waren meistens junge Männer, die in die Gefangenschaft geraten waren.

In Anatomie hatten wir einen hübschen jungen Dozenten, alle Mädchen waren in ihn verliebt. Ich nahm ihn ständig auf den Arm. Wir hatten damals natürlich kein Fleisch, aber Mutter kaufte manchmal Rind- und Schweineknochen mit Fleischresten. Wir kochten sie lange, dann konnte man ein bisschen Fleisch abkratzen. Ich wählte die Knochen aus, die den menschlichen ähnlich waren, nahm sie mit in die Fachschule und schüttete sie in eine Schachtel mit Mustern menschlicher Knochen.

Der Dozent verstand sofort die Lage. Er nahm die menschlichen Knochen aus der Schachtel und nannte ihre langen lateinischen Namen. Dann nahm er die anderen Knochen heraus und sagte ruhig: »Und von welchem Tier diese Knochen stammen, weiß ich nicht so genau.« Wir lachten alle und bekamen Respekt vor ihm. So ein kluger Lehrer unterrichtet uns!

Wir studierten bis in den Frühling hinein. Dann begannen die Razzien. Wir wurden davon unterrichtet, dass im Nachbargebäude eine Razzia stattfände, und liefen wie die Mäuse im Krankenhaushof auseinander. Durch das Tor konnte man nicht davonlaufen, dort stand ein Deutscher mit Maschinengewehr, aber im Hinterhof vom Krankenhaus gab es einen Zaun, zwei oder drei Meter hoch, und dahinter begannen die Gemüsegärten mit Mais. Durch diese Gemüsegärten konnte man nach Hause flüchten.

Ich erinnere mich nicht, ob ich über den Zaun kletterte, aber als die Besatzung vorbei war, ging ich dorthin, um ihn mir anzuschauen. Unter normalen Umständen konnte man ihn nicht übersteigen. Später begriffen die Deutschen, dass man so aus dem Krankenhaus flüchten konnte, deshalb gingen sie auf die Straße hinter dem Zaun und schossen aus Maschinengewehren ins Mais. Mich erwischte es Gott sei Dank nicht. Aber viele meine Kommilitonen gerieten dort unter Beschuss.

Deshalb endete meine medizinische Ausbildung. Mit meinem Versuch zu studieren, hatte ich also Pech. Ich hätte natürlich irgendwo bei Deutschen in der Küche arbeiten können, aber es war gefährlich durch die Straßen zu laufen. Ich hätte gefangengenommen und zur Zwangsarbeit nach Deutschland geschickt werden können, ohne dass jemand nach meinem Alter gefragt hätte. Ich sah zwar damals nicht wie eine Erwachsene aus, aber ein Kind war ich auch nicht mehr. Deshalb saß ich zu Hause und las Tag und Nacht Bücher.

Einmal hatte ich Zahnschmerzen, und Mama brachte mich zum Zahnarzt. Vorher wusste ich zwei Tage lang nicht, was ich machen sollte. Ich verbrauchte eine ganze Flasche mit Hausbranntwein als Spülung. Und obwohl ich die Flüssigkeit nicht herunterschluckte, fühlte ich mich trotzdem wie betrunken. Aber der Zahn schmerzte trotzdem, er musste raus.

Die Ärztin, eine angenehme Frau, sah mich zum ersten Mal, aber wahrscheinlich hatte sie von meiner Mutter viel über mich gehört. Meine Mutter erzählte gern von mir, manchmal übertrieb sie dabei und schrieb mir nicht existierende Talente zu. Der Reaktion der Ärztin nach zu urteilen, enttäuschte ich sie nicht.

Nachdem sie mich gerügt hatte, weil ich meine Zähne nicht pflegen würde, sagte sie einen Satz, der sich mir für das ganze Leben einprägte: »Um den Jungs zu gefallen, muss man nicht nur ein hübsches Gesicht haben, man darf auch keinen Mundgeruch durch faulen Zähne haben!« Wir sprachen auch über Bücher.

Mama begann, mir Bücher von Schriftstellern aus der Vorrevolutionszeit zu bringen. Die gab es in keiner Bücherei der Stadt. Ich las alle Werke von Tscharskaja, von der man uns sagte, dass sie eine bürgerliche Schriftstellerin sei, die niemand brauche. Jetzt las ich selbst diese verbotene Literatur, und mir gefiel alles.

Mich erschütterte das Buch »Das Bildnis des Dorian Grey« von Oscar Wilde. Von Dorian wurde ein Portrait gefertigt, auf dem er im Laufe der Jahre immer älter wurde, während er im Leben ein junger Schönling blieb. In den sowjetischen Zeiten wurde ein Film gedreht, in dem der Autor das gleiche Schicksal einer Frau bescherte. Diese Rolle spielte die talentierte Schauspielerin Ludmila Gurtschenko. Aber all das erschien mir als blasse Kopie des Buches.

Ich las und wunderte mich, warum diese Literatur verboten war. Nach dem Lesen solcher Bücher wurde mein Patriotismus doch nicht kleiner. Ich weiß nicht, warum ich nicht auf Gedanken gekommen bin, mich an die Partisanenbewegung anzuschließen. Wir wussten alle, dass gegenüber von Vera ein Junge wohnte, der bei den Partisanen war. Vera gefiel ihm sehr, vermutlich zog er sie deshalb nicht mit hinein. Aber wäre Vera zu den Partisanen gegangen, wäre ich natürlich auch dort gewesen.

Dabei wussten wir, dass die Familie Nesterow bei den Partisanen war. Ihr Haus stand neben der Schule Nummer 6. Ich hatte mal ein Gespräch mit einem der Brüder, zu der Zeit, als ich schon die Kirche besuchte. Er hörte, was ich so machte, und entschied, mich in die Angelegenheiten der Partisanen nicht einzubeziehen. Obwohl die Deutschen mir persönlich nichts antaten, waren sie für mich doch die Feinde. Aber als sie Omas Haus auseinandernahmen, beschuldigte ich sie nicht. Die Verräter waren ja unsere eigenen Leute.

Das Leben während der Besatzung empfand man als temporäres Ereignis. Wir wussten nicht, wie es an der Front stand, aber der Stimmung der Deutschen nach zu urteilen, war klar, dass die Unsrigen flohen und die Deutschen bald bis zum Ural kommen würden. Andererseits hörte man nichts über Moskau, was wohl bedeutete, dass die Stadt noch in unseren Händen war. Manchmal erzählte die Nachbarin Dusja etwas. Bis jetzt gab es nichts Tröstendes. Aber ich, zum Beispiel, war absolut sicher, dass es irgendwann zu Ende gehen und die Unsrigen kommen würden.

Die Deutschen agitierten die Jugend, um sie für die Arbeit in Deutschland zu gewinnen. Wahrscheinlich hatten sie dort nicht genügend Arbeitskräfte. Solange ich fünfzehn war, machten wir uns irgendwie keine Gedanken. Ich wollte nicht unbedingt nach Deutschland, ich konnte mir das gar nicht vorstellen. Obwohl es Leute gab, die freiwillig dorthin fuhren. Aber das waren nicht so viele, wie die Deutschen sich wünschten. Deshalb veranstalteten sie so etwas wie eine Mobilmachung. Die Bevölkerung wurde registriert, und wir bekamen Vorladungen: »Sie müssen mit Ihren Sachen bei der Polizei erscheinen zwecks Ausreise nach Deutschland.« Die Mehrheit versteckte sich nach diesen Vorladungen, und dann veranstalteten die Deutschen Razzien. Das taten sie mit Hilfe der Polizei, bei der unsere Jungs dienten.

Bei Vera im Hof wohnten zwei Brüder namens Drigus und ihr Neffe Valentin. Ob seine Eltern im Hinterland evakuiert waren oder er überhaupt keine hatte, wusste ich nicht. Die Brüder waren Schauspieler. Während der deutschen Besatzung arbeiteten sie im Theater. Ich weiß nicht warum, aber ich konnte sie nicht ausstehen. Valentin schickten sie zur Polizei, was ihm das ganze Leben verdarb. Als die Jagd auf die Jugendlichen eröffnet wurde, gab er allerdings die Information, wann die Razzia stattfinden sollte, an unsere Straße weiter, und wir versteckten uns.

66

Aber das war später. Vorher, als die Deutschen kamen, wurde schnell eine Stadtverwaltung organisiert. Die brauchte natürlich Geld. Sie nahmen die gesprengten und ausgebrannten Häuser auseinander, suchten die heil gebliebenen Möbel zusammen und boten sie zum Verkauf an.

Bei so einer Gelegenheit kaufte Mutter ein ziemlich beschädigtes Klavier. Dann fand sie in der Musikschule, die nach der Ankunft der Deutschen schnell wieder geöffnet hatte, einen Klavierbauer, der das Klavier restaurierte, sehr gut sogar. Es war ein deutsches Instrument Marke »Knabe«. In schwarz und mit Kerzenständern sah es gut aus und klang wunderbar.

Dieses Klavier schleppte Mama nach Kiew, mein Sohn spielte es während der ersten Jahre in der Musikschule. Dann brauchte das Instrument eine Reparatur. Aber die Querelen in der Familie (meine Mutter war immer auf Kriegsfuß mit meinem Mann Mitja) verdammten das Klavier zum Untergang. Mutter sagte, sie habe kein Geld, Mitja sagte, das Klavier gehöre der Schwiegermutter, deshalb müsse sie es selbst reparieren lassen. Obwohl der Sohn, der es spielte, seiner war. Und ich bereue bis heute, dass ich keine entschiedenen Maßnahmen ergriff, um das Instrument zu retten.

Dann fand ich eine andere Lösung. Weil im Land Warenmangel herrschte, war mein Mann sicher, dass wir kein neues Instrument kaufen konnten. Dass sein Sohn Klavierspielen lernte und sich für Musik interessierte, war ihm egal, er wollte das Geld immer nur für sich ausgeben. Und jetzt sollte plötzlich ein Klavier gekauft werden! Aber mithilfe eines Kredits gelang es mir, ein Klavier zu kaufen, unser sowjetisches »Ukraina«. Und »Knabe« wurde in den Schuppen geschleppt. Dort siechte es viele Jahre vor sich hin. Ein Klavierstimmer wollte es für 15 Rubel kaufen, aber dafür wollte Mama es nicht hergeben, und so ging das Instrument kostenlos kaputt.

Als das Klavier nicht mehr zu reparieren war, wurde es mit einer Axt zerschlagen. Der Gusseisenrahmen liegt bis heute noch im Schuppen. Von dem Instrument sind nur die Kerzenständer geblieben. Ein Brett des Deckels nagelte ich an die Schwelle und strich es mit Bodenfarbe über. Dieses Jahr fand ich die Hämmerchen und warf sie zum Brennholz. Die braucht niemand, ich verbrenne sie im Herbst. Ich hatte ja erzählt, dass mich mein Gewissen quält, was meinen Hund Tobik aus der Kindheit betrifft. Ähnliches verspüre ich auch hinsichtlich dieses Instruments.

Während der Besatzung im Jahr 1941 ging ich in die Musikschule. Dort war richtig was los, es gab sogar ein Kindertheater. Sie führten Kinderstücke auf, und die wurden sogar im Theater für Erwachsene aufgeführt. Ich war ein aktives Mädchen und ging auch dorthin. Wir probten »Kosa-Deresa« (Ziege). Ich spielte fast die Hauptrolle, ein Füchslein. Es war eine Oper, und ich sang: »Ich bin ein Füchslein, ich bin ein Schwesterchen, ich sitze nicht herum, ohne etwas zu tun. Ich habe die Gänschen gehütet und das Wasser gebracht.« Das ist alles, an was ich mich noch erinnere. Nach der Uraufführung nannten mich alle Füchslein.

Wie das Mädchen hieß, mit dem ich mich dort anfreundete, erinnere ich mich nicht. Aber ich erinnere mich an die Gefühle, die ich ihr gegenüber hatte, eine Art Verliebtheit, eine Vergötterung, der Wunsch, sie nachzuahmen. Sie wohnte zentral in der Stadt, war also wirklich eine Städterin. Wir unterschieden zwischen städtisch oder aus den Stadtteilen »Schtschemilow«, »Hinter der Aufschüttung«, »Die Parks« oder »Auf den Bergen« kommend. Sie hatte offenbar gebildete Eltern, war gepflegt und zuvorkommend. Sie sprach leise und grammatikalisch korrekt. Ich wollte so sein wie sie.

Zu dieser Zeit hatte ich eine besondere Beziehung zu Valentin. Wir waren nie allein, aber in der Clique hielten wir zueinander. Ich kannte ihn gut. Er war von der Sorte, die keine Schürze auslässt. Er hatte einen Freund, der im gleichen Hof lebte, Jura Semjonow, der übrigens in mich verliebt war. Er war dürr, groß und picklig. Er verriet mir alles über Valentin.

Ihr Hof war riesig, mit ein paar Häusern darauf. Dort wohnten die Arbeiter der Spirituosenfabrik und auch eine Deutschlehrerin. Während der deutschen Besatzung unterrichtete sie überwiegend junge Mädchen, denen Valentin den Hof machte. Eine von ihnen war ein hübsches Mädchen aus Tscheredniki, Jura zeigte sie mir. Valentin schaffte es, sie in sein Haus zu schleusen, und sie hatten dort etwas miteinander. Davon erzählte Semjonow an jeder Ecke. Aus irgendeinem Grund begann ich, sie zu verachten, und hielt Distanz zu Valentin. Ihr Name war Demurenko. Für mich klang es wie »dremutschaja Dura« (blöde Kuh).

Mir machte Valentin keine solchen Vorschläge. Entweder gefiel ich ihm nicht, oder er respektierte mich, wofür auch immer, so war zumindest mein Gefühl. Wenn wir uns in Gesellschaft trafen, meinten alle, dass wir ein Paar seien. Ich war für Valentin eine Autorität, und in allen Diskussionen war er auf meiner Seite. Wenn Agnessa das so sagt, dann ist es so.

Einmal nahm ich ihn in die Musikschule mit, ich weiß nicht mehr, warum. Dort stellte ich ihm meine neue Freundin vor. Seine Augen begannen zu leuchten, und er sagte mir vertraulich, dass sie in einer Woche ihm gehören würde. Ich wusste nicht, wie weit er gehen würde, aber in mir erwachte eine starke Eifersucht. Und was komisch ist: Ich war nicht auf ihn eifersüchtig, sondern auf sie. Und ich unternahm alles, damit sie sich nicht mehr trafen.

In der Musikschule veranstalteten wir oft Schülerkonzerte. Am Anfang hatte ich einfache Stücke von zwei Zeilen, meist populäre Kinderlieder. Einmal drängte ich mich selbst auf und musste das Lied »Häschen« spielen. Ich ging auf die Bühne, setzte mich an den Flügel und stellte plötzlich fest, dass ich vergessen hatte, wie man dieses blöde »Häschen« spielen muss. Trotzdem begann ich zu spielen und machte einen Fehler. Ich versuchte es noch einmal und machte wieder einen Fehler. Ohne nachzudenken, stand ich auf und ging fort. So sah mein erster Auftritt als Pianistin aus.

Ich ging nicht mehr auf die Bühne, um Klavier zu spielen, aber ich übte fleißig, und am Ende des Jahres wurde ich in der Musikschule von der ersten in die dritte Klasse versetzt. Die besuchte ich dann allerdings nicht mehr wegen der Razzien. Als die Deutschen wegzogen, besuchte ich noch eine Weile die Klavierlehrerin, Sina Sirotenko, zu Hause. Sie war bekannt in unserem Wohnviertel, lebte mit Vater und Mutter zusammen und war, wie wir fanden, eine alte Jungfer.

Vielleicht war Sina eine schlechte Lehrerin, oder ich war eine unbegabte Schülerin. Aber Ljuba Gretschuk, derer Eltern genauso ein Klavier gekauft hatten wie wir, spielte wesentlich besser als ich, interessante Stücke, meist Tanzmusik: Walzer, Polkas, Tangos. Sie besuchte keine Musikschule, sondern nahm Privatstunden.

Man muss ehrlich zugeben, sie war wesentlich talentierter als ich. In der achten Klasse hatten Ljuba, Vera und ich gleichzeitig Prüfungen, und wir bereiteten uns zusammen darauf vor. Ljuba machte ständig Quatsch, ließ sich ablenken und lenkte uns ab. Vera und ich lachten dauernd, bis uns klar wurde, dass wir bei einer solchen Vorbereitung durch die Prüfungen fallen würden. Es blieb nur noch ein Tag, und wir trennten uns von Ljuba. Wir lernten ununterbrochen. Ljuba schlief ruhig, glaube ich. Am Morgen ging sie ausgeschlafen in die Schule und legte eine bessere Prüfung ab als wir.

Als die Unsrigen zurückkamen, begannen sie, natürlich aufgrund von Denunziationen, die Möbel zurückzuholen, die die Leute gekauft hatten wie wir unser Klavier. Dieses Mal gelang es den Gretschuks nicht, uns zu verraten. Mama brachte das Klavier zu Tante Shenja, und ihre Kinder lernten das Klavierspiel. So endeten meine Musikstunden. Zwei Jahre gab es zu Hause kein Instrument zum Spielen, dann kamen fünf Jahre in der Hochschule, anschließend noch ein Jahr in Simferopol, wohin ich zur Arbeit geschickt wurde. Und als Mama das Klavier nach Kiew brachte, hatte ich andere Sorgen.

67

Als ich sechzehn wurde, musste ich zur Polizei, um einen Pass zu bekommen. Die sowjetische Geburtsurkunde wurde mir weggenommen. Aber als Mama mich anmeldete, holte sie die Urkunde zurück. Dann hatte sie einen Geistesblitz: Sie ging wieder dorthin und meldete mich ab, als ob ich in ein weit entferntes Dorf umziehen würde.

Im Sommer 1942 bummelte ich noch viel durch die Stadt. Ich ging in die Kirche und fuhr mit unserem Pfarrer durch die Dörfer. Er predigte das Wort Gottes, und wir sangen. In den Dörfern bekamen wir gutes Essen. Ich erinnere mich an die langen Tische mit verschiedenen Gerichten. In der Stadt hatten wir immer Hunger. Am meisten gefiel mir komischerweise die Milchsuppe.

In den Dörfern lernten wir gläubige Jungs kennen. Nina Schubina fand in einem Dorf ihren Mann und heiratete ihn. Wir gingen nach Krükow zu ihrer Hochzeit. Familie Schubin war vermögend, der allgemeinen Ansicht nach. Es kamen unzählige Leute zur Hochzeit, und es gab Essen ohne Ende. Wir überaßen uns dort. Deshalb blieb uns wahrscheinlich auch die Hochzeit in Erinnerung.

Ich sagte »gingen« nicht einfach bloß so. Es gab keine Verkehrsmittel. Sogar in die Dörfer mussten wir zu Fuß gehen, wenn sie nicht allzu weit entfernt waren. Meist fuhren wir mit dem Dampfschiff. Die Eisenbahn war jetzt irgendwie eine Sackgasse, weil die Brücke nach Krükow zerstört wurde. Die Deutschen hatten eine provisorische Pontonbrücke über den Dnipro gebaut, und die Züge fuhren natürlich nicht dorthin. Aber die Deutschen fuhren Tag und Nacht etwas aus der Ukraine aus. Es wurde gemunkelt, dass auch gute Schwarzerde dabei war. Die Züge wurden am Ufer entladen, und alles wurde mit Autos über die Pontonbrücke gekarrt. Dort belud man wieder die Züge, und ab nach Deutschland. Ich weiß nicht, wie es an anderen Flüssen lief, aber bei uns war es so.

Irgendwann im Sommer 1942 kamen Gerüchte auf, dass die Front zum Stehen gekommen war und bei Stalingrad schwere Kämpfe stattfanden. Von den Deutschen hörte ich bereits den Namen von Generalfeldmarschall Paulus, der später die Schlacht bei Stalingrad verlor. Die Deutschen befanden sich in schlechter Stimmung und verteilten massenhaft Vorladungen für Ausreisen nach Deutschland.

Dann kam eine Vorladung für mich. Mama nahm das Hausbuch, ging damit zur Polizei und zeigte, dass ich abgemeldet und daher nicht da sei. Aber die Polizisten zeigten ihr eine Denunziation, in der stand, dass ich zu Hause wohnen würde. Wieder die Gretschuks! Doch der Polizist war in Ordnung und empfahl, dass ich weniger auf den Straßen herumlungern sollte.

Aber Jugend ist Jugend. Die zentrale Leninstraße, der Weg und der Bürgersteig wurden mit Hilfe unserer Gefangenen frei geräumt. Nur wenige Häuser waren übriggeblieben. Hier und da standen abgebrannte Wände, klafften die Löcher ehemaliger Fenster und Türen. Die rußigen Wände erinnerten mich an die Bilder eines unglücklichen futuristischen Malers. Die hängenden Drähte erinnerten mich vage an Lianen. Und die hängenden Wasser- und Kanalisationsröhren klagten die unsinnigste Tätigkeit der Menschen an, die Krieg hieß. Überall lagen Haufen von Ziegelsteinen und Putz mit herausragenden Balken, die noch nicht abgebrannt waren und die mich an ein großes mythisches Tier erinnerten. Auf der Straße und in den Höfen standen verkümmerte Bäume, die nach den Bränden versuchten, wieder gesund zu werden.

Zwischen diesen Ruinen liefen (ohne Beleuchtung, auf der Leninstraße war es stockdunkel) irgendwelche zweifelhaften Typen, Polizisten und natürlich die Soldaten und Offiziere der deutschen Armee herum. Und Damen von zweifelhaftem Ruf natürlich. Eine Art Broadway nach Krementschuks Gusto.

Gerade dorthin, auf den Broadway, verschlug uns das Schicksal einmal während der Dämmerung. Vielleicht wollten wir jemanden besuchen, und die Leninstraße lag auf dem Weg, vielleicht gingen wir auch absichtlich dorthin. Wie Halbweltdamen sahen wir nicht aus, aber auch wir wurden angesprochen. Die Leninstraße ist sehr lang. Wir waren irgendwo in der Mitte, als es dunkel wurde, und wir wollten nach Hause gehen. Plötzlich leuchtete mir ein Deutscher, der uns mit seinen Kameraden entgegenkam, mit seiner Taschenlampe ins Gesicht. Das Licht war stark und blendete uns, und ich spuckte ihm ohne nachzudenken ins Gesicht. Bis er zu sich kam, hatten wir im Galopp die Flucht ergriffen. Gott sei Dank, es war nicht weit bis zur Ecke, und ein paar Meter weiter befanden wir uns schon auf der Straße, auf der Tante Elja wohnte.

Wir liefen zum Hof und hörten hinter uns Stiefelgetrampel. Wie wir auf den Hof gelangten, weiß ich nicht mehr. Das Tor war verschlossen, aber ich wusste, wie es man öffnen konnte. Das Getrampel kam näher, stoppte aber nicht am Tor und wurde immer leiser.

Zwei blöde Kühe. Hätte er uns gefangen, wer weiß, was mit uns geschehen wäre. Außerdem hätten wir Tante Elja große Unannehmlichkeiten bereiten können. Ihr Haus, das zufällig heil geblieben war, hätte leicht abgefackelt werden können.

Grischa wohnte jetzt gegenüber von uns und arbeitete angeblich irgendwo. Ich hatte viele neue Freunde, deshalb sahen wir uns selten. Manchmal trafen wir uns auf der Straße. Von ihm erfuhr ich, dass Tante Rita als Dolmetscherin arbeitete und sie und ihr Sohn nicht hungerten. Er erzählte mir auch, dass er alles über mich wüsste, weil er ein Fernrohr besäße und mich oft beobachte.

Ich war gerade in dem Alter, in dem ständig ein Pickel nach dem anderen auf dem Gesicht zum Vorschein kommt. Ich kann nicht sagen, dass ich besonders pickelig war, aber ich erinnere mich, dass ich ziemlich viel Zeit vor dem Spiegel verbrachte, und der befand sich gerade vor dem Fenster! Ich konnte mir vorstellen, wie Grischa alle Einzelheiten durch dieses blöde Fernrohr beobachtete. Daraufhin entzweiten wir uns.

Später schlossen wir wieder Frieden, und als Zeichen der Versöhnung schenkte er mir das Fernrohr. Leider ließ es Mutter beim Umzug nach Kiew bei Wolodja. Als Mitja und ich in Krementschuk waren, holten wir das Fernrohr auch nicht ab. Und weil Wolodja das

Haus fremden Leuten schenkte, sind mein Fernrohr und viele Bücher verschollen.

68

Ende des Sommers 1942 sah es an den Fronten für die Deutschen nicht besonders gut aus, und sie brachten hastig alles nach Deutschland, was möglich war, auch Arbeitskräfte. Bei uns im Haus gab es keine Deutschen mehr, dafür im kleinen Haus. In einer Wohnung wohnte Daniil und in der anderen wohnten deutsche Soldaten. Diese Wohnung hatte zwei Zimmer, im ersten standen die Pferde, im zweiten waren die Soldaten untergebracht. Wie sie die Pferde in das Zimmer bekamen, weiß ich nicht, immerhin gab es ungefähr zehn Stufen am Aufgang.

Einer der Soldaten brachte Mutter ein Bündel mit schmutziger Wäsche, ein Stück Seife und einen Laib Brot. Mama zwang mich nie, die Wäsche zu waschen. Sie wusste, dass ich keine deutsche Wäsche waschen würde. Aber ich hörte diesem Soldat gern zu. Von ihm erfuhr ich, dass die Deutschen sich auf den Rückzug vorbereiteten und an manchen Orten schon beim Rückzug waren.

Der »Diplomat«, wie wir ihn nannten, der russische und deutsche Wörter vermischte, verkündete: »Wehrmacht griff schnell, schnell an. Hundert Kilometer pro Tag. Und zurückziehen wird sie sich noch schneller, hundert Kilometer pro Stunde. Bei uns schreien alle: Hitler ist gut, Hitler ist gut. Und bei euch: Stalin ist gut, Stalin ist gut. Aber letztendlich sind beide Scheiße.«

Und ich begann nachzudenken. Vielleicht ist das deutsche Volk gar nicht so schlecht. Ja, die beiden Karls und Adolf waren in den Einheiten der SS, aber sie hatten uns die Ernte gebracht. Und es gab nicht wenige Deutsche, die nicht kämpfen wollten. Zum Beispiel dieser Junge, der davon träumte, in die Gefangenschaft der Partisanen zu geraten und dann zu Mama nach Hause zurückzukehren.

Der »Diplomat« hatte Recht: Die Deutschen flohen an allen Fronten. Ich verstand es so: Bald kommen die Unsrigen. Aber die kamen erst ein Jahr später.

In der Stadt fanden öfter Razzien statt. In so eine Razzia geriet Luda Koroljowa. Sie wurde im Zirkushof eingesammelt. Überall standen Polizisten und deutsche Soldaten mit Maschinengewehren. Neben dem Zaun befand sich eine öffentliche Toilette. Was das war, habe ich früher beschrieben. Neben der Toilette stand ein Deutscher Wache, der Luda dorthin schleppte. Sie hatte natürlich Angst. Dann öffnete er die Toilettentür, schob auf der Rückwand ein Brett beiseite und befahl: »Weg, weg!« Luda kletterte durch dieses Loch, aber das war nur der Anfang. Hinter dem Zirkus lag ein riesiger unbebauter Platz, auf dem nur Unkraut wuchs. Nur durch dieses offene Gelände konnte man auf die Straßen der Stadt gelangen. Luda hatte Glück, sie wurde nicht wie ein Rebhuhn angeschossen. Aber solche Fälle gab es.

Mit der kommenden Kälte erkrankte ich an Angina. Der Verlauf war so schwer, dass ich ein paar Tage lang die Stimme verlor. Zur Behandlung gab es nichts, nur Streptomycin, doch das half mir auch nicht. Und Razzien gab es jetzt fast jeden Tag. Mama und ich bauten auf dem Dachboden ein Versteck für mich, ich erinnere mich allerdings nicht, dass ich es benutzte. Als es kalt wurde, gelang es Mutter, mich im Krankenhaus unterzubringen. Auf der Arbeit gab ihr irgendjemand ein Stück Speck, das brachte sie als Geschenk ins Krankenhaus.

Die Ärzte benutzten diese Angina als Vorwand für meine angeblichen Herzbeschwerden. Ich hatte wirklich manchmal Herzschmerzen, aber das lag nicht an der Angina, sondern an den Nerven. Wir wussten nicht, was mit uns geschehen würde. Eine mögliche Ausreise nach Deutschland als Zwangsarbeiterin hing über mir wie ein Damoklesschwert. Einmal schaute ich aus dem Fenster und sah einen Polizisten, der an unserem Haus vorbeiging. Der Weg vor dem Tor teilte sich, und ich hatte das Gefühl, dass er zu uns abbog. Um in den Garten zu flüchten, hatte ich nicht mehr genug Zeit. Ich erinnere mich, dass ich ein paar Schritte zurückging, auf die Couch fiel und wahrscheinlich für ein paar Minuten das Bewusstsein verlor. Als ich wieder zu mir kam, schaute ich aus dem Fenster. Der Polizist überquerte bereits den Hof der Tscherkaschins und schritt auf die Brücke über den Fluss zu. Ich dachte damals, dass ich in Ohnmacht gefallen war wie eine bürgerliche Dame. So etwas passierte mir danach nie mehr.

Ich befand mich also im Krankenhaus. Das Krankenzimmer war groß. Auf einem Bett lag ein hübsches Mädchen, ein bisschen älter als ich. Ich dachte mir: Oh, noch eine, und ich irrte mich nicht. Die anderen waren wirklich krank, das waren meistens alte Frauen. Am zweiten Tag kamen die Ärzte auf ihrem Rundgang zu uns. Zwischen ihnen entdeckte ich meinen ehemaligen Lehrer aus der Medizinischen Fachschule.

Alle Ärzte und Pfleger im Krankenhaus waren junge Männer, die in Gefangenschaft geraten waren. Sie genossen relative Freiheit, bekamen Taschengeld, und die Patienten gaben ihnen auch Lebensmittel. Man kann sagen, dass sie nicht hungerten. Letztendlich gab es im Krankenhaus auch eine Küche, und obwohl dort nur die echte »Balanda« (dünne Suppe) gekocht wurde, konnte man irgendwie überleben. Aber keiner der Ärzte und Pfleger wusste, welches Schicksal sie erwartete.

Für den Augenblick waren sie dem Schicksal der müden, hungrigen, schmutzigen Gefangenen entkommen. Die Gefangenen wurden ständig woanders hin getrieben und kamen nicht nur bei den Erschießungen um, sondern auch durch Hunger und Krankheiten. Manchmal fanden Verwandte ihre Söhne, Männer und Brüder in der Gefangenschaft, aber es gelang ihnen nicht immer, sie freizubekommen. Ich weiß nicht, wohin die Gefangenen aus der Eisenbahnfachschule verschwanden, im zweiten Besatzungsjahr waren sie jedenfalls nicht mehr da. Wahrscheinlich hatte man alle, die einigermaßen gesund waren, nach Deutschland geschickt und die anderen einfach erschossen.

Deshalb hatten die jungen Männer im Krankenhaus noch Glück. Sie bekamen eine Chance zu überleben. Diejenigen, die in einer Familie untergebracht waren, wurden beim Rückzug der Deutschen versteckt. Ich kannte viele solche Leute. Aber sie waren nicht zu beneiden. Alle, die in Gefangenschaft gerieten, galten den Unsrigen als Verräter und wurden dann für acht bis zehn Jahre in die Lager geschickt. Das erfuhren wir allerdings erst später, jetzt warteten wir erst mal auf die Unsrigen.

Viele Jahre danach sah ich ein Bild mit dem Titel »Überall Leben«. Darauf war ein Gefängnisfenster abgebildet, und die Häftlinge strecken die Hände durch das Gitter den Vögeln entgegen, die auf dem Fensterbrett saßen. In den Händen hielten sie Futter für die Vögel. Dieses Bild erinnerte mich immer an meinen Aufenthalt in diesem Krankenhaus.

Im Krankenzimmer war es irgendwie stickig. Der Geruch des schmutzigen Zimmers und der Arzneien war nicht besonders angenehm. Immer stöhnte irgendwer, ein Patient starb sogar während unseres Aufenthaltes. Aber abends, wenn das Hauptpersonal nach Hause gegangen war, kamen der Dienstarzt, die Krankenschwestern, die Pfleger und die Sanitäter in unser Zimmer, wo wir dann Partys veranstalteten. Wir spielten Spiele wie Tic-Tac-Toe oder Karten. Karten spielte ich allerdings nicht. Ich konnte und wollte nicht. Wir erzählten Witze und lachten leise, es war doch ein Krankenhaus.

Zwischen dem Mädchen aus meinem Krankenzimmer und dem Doktor begann eine Romanze. Ich gefiel dem Sanitäter Wasja. Vielleicht gefiel ich ihm auch nicht besonders, aber es gab keine andere, und er machte mir den Hof. Er saß lange auf meinem Bett, und wir unterhielten uns bis Mitternacht. Er war nicht dumm, interessant, aber nicht besonders hübsch. Einmal beugte sich dieser Wasja über mich und küsste mich auf die Lippen. Ich wand mich heraus, aber er presste mich ins Kissen und schob mir seine große Zunge in den Mund. Mir war das sehr unangenehm. Später in meinem Leben mochte ich Küsse. Mehr war mir nicht so wichtig, aber Umarmungen und Küsse gefielen mir gut.

Kurz gesagt, der erste Kuss gefiel mir nicht. Wasja kam dann nicht mehr. Ich lag lange im Krankenhaus, das war ziemlich schlimm. Immerhin, als ich entlassen wurde, hatte ich ein solides Dokument, das Mama zur Polizei brachte. Darin stand, dass ich sehr krank war. Wer braucht so jemanden in Deutschland? Ich bekam keine Vorladungen mehr.

69

Anfang Februar trugen die Deutschen Trauer. An den Fahnen hingen schwarze Binden. Sie trauerten um die Gefallenen bei Stalingrad. Uns erreichten Gerüchte, dass die Deutschen Stalingrad nicht erobern konnten und unzählige Menschen dort umkamen. Jetzt flohen die Deutschen an allen Fronten.

Was der deutsche Panzer »Tiger« ist, wussten wir. Gerade aus diesen »Tigern« überschütteten uns die Deutschen den ganzen Monat vor der Eroberung der Stadt mit Geschossen. Sie waren stolz auf diese Waffe. Außerdem hatten sie die Flugzeuge »Messerschmitt«, die im Sommer 1941 in bedrohlichen Schwärmen nach Osten flogen. Wir schauten mit Schwermut in den Himmel und fanden keinen von unseren »Falken«, über die so viel vor dem Krieg gesungen wurde. Voller Stolz waren sie genau so genannt worden: «Stalinfalken«.

Die Gerüchte gingen um die Welt, und wir erfuhren, dass unsere Flieger wirklich ein Wunder an Tapferkeit zeigten. Aber die Flugzeuge waren für den Krieg nicht geeignet und brannten wie die Fackeln. Keine Panzerung, nur Sperrholz. Auch die Panzerung unserer Panzer konnten die deutschen Geschoße leicht durchdringen. Wir waren mit prahlerischen, aber gut klingenden Liedern wie »Artilleristen, Stalin gab den Befehl ...« oder »Und Hunderte unserer Kanonen für die Tränen unserer Mütter, Feuer, Feuer ...« und so weiter erzogen worden und konnten nicht verstehen: Wo war das alles?

Und in die Seelen schlich sich der Verdacht ein, dass alle diese Losungen über unsere Kraft und unsere Unbesiegbarkeit nur ein Bluff, eine Seifenblase waren. Jetzt flohen die Unsrigen bis nach Stalingrad und gaben dabei das Baltikum, Weißrussland und die Ukraine preis. Wie durch ein Wunder wurde Moskau durch den Winter und den Kampfgeist seiner Bewohner gerettet, unzählige Menschen kamen dabei um. So stellte sich heraus, dass all diese Aufrufe »Wenn morgen der Krieg ausbricht, sei heute schon zum Aufmarsch bereit« nur leere Worte waren. Und »Hunderttausend Kanonen« war ein Bluff, wir hatten keine hunderttausend.

Deshalb freuten wir uns, als 1943 das Gerücht aufkam, dass wir jetzt eine Wunderwaffe »Katjuscha« und den unbesiegbaren Panzer

T34 besäßen. Endlich haben die Unsrigen wieder etwas vollbracht! Vor dem Krieg war das Lied über Katjuscha sehr populär, auch die Deutschen sangen es zu Anfang des Krieges. »Katjuscha kam zum Ufer des Flusses ...« Im Jahr 1943 wurden die Deutschen bei dem Wort »Katjuscha« ernst und nickten traurig mit den Köpfen.

Im Frühling erschienen wieder Militäreinheiten in der Stadt. In unserem Haus blieb die Unordnung, deshalb wollten die Deutschen nicht bei uns wohnen. Aber bei den Gretschuks wohnten zwei Offiziere, und mit einem von ihnen begann die ältere Schwester Galja eine Affäre. Schon vor dem Erscheinen der Unsrigen war klar, dass sie von einem Deutschen ein Kind bekommen würde. Dieser Deutsche schickte Galja nicht nach Deutschland. Sie mitnehmen? Aber wohin? Die Einheiten zogen sich schnell zurück.

Als die Unsrigen kamen, heiratete Galja irgendeinen städtischen Jungen, aber die ganze Straße wusste, von wem ihr Kind war. Als der Junge größer wurde, wurde er von den anderen Kindern nur »Nemtschik« (Deutscher) genannt. Armes Kind. Welche Schuld hatte es?

Ich traute mich jetzt nicht mehr aus dem Haus. Damals war ich mit Vera befreundet, und wir verbrachten die meiste Zeit bei mir. Auf unserer Straße stand neben den deutschen Militäreinheiten auch die Einheit der sogenannten »Wlasowzi« (Russische Befreiungsarmee). In der Westukraine entstand während des Krieges die UPA (Ukrainische Aufständische Armee), die sowohl gegen die Sowjets als auch gegen die Deutschen kämpfte. Die Westukrainer wollten Freiheit für sich selbst. Und was die Wlassow-Armee war, werde ich wohl nie verstehen. Wie konnte ein sowjetischer General eine Armee schaffen, die bis zum Kriegsende gegen die Sowjetische Armee kämpfte? Und es kamen immer neue Soldaten, die die Sowjetunion hassten.

Was interessant ist: In der Armee gab es keine Soldaten anderer Nationalitäten, nur russische Jungs. Noch interessanter ist, dass man auch nach dem Zusammenbruch der Sowjetunion über die UPA stritt. Auch in der Ukraine will man nicht zugeben, dass sie sich Verdienste im Kampf gegen die Deutschen erworben hatte. Über die Wlassow-Armee schweigen alle, obwohl die Armee ziemlich stark war. Da stellt sich die Frage: Wenn die Ukrainer, die die UPA geschaffen haben, Nationalisten und Verräter sind, was sind dann die Russen, die die Wlassow-Armee aus dem Boden gestampft haben?

Jedenfalls hatten wir im Frühling 1943 unzählige Wlassow-Soldaten auf unserer Straße. Einmal schaute ich aus dem Fenster, um zu sehen, ob Vera auf dem Weg zu mir war. In diesem Moment ging an unserem Hof so ein »Wlassowez« mit seinem Pferd vorbei. Er versuchte, mit mir anzubändeln. Ich schwieg. Als er weiterging, sagte ich: »Uh, verfluchter Verräter!« Er schaute zurück und schenkte mir ein Lächeln. Übrigens hatte er ausgezeichnete Zähne. Und abends kamen drei »Wlassowzi« und ein Deutscher zu uns, und Valentin, so hieß der Kerl, den ich auf der Straße sah, sagte: »Wir werden bei euch wohnen.« Sie fingen an, sich in Wohnzimmer und Speisezimmer häuslich einzurichten. In Papas Kabinett gab es ebenfalls Mieter während der Besatzung. Wir mussten ins Schlafzimmer ziehen.

Valentin war fröhlich, seine weißen Zähne funkelten ständig beim Lächeln. Später, als ich ihn besser kennenlernte, dachte ich, dass dieses Lächeln eine Maske gewesen war, um sein gefährliches Spiel zu tarnen. Valentin kommandierte alle herum, auch den Deutschen. Die anderen beiden waren schweigsam und meiner Meinung nach nicht besonders fröhlich.

Der Deutsche Adolf Pelz war jung, kaum älter als ich. Wahrscheinlich war er entsprechend den Bestimmungen der Wehrmacht zu den Wlassow-Einheiten abkommandiert, um ihre Tätigkeit zu überwachen. Aber die russischen Soldaten schenkten ihm keine Aufmerksamkeit und machten, was sie wollten. Er war ein typisches Muttersöhnchen. Ständig träumte er: »Partisanen, Gefangenschaft, Mama«. Was für ein naives Kind! Er hatte keine Ahnung, was eine Gefangenschaft ist. Und was Partisanen sind, wusste er erst recht nicht.

Weil ich keine Schule besuchte und wir keinen Haushalt und keinen Gemüsegarten hatten, dachte Adolf, dass ich ein Faulpelz und ein Nichtsnutz sei. Er fragte mich ständig, warum ich nicht nach Deutschland fahren würde, um eine richtige Arbeit zu lernen. Ich antwortete immer, dass bald die Unsrigen kommen und ich wieder zur Schule gehen würde. Und später würde ich in die Hochschule gehen und Ingenieurin werden. Er staunte über meine Träume und glaubte nicht an meine Zukunft.

Adolf und ich wurden irgendwie Freunde. Als die deutschen Einheiten die Stadt verließen, schenkte er mir sein Foto mit der Adresse seiner Mutter auf der Rückseite. Als die Unsrigen kamen, vernichtete meine Mutter alle gefährlichen Fotos.

Aber richtig befreundet war ich mit Valentin. Bald öffnete er sich und erzählte mir, dass er unser Aufklärer sei, er hatte sogar den Ausweis der Kommunistischen Jugendorganisation (Komsomol) dabei. Jetzt wusste ich über alles Bescheid, was die Front anging. Valentin war gesellig und wirkte anziehend auf die Menschen. Er versuchte immer, mit deutschen Offizieren befreundet zu sein, und organisierte für sie Trinkfeste. Oft war er selbst betrunken, aber immer behielt er die Kontrolle.

Nach den Wehrmachtsbestimmungen wurde bei Konflikten zwischen Deutschen und Wlassow-Soldaten immer der Deutsche bestraft. Man muss zugeben, dass die Disziplin in der Armee streng war. Das nutzte Valentin aus. Er machte irgendeinen Offizier betrunken, dann veranstaltete er eine Schlägerei, wenn die Patrouille nicht weit weg war, und das Opfer landete im Militärknast. Valentin ging nach Hause in den Keller, trank dort Gurkensalzlake direkt aus der Schöpfkelle gegen den Kater und ging wie ein geprügelter Hund zum Offizier, um sich zu entschuldigen. In der Regel wurde seine Entschuldigung akzeptiert.

Die deutschen Offiziere gaben ihm oft verschiede Aufgaben, die er sorgfältig erledigte. Oft musste er ihnen irgendwelche Sachen bringen, deshalb hatte er vollen Zutritt zu den Zimmern der Offiziere. Jeder von ihnen besaß ein Radio, und eben diesen Zugang zu den Radios suchte Valentin. Ich weiß nicht, wie er mit Hilfe der Radios eine Verbindung zu den Unsrigen herstellte, in die Einzelheiten weihte er mich nicht ein.

Einmal nach so einem Streich sagte er, dass die deutsche Einheiten die Stadt bald verlassen würden. Und dass er bei Charkiw die Front überqueren möchte. Dort öffnete man ihm ein Fenster, damit er ungehindert passieren konnte. Was es genau bedeutete, »das Fenster zu öffnen«, und wie das verlief, weiß ich nicht. Doch als die Unsrigen kamen, lief ein Junge vom Stadtteil »Die Parks« herbei und brachte mir einen Zettel mit der Nachricht, dass auf dem Abstellgleis ein Zug mit der Nummer Soundso ankomme. Unterschrift: Valentin Sorokin. Ich lief natürlich hin. An das Treffen selbst erinnere ich mich nicht, aber er gab mir die Adresse seiner Einheit, ich wiederholte für ihn meine Adresse, und dann schrieben wir einander bis zum Kriegsende. Manchmal verschwand Valentin, und mir war klar, dass er wieder an einer Operation teilnahm.

Während der Zeit, in der Valentin in unserem Haus wohnte, verriet ich niemandem etwas von seinen Angelegenheiten, nicht einmal Mutter oder Vera. Die Wahrheit über ihn kannte nur ich. Er respektierte mich dafür, aber ich gefiel ihm auch. Er war wesentlich älter als ich, ungefähr sechs Jahre. Das schmeichelte mir. Und, ehrlich gesagt, gefiel mir trotz meiner flammenden und leider unerwiderten Liebe zu Valentin auch der neue Valentin. Er machte mir gemächlich den Hof, und wir begannen, uns in dunklen Ecken, wo uns niemand sah, zu küssen. Diese Küsse gefielen mir sehr.

Einmal traf mich Valentin am Tor und begann, mich irgendwie grob an sich zu pressen. Jetzt denke ich, dass er irgendeine angestaute Spannung loswerden musste. Er versuchte, mich unter den Holunder zu ziehen, der neben dem Tor stand. Seine großen Zweige beugten sich bis auf den Boden, ein gutes Versteck. Ich wehrte mich und wollte nicht unter den Holunder, aber er war kräftig, und als wir schon unter den Zweigen waren, versuchte er, mich auf den Boden zu stoßen. Ich schlug mit den Fäusten auf ihn ein und zischte: »Bist du verrückt?« oder ähnliches. Zu viel Lärm wollte ich nicht machen. Dann fragte er mich: »Was ist, bist du noch Jungfrau?« Ich antwortete mit einer Gegenfrage: »Was hast du denn gedacht?« Valentin wurde sofort weich, umarmte mich zart und führte mich nach Hause. Solche Versuche machte er nicht mehr. Aber wir küssten uns weiter, bis er wegfahren musste.

Als Valentin nach dem Krieg demobilisiert wurde, fuhr er in seine Heimatstadt Tscheljabinsk und schrieb mir von dort einen Brief. Er bekam eine Wohnung und arbeitete als Werkshallenleiter eines großen Werkes. Er verdiente gut und wollte mich heiraten. Ich antwortete ihm, dass ich noch nicht heiraten, sondern nach Kiew zum

Studieren fahren wollte. So endete unser Briefwechsel, und ich verlor Valentin Sorokin für immer aus den Augen.

70

Solange sich in der Stadt Militäreinheiten aufhielten, gab es keine Razzien. Aber als die Einheiten weg waren, begann die Jagd auf die Arbeitskräfte von neuem. Das zweite Kriegsjahr ging zu Ende, und ich hatte Glück, denke ich, denn wir verhungerten nicht. Die Ausreise nach Deutschland hatte ich bis jetzt vermeiden können. Beim Rückzug hatten unsere Einheiten keine Zeit gehabt, unser Haus anzuzünden, und es wurde auch weder von einem Geschoß noch von einer Bombe getroffen. Aber es gab ein Zwischenfall, bei dem ich um ein Haar getötet wurde.

Unseren Adolf besuchte ein Freund, ein unangenehmer Typ. Ich gefiel ihm wahrscheinlich, und er belästigte mich ständig. Ich versuchte, irgendwohin zu verschwinden, wenn er auftauchte. Einmal kam er vorbei, als unsere Bewohner und meine Mutter nicht zu Hause waren. Er versperrte mir den Weg aus der Küche nach draußen und begann, mich an sich zu ziehen. Ich riss mich los und schrie, dass ich mir wünschte, dass alle Deutschen verreckten, zusammen mit ihrem verrückten Hitler. Er verstand unsere Sprache nicht, aber dass ich die Deutschen und ihren Lieblingsführer beschimpfe, verstand er durchaus.

Da griff er sich Adolfs Maschinenpistole, die im Kücheneck stand, und zielte auf mich. Ich blieb ruhig, denn die Maschinenpistole musste doch wohl ungeladen sein. In diesem Moment kam Adolf und sah das Bild. Ich stand auf einer Küchenseite, auf der anderen sein verrückter Freund, der auf mich zielte. Plötzlich sah ich den Schreck in Adolfs Gesicht. Er entriss seinem Freund die Maschinenpistole und zog mit zitternden Händen den Patronenrahmen heraus, aus dem ungefähr acht echte Kampfpatronen mit Kugeln fielen.

Dann schrien die beiden Deutschen aufeinander ein. Ich glaube, Adolf war empört, dass er seine Maschinenpistole genommen hatte, und sein Freund war sauer, dass die Maschinenpistole geladen war, denn das durfte zu Hause nicht der Fall sein. Ich fühlte mich nicht ganz wohl. Dieser Freund Adolfs kam nie wieder zu uns.

Es gab noch einen Vorfall während der Besatzung. Daniil sprach Deutsch, und zwar, wie er behauptete, ohne Akzent, deshalb konnte er sich locker mit den Deutschen unterhalten. Einmal schleppte er so einen Deutschen zu unserem Eingang. Er war groß, gut aussehend, mit blonden Haaren und ausdrucksvollen braunen Augen. Am Eingang standen ein Tisch mit einem Bein, das in den Boden gegraben war, und ein paar Bänke, dorthin setzten sie sich. Daniil trank fast eine Flasche mit selbstgebranntem Schnaps allein aus, während der Deutsche nicht trank, sondern nur aufmerksam zuhörte. Daniil rief mich zu sich, und ich stand am Eingang und versuchte zu verstehen, was er ihm erzählte. Auch ohne Sprachkenntnisse verstand ich, dass er mich diesem Deutschen anbot. Er versuchte, mich zu überreden, diesen hübschen Deutschen ins Haus zu führen, weil er mir Vergnügen bereiten könnte. Dem Deutschen gefiel diese Idee offensichtlich gut, und er begann schon aufzustehen. Da machte ich mich aus dem Staub und lief zu Vera.

Wir wussten nicht, was am Kursker Bogen geschehen war, aber die Deutschen erwähnten diese Schlacht oft mit traurigen Gesichtern. Man hatte das Gefühl, dass sie sich jetzt wirklich zurückziehen würden. Aber das bedeutete nicht, dass wir aufhörten, die Hasen zu sein, die vor den Wölfen weglaufen mussten.

Ich kann bis heute nicht die Stimme des Jungen vergessen, der tagelang vor Schmerzen schrie. Wir hörten diese Stimme, als wir im Krankenhaus lagen. Schmerzlindernde Arzneien waren ein großes Defizit. Entweder wurde daran gespart, oder man enthielt sie ihm absichtlich vor. Dieser Junge starb ein paar Tage später. Uns wurde erzählt, dass er genau wie Luda in der Stadt gefangen und zum Zirkus gebracht worden war. Er hatte zu fliehen versucht und wurde dabei im Unkraut hinter dem Zirkuszaun von unseren Polizisten verwundet.

Erschossen zu werden war kein Spaß. Aber nach Deutschland wollten wir auch nicht fahren. Einmal schaute ich aus dem Fenster und sah bei der TPO eine Menge Polizisten in schwarzer Uniform. Ich begriff, dass es sich um eine Razzia handelte und lief in den Garten und dann über den Zaun zum Fluss. Ich sagte schon, dass die Zweige des im Hof wachsenden Weidenbaumes sich bis zum Wasser bogen. Unter diesen Zweigen konnte man sich verstecken. Aber man musste dabei im Wasser sitzen, nur der Kopf war oben.

Ich erinnere mich nicht mehr, wie lange ich dort saß. Erst, als die Razzia zu Ende war und Mutter mich suchte, kroch ich aus dem Wasser. Und oh Gott! Am ganzen Körper hatte sich eine Unmenge Blutegel festgesaugt. Nicht ohne Grund zitterte ich im Wasser, vielleicht wegen der Kälte, vielleicht aus Angst, vielleicht aber auch wegen der Blutegel. Ich riss diese ekligen, glitschigen Würmer ab und aus den Stellen, an denen sie sich festgesaugt hatten, lief das Blut.

Nach diesem Ereignis dachten Vera und ich darüber nach, wo wir uns ein Versteck einrichten konnten. Unser Schuppen hatte zwei kleine Räume und grenzte an die ehemalige Werkstatt. Vor dem Krieg hatte Mutter zwei Gemüsegärten gepachtet, insgesamt zwölf Ar. Wir hatten viel Mais angebaut und ein Schwein damit gefüttert. In den Besatzungsjahren hatten wir den Mais aus der Ernte von 1941 selbst gegessen, und das rettete uns regelrecht vor dem Verhungern. Im Schuppen lagen immer Bretter und Feuerholz herum, das wir mit einer Säge verkleinerten. Über eine längere Zeit lag dort auch Sägemehl, das mich an die Herstellung der Wäscheklammern erinnerte. Außerdem standen Eimer, Spaten, Hacken, Harken, Heugabeln, Besen und anderes herum.

Ich versuchte ein paarmal, das Feuerholz zu einem schönen Holzstoß zu ordnen, wie ich es bei den anderen sah, aber alles war vergeblich. Mama suchte ständig etwas im Schuppen, und dann herrschte dort wieder das bei uns übliche Chaos. Der Schuppen war nie abgeschlossen, nur in den Zeiten, in denen dort ein Schwein hauste. Die Türen standen weit offen. Und weil unsere Hunde nie eine Hundehütte hatten, liebäugelten sie mit dem Schuppen. Sogar als wir Hühner hielten, war die Tür nie zu. Es wurde angenommen, dass die Hunde im Schuppen schlafen und die Hühner bewachen würden.

Während der Besatzungszeit gab es natürlich keine Hühner. Die Hunde gruben ein Loch vom Schuppen in den Unterbau von unserem kleinen Haus, vielleicht wegen der Hitze oder wegen der Welpen. Dieses Loch vergrößerten wir und errichteten daraus eine Schanze (der Unterbau war hier sehr niedrig) bis an die Wand. So bauten wir uns so etwas wie eine Tierhöhle.

Die Hauswände standen auf Pfeilern, es gab kein Fundament. Unten fiel der Lehm von den Pfeilern, und dort drang Licht zu uns durch. Wir konnten sogar lesen. In den Nächten gab es keine Razzien, und am frühen Morgen frühstückten wir, nahmen etwas mit und krochen bis zum späten Abend in unser Versteck. Bevor Mutter zur Arbeit ging, deckte sie das Loch mit Holz ab. Wäre dem Haus etwas zugestoßen, hätten wir uns aus unserer Höhle nicht befreien können, auf keinen Fall.

Einmal, es war Wochenende und Mutter war zu Hause, kamen Polizisten auf unseren Hof. Sie schauten in alle Ecken. Mama kam in den Schuppen und warf noch eine Menge Holz auf unseren Eingang. Dabei schimpfte sie laut auf die Ziege, die angeblich im Schuppen alles durcheinander gebracht hatte. Die Polizisten standen eine Weile herum, sahen zu, wie Mutter immer mehr Holz auf unser Versteck warf, hörten, wie sie auf die Ziege schimpfte, und gingen wieder.

Wir hörten irgendwelchen Lärm und lagen still wie die Mäuse. Als die Polizisten den Hof verließen, kam Mutter zu der Wand, in der sich das Loch zu unserer Höhle befand, und sagte, dass wir uns weiter leise verhalten müssten, weil die Polizisten wiederkommen könnten. Während der Razzien hingen sie manchmal den ganzen Tag in den Höfen herum und fanden dabei die Versteckten.

Vera hatte zwei Schwester: Ljuba, älter, und Nadja, jünger als sie. Ljuba war ein molliges, ruhiges Mädchen, Vera meiner Meinung nach normal. Aber Nadja war flink und zappelig. Sie ging zur Tanzschule und tanzte klasse, wir besuchten ihre Aufführungen. Während der deutschen Besatzung war sie noch ein Kind, und wo die Eltern Ljuba versteckten, weiß ich nicht.

71

So verging der Sommer. Im Herbst jenen Jahres begann die Regenzeit früh, und es wurde zu kalt und zu feucht für uns, um den ganzen Tag unter der Diele zu liegen. Mama erfand ein neues Versteck. Im kleinen Flur, wo sich der Ofen befand, stand ein schmaler Bücherschrank, allerdings ohne Bücher, nur mit Gerümpel. Mama konnte ihn ohne Mühe von der Wand rücken. Wir lösten zwei Bretter vom Boden und bekamen einen Zugang zum Unterbau von unserem Haus, das auf einem Granitfundament stand. Unten gab es ausreichend Platz, außerdem war es dort wärmer.

Allerdings benutzten wir dieses Versteck praktisch nicht. Die Wehrmacht zog sich so schnell zurück, dass die Polizeirazzien aufhörten. Jetzt durchstöberten deutsche Sonderkommandos die Höfe auf der Suche nach kampffähigen Männern, um sie zu verhaften. Sie holten alle ab, egal wie alt. Nur die uralten Greise interessierten sie nicht.

Mischa Tscherkaschin war im ersten Besatzungsjahr ungefähr achtzehn Jahre alt, ein gut aussehender Kerl mit goldenen Händen. Er war es, der zusammen mit Vater eine Konstruktion erfunden hatte, um Butter herzustellen. Die Familie hatte eine große, mit einem Motor ausgestattete Graupenmühle. Die Leute brachten ihnen Sonnenblumenkerne, um daraus Öl zu gewinnen, und Korn, um es zu Mehl mahlen zu lassen. Die erste Zeit während der Besatzung kam Mischa oft zu Daniil Födorowitsch, um sich mit ihm zu beraten. Sie fertigten etwas an der Drehbank und werkelten zusammen, dabei versuchte er, mir den Hof zu machen. Aber ich wies ihn ab. Ich war immer noch gekränkt wegen seines Verhaltens in unserer Kindheit. Daniil versuchte ebenfalls, uns zusammenzubringen, aber das klappte nicht. Und wie konnte es auch klappen? Ich war doch eigentlich noch ein fünfzehnjähriges Kind.

Mischa heiratete bald eine Frau aus der Innenstadt, und sie bekamen sofort ein Kind. Doch dann ereilte sie ein Unglück: Das Kind war noch nicht mal ein Jahr alt, als Mischas Frau an Meningitis erkrankte. Diese Krankheit wütete damals gerade bei uns. Die Menschen litten an Kopfschmerzen und starben fast immer. Nach ein paar Wochen voller Qualen starb auch Mischas Frau.

Als Mischas Sohn vier oder fünf Jahre alt war, freundeten wir uns an. Wenn ich in den Ferien aus Kiew kam, verbrachte ich viel Zeit mit ihm, und er erzählte allen auf der Straße, dass ich seine Braut bin.

Ich hatte richtig Glück mit solchen Bräutigamen. Ich denke da an Herrn und Frau Berlowski, die unsere Kirche besuchten. Ihre Sönne waren Mamas Altersgenossen. Der mittlere Sohn Schura hatte ein Mädchen aus Charkiw geheiratet, Klava. Sie hatten einen Sohn, und auch der war mein Bräutigam. Wir trafen uns in der Kirche und besuchten uns gegenseitig. Wolodja war fünf oder sechs Jahre alt und erzählte seiner Mutter, dass er drei Frauen heiraten würde: Agnessa, die dann Borschtsch kochen würde, die große Nina einfach so und die kleine Nina als Spielkameradin.

Also ungeachtet des Krieges hatte ich eine Menge Bräutigame. Es gab noch einen, ein Junge namens Mischa, ungefähr vierzehn, der die Kirche besuchte. Er hatte Probleme mit den Beinen und ging am Stock. Einmal beichtete er mir, dass er mich liebe und bereit sei, mich zu heiraten. Ich weiß nicht mehr, wie ich damals reagiert habe. Aber später erfuhr ich, dass er mit einem solchen Vorschlag auch zu anderen ging, zu Nina beispielsweise.

So ging das Leben ungeachtet des Krieges und aller Unbequemlichkeiten auf interessante Weise weiter.

Ende August verschwanden alle deutschen Militäreinheiten aus der Stadt. Es blieben nur die Sonderkommandos, und wir versteckten uns nicht mehr. Abends leuchtete es am Horizont, wahrscheinlich brannte dort etwas. Manchmal konnte man hören, wie es in der Ferne donnerte, die Front rückte näher. Am Himmel dröhnten nicht mehr die Unheil bringenden Messerschmitts.

Einmal erschienen unsere Flugzeuge. Sie flogen so tief, dass die fünfzackigen Sterne gut sichtbar waren. Grischa und ich liefen mit nach oben gereckten Gesichtern auf den Hof und schrien »Hurra!« Uns war absolut egal, dass Bomben vom Himmel fielen, es waren doch unsere Bomben! Ich bedrängte sogar die Gretschuks, mich auf ihre Terrasse im zweiten Stock zu lassen, wo man mehr Himmel sehen konnte. Den Gretschuks war es wahrscheinlich nicht angenehm, meine Begeisterung zu beobachten. Aber die Deutschen zogen sich rasch zurück und konnten nicht alle ihre Kriecher mitnehmen, deshalb mussten sie in der Stadt bleiben. Und natürlich lag es nicht in ihrem Interesse, mit mir zu streiten.

Später wurde gemunkelt, dass sich zwischen den bombardierenden Fliegern viele junge Männer befanden, die unsere Fliegerschule besucht hatten. Sie kannten die Stadt gut. Keine Bombe fiel ungenutzt, Lazarett und Armeestab wurden bombardiert. Im Stadtgarten befand sich ein Spritlager, und jetzt brannte es lichterloh. Die Fässer explodierten eins nach dem anderen, das Feuer loderte hoch in den Himmel. Es schien, als ob sogar der Boden des Stadtgartens brannte. So war es wahrscheinlich auch. Nur eine einzige Bombe traf ein Wohnhaus, und darin wohnte irgendein Bediensteter der Städtischen Verwaltung.

Aber die Sonderkommandos liefen noch in der Stadt herum. Mischa kam zu uns. Er vermutete wohl, dass ich mich irgendwo auf dem Hof verstecken würde, und bat darum, ihn auch zu verstecken. Dann kam Mikita. Er und seine Frau Oksana wohnten hinter Familie Pizenkos Haus in einer Querstraße, die die Prejaslawskastraße kreuzte und am Fluss endete. Sie hatten eine Kuh, und wir kauften bei ihnen Milch. Obwohl sie nahe Verwandte der Gretschuks waren, war meine Mutter mit ihnen befreundet. Sie waren gute Leute. Gegenüber von ihrem Haus befand sich eine große Wiese, dort banden wir unsere Ziege an einen Pflock. Wenn die Ziege sich befreite, fing Oksana sie ein und band sie wieder an den Pflock.

Auch Pimon und Shora kamen, um sich zu verstecken, und jemand von den Gretschuks. Es waren auch noch irgendwelche Männer da, die ich nicht kannte. Shoras Vater war dick, ich weiß nicht, wie er es durchs Loch geschafft hatte. Alle zusammen waren sie so um die acht Leute.

Daniil versteckte sich nicht. Er lief total besoffen rum, wusste aber doch, dass Männer zu uns kamen, um sich zu verstecken. Laut schrie er, dass er jetzt in die Kommandantur gehe, die es schon nicht mehr gab, und die ganze Gesellschaft verhaftet werden würde. Und fluchte auf Deutsch: »Verdammte Menschen!« Ich lief hinter ihm her und versuchte, ihn zu besänftigen. Ich bot ihm Papirossy und Streichhölzer an, wollte ihm etwas zu Essen und sogar zu Trinken bringen. Ich lief zu den Nachbarn, wo nur die Frauen zurückgeblieben waren, und bettelte sie an, die Papirossy ihrer Männer und Söhne zu suchen, und fragte nach Schnaps, denn wir hatten so etwas nicht. Ich war fast bereit, mich selbst anzubieten. Hätten die Soldaten aus dem Sonderkommando so viele versteckte Männer bei uns entdeckt, hätten sie uns alle erschossen.

Nachts war alles irgendwie verdächtig ruhig. Sogar Daniil beruhigte sich. Die Hunde bellten auch nicht. Wahrscheinlich gab es gar keine mehr, denn die Deutschen erschossen alle. Morgens sahen wir Rauchschwaden am Ende von Tscheredniki. Bald wurde bekannt, dass die neuen Sonderkommandos Häuser verbrannten. Später erzählten die Leute, dass es verboten war, irgendetwas aus dem Haus zu holen oder zu löschen. Wer Ungehorsam zeigte, wurde erschossen. Man erzählte, dass unser Schulleiter auf diese Weise umkam. Er wollte den Brand löschen und wurde erschossen.

Für die Männer war es jetzt gefährlich, im Unterbau zu bleiben, deshalb gingen sie nach Hause. Keiner versuchte mehr, sie zu fangen. Die Straßen waren leer und ruhig. So verging der Tag. Nachts war es auch ruhig, nur brannten die Häuser am Rande der Stadt.

Mischa erzählte später, dass es gefährlich gewesen war, zu Hause zu übernachten. Deswegen war er in einen Graben gekrochen. In Mischas Hof gab es viele solcher Gräben, sie waren von der Lederfabrik übriggeblieben, tiefe rechteckige Gräben, ungefähr drei mal drei Meter groß, aus Zement. Vier befanden sich direkt vor dem Haus, das ebenfalls auf solchen Gräben stand. Dort hielten sie Kaninchen, lagerten Heu und dergleichen. Manche Gräben waren überdacht, andere lagen offen unter dem Himmel. Jeder hatte eine Leiter.

In so einen Graben kroch also Mischa. Nachts hörte er ein Geräusch und schaute hinaus. In den Nachbargraben war ein Deutscher gekrochen, zusammen mit seiner Uniform und sogar mit der Maschinenpistole. Mischa konnte natürlich nicht mehr schlafen. Aber frühmorgens, es dämmerte gerade, kroch der Deutsche aus dem Graben und ging fort. Da war Mischa nicht zu beneiden gewesen: die halbe Nacht über Wand an Wand mit einem bewaffneten Deutschen zu sitzen, ohne zu wissen, was er vorhatte.

Am zweiten Tag begannen die Unsrigen mit dem Beschuss der Stadt, und wir hörten zum ersten Mal die Stimme der »Katjuscha«. Sie war zugegebenermaßen nicht besonders angenehm, aber das Knirschen des deutschen »Tiger« gefiel mir noch weniger.

Im Keller zu sitzen wurde gefährlich, der Rauch vom Stadtrand bewegte sich in unsere Richtung, das bedeutete, dass die Sonderkommandos weiter die Häuser von friedlichen Einwohnern in Brand setzten. Mama und ich saßen einfach auf dem Boden im Garten. Mama umarmte ein Stoffbündel. Was interessant ist: Diese Sachen gehörten Oma und Valja; es handelte sich dabei um verschiedene Tischdecken und Servietten, die Oma vor der Abreise bei uns zurückgelassen hatte. Damals machte ich mir darüber keine Gedanken, aber später. Wäre unser Haus in Brand gesteckt worden, wären wir barfuss und nackt geblieben, und der Winter rückte näher. Aber Mutter nahm die Verantwortung für fremde Sachen wichtiger als unsere eigenen Interessen.

Den ganzen Tag beschossen unsere Einheiten die Stadt. Ein Geschoss fiel hinter dem Zaun in den Fluss. Manche Splitter blieben in den Zaunbrettern stecken, manche flogen hindurch und kamen uns nahe. Dabei verloren sie an Geschwindigkeit und rotierten langsamer. Wir schauten wie verzaubert auf die auf uns zufliegenden Splitter. Zum Glück erreichten sie uns nicht und gruben sich in die Erde.

Vor dem Krieg ging Ljuba Shidenko, ein hübsches Mädchen, eine Klasse unter mir auf unsere Schule. Ljubas Familie gruben im Hof einen Graben. Während des Beschusses versteckte sich ein Teil der Familie im Haus und der andere in diesem Graben, der einmal direkt von einem Geschoss getroffen wurde. Nur Ljuba überlebte, glaube ich. Ihr Gesicht war nach einer langen Behandlung nicht wiederzuerkennen. Sie hatte schreckliche Narben und statt Zähne Prothesen. Und das mit sechzehn! Woher soll man wissen, wo man sich verstecken soll?

Unser Militär schoss noch ein paar Tage, aber irgendwie lustlos. Wir liefen zum Verstecken immer in den Keller. Dort übernachteten wir auch. Dann gab es ein paar Tage Ruhe. Die Brände hörten auf, das bedeutete, dass die Deutschen keine Häuser mehr anzündeten. Ich glaube, in diesen Tagen verzog sich auch der letzte deutsche Soldat.

Nach ein paar Tagen Unheil drohender Ruhe hörten wir das uns so bekannte Knirschen der »Tiger« und über unsere Köpfe das »Gurgur-gur« der fliegenden Geschosse. Die Deutschen beschossen uns jetzt über den Dnipro. Wir atmeten erleichtert auf: Nun wussten wir, wann wir uns verstecken mussten und wann nicht. Die Deutschen beschossen uns pünktlich, ungefähr zwei Stunden nach Frühstück, Mittagessen und Abendessen. Die Essenszeiten kannten wir.

Einen Tag vor dem Beschuss der Deutschen übernachteten wir im Keller. Plötzlich hörten wir Lärm auf dem Hof. Jemand klopfte an die Tür und sagte: »Öffne die Tür, Hausherrin, die Unsrigen sind gekommen.« Wir alle – denn bei uns versteckten sich wie immer einige Menschen – sprangen zum Aufgang. Zum ersten Mal sahen wir Schulterstücke auf den Schultern der Soldaten. Das war komisch, wo uns doch viele Jahre eingepaukt wurde, dass die Weißen Offiziere mit den Schulterstücken unsere Feinde seien. Wir freuten uns trotzdem riesig. Aber die Jungs sagten, dass wir wieder in den Keller müssten. Sie machten nur die Aufklärung, und ein paar Tage später würden dann die regulären Einheiten kommen.

Mehr als eine Woche gab es in der Stadt keine Deutschen und keine der Unsrigen. Am 29. September kamen dann reguläre Militäreinheiten in die Stadt. Das war nicht mit dem Einmarsch der Deutschen zu vergleichen, sondern ging wesentlich zurückhaltender vonstatten. Und weil die Deutschen weiter pünktlich jeden Tag die Stadt beschossen, hatten wir Angst, dass sie zurückkehren könnten. Sie beschossen uns noch einen Monat lang, aber die Stadt erwachte langsam wieder zum Leben.

72

Plötzlich erschien die Hebamme, die Mama bei meiner Geburt geholfen hatte. Mittlerweile war sie Ärztin. Mama schlug ihr vor, in Papas Kabinett zu wohnen, weil ihre eigene Wohnung nicht mehr existierte. Von dem Haus war nur ein Haufen Ziegelsteine übrig geblieben. Und obwohl sie mir nach Mamas Worten in diese Welt geholfen hatte, fand ich sie auf Anhieb unsympathisch. Sie hatte eigentlich keinen Schnupfen, trotzdem schnaubte sie ständig, als müsste sie einen Haufen Rotz loswerden. Das war unangenehm.

Dann begann sie, alle im Haus herumzukommandieren. Mama war nicht mehr sie selbst. Diese Bekannte nahm unsere Lebensmittel, ohne mit Wimpern zu zucken, ohne darüber nachzudenken, ob für uns noch etwas übrig blieb. Es sah so aus: Sie, die arme Beschädigte, kam aus dem Hinterland und hatte keine Wohnung. Wir dagegen lebten ja wie wohlhabende Bürgerliche. Ja, unser Haus war heil geblieben, wir hatten eine Bleibe. Aber das war auch alles. Für die anderen Dinge musste Mama Geld verdienen.

Ihre früher erlittene Meningitis konnte man noch spüren. Mamas Gesicht war leicht schief, Gott sei Dank nicht so stark wie bei einer Schwester in der Kirche. Darüber war ich froh. Aber das Gedächtnis spielte ihr manchmal Streiche. Deshalb arbeitete sie nicht im Elektrokabinett, sondern machte Schichtarbeit, manchmal im Dampflokdepot, manchmal im Wagendepot, manchmal am Bahnhof.

Es kam der Winter. Die Brennstoff-Situation war bei uns nicht besonders gut, aber diese eklige Hebamme fand eine Lösung. In ihrem Schuppen, der wie durch ein Wunder heil geblieben war, gab es noch einen Haufen Kohle, die ich dann zu uns schleppen musste. Das war nicht gerade nah, die Ruinen ihres Hauses befanden sich am Rand der Innenstadt, wo die Leninstraße auf den Platz mit dem MÜD-Garten (Jura-Ministerium) traf. Der Garten lag an einem Fluss und war riesig, nahm den ganzen Wohnblock in Anspruch und reichte von der Leninstraße bis zum Hauptbahnhof. Früher gab es an dieser Stelle eine Wiese. Der Garten war kurz vor dem Krieg angelegt worden. Die Bäume waren klein, die Büsche kränklich, die Wege fast unsichtbar, und überall wucherte das Unkraut. Es war auch klar, warum: Während der Besatzungsjahre hatte niemand den Platz gepflegt.

An diesem Garten vorbeizugehen war sogar tagsüber ungemütlich, weil man dabei durch offenes Gelände musste. Auf einer Seite lag der schwermütige MÜD-Garten, auf der anderen eine Wiese, die am Fluss begann und zur Leninstraße hochführte. Früher hieß diese Straße Katerininska. Eigentlich begann die Leninstraße erst im Stadtteil »Auf den Bergen«. Aber wenn man »Ich gehe zur Leninstraße« sagte, war das Stadtzentrum gemeint.

Einmal wurde ich gerade dort Zeugin der Luftschlacht von einem unserer »Habichte« gegen drei oder vier Messerschmitts. Die Flugzeuge flogen so tief, dass man die Flieger sehen konnte. Die Maschinen rasten aufeinander zu, sodass man glaubte, gleich müsste es krachen. Dabei schossen sie aus Maschinengewehren aufeinander.

Der Kriegshimmel: Ein roter Schein dank der Brände, bedeckt mit Rauch aus der brennenden Stadt. Oder überall Leuchtspurmunition am ganzen Himmel. Das sah schön aus, konnte uns allerdings nicht freuen. Und dann die Lichter, die an Fallschirmen herunterfielen und alles taghell erleuchteten. Solche Bilder könnte man genießen, würden nicht anschließend die Bomben fallen.

Während eines Kriegsjahres fiel kein Regen. Wir schauten in den Himmel und beteten zu Gott, uns Wolken zu schicken. Manchmal kamen welche, aber dann tauchte ein Flugzeug auf, und sie verschwanden. Der natürliche Verlauf der Ereignisse im Himmel wurde gestört. Es gab dort zu viel Krieg.

So stand ich also neben dem MÜD-Garten und beobachtete die Tragödie, die sich im Himmel abspielte. Die Messerschmitts waren zu dritt oder viert, und unser Flugzeug war allein. Es schlug Haken wie ein Hase, den eine Meute von Windhunden verfolgt, und versuchte, den hochwertigen deutschen Flugzeugen zu entkommen. Ich stand da und flüsterte: »Flieg weg, flieg weg! Es sind zu viele.« Aber der Pilot blieb, flog direkt auf die deutschen Flugzeuge zu und versuchte, sie zu beschießen. Das ging nicht lange gut. Irgendetwas flammte im Flugzeug auf, und es fiel mit einem schwarzen Rauchschweif durch den Himmel irgendwo weit hinter dem Dnipro zu Boden.

Ich weinte. Es gab praktisch keine Leute auf der Straße, und die, die da waren, sahen meines Erachtens gar nichts. Sie hatten sich schon so an das Gedröhn der Flugzeuge, an die Pfiffe der fliegenden Geschosse (ein Merkmal, dass sie dich nicht mehr treffen würden), an die Explosionen in der Stadt gewöhnt, dass die eigenen Sorgen für sie wichtiger waren als irgendwelche Flugzeuge im Himmel. Eine Weile später wurde im MÜD-Garten ein Grabmal für die Flieger, die über unserer Stadt umkamen, errichtet. Ich hatte immer das Gefühl, dass dort die Jungs lagen, deren Tod ich beobachtete.

Es ist möglich, dass ich diese Luftschlacht gerade zu dem Zeitpunkt sah, als ich dabei war, diese blöden Kohlen zu holen. Ich füllte den Sack mit so viel Kohle, dass ich ihn noch heben konnte, lud ihn auf meine schmalen Schultern und ging nach Hause. Ich wählte eine Zeit, in der die Deutschen gewöhnlich nicht schossen. Aber in letzter Zeit waren sie nicht mehr so zuverlässig. Sie hatten ihre Pünktlichkeit verloren und beschossen die Stadt ohne Plan.

Einmal, als ich im Schuppen war, begannen die Deutschen, die Stadt zu beschießen, gerade den Stadtteil, in dem ich mich befand. Als ich endlich nach Hause kam, verkündete ich, dass ich die Kohle nicht mehr holen würde. Die Hebamme war sauer. Ich kann mich nicht erinnern, wie lange diese Hexe noch bei uns wohnte, für mich war es jedenfalls eine gefühlte Ewigkeit.

Mit der Zeit kam Mutter zu sich und hörte nicht länger in allem auf die Hebamme. Die beiden hatten einen heftigen Krach. Zum Glück bekam die Hebamme zu dieser Zeit eine Wohnung und ging fort. Ich hörte nichts mehr von der Frau, die mich als Erste in Händen hielt, als ich auf die Welt kam. Und ich wollte auch nichts mehr von ihr hören.

73

In den ersten Tagen, als die Unsrigen kamen, war die Stadt irgendwie leer, nur ab und zu sah man Militärangehörige. Ein paar Tage später kamen plötzlich die Einheiten des SMERSch (Tod den Spionen). Ich glaube, diese Organisation war so ähnlich wie das NKWD, nur noch schlimmer. Komisch, in diesen Einheiten gab es viele Frauen, und sie sahen nicht wie Heldinnen aus, die unsere Heimat verteidigten. Vera erzählte mir, wie sich diese Frauen in Militäruniform verhielten, als sie wegen eines Missverständnisses in ihre Macht geriet. Danach empfand ich eine gewisse Verachtung für die Frauen in Uniform. Leider vertieften andere Zwischenfälle in meinem Leben diese Verachtung noch mehr.

Folgendes war Vera passiert: Obwohl sie kleiner war als ich, sah sie mit ihren sechzehn Jahren wie ein Fräulein aus. Deshalb war es verständlich, dass sie einem sowjetischen Offizier gefiel. Er begann, sie anzumachen. Vera wies ihn natürlich schroff ab. Abends wurde sie verhaftet und in den Stadtteil »Auf den Bergen« verfrachtet, ins

Gebäude der ehemaligen Polizei. Dort wurde sie von den Weibern in Uniform bewacht. Sie stand die ganze Nacht an der Wand und hörte, wie die Frauen sie beleidigten. Die Eltern taten zu Hause ebenfalls kein Auge zu. Am Morgen fanden sie Vera, gingen zum Polizeichef und sorgten dafür, dass sie entlassen wurde.

Der SMERSch arbeitete pausenlos. Viele wurden nach einer Denunziation verhaftet (und unser Volk konnte gut denunzieren). Valentin Drigus kam unter Arrest. Das war schade, er hatte uns viele Male vor der Abschiebung nach Deutschland gerettet. Auch der Vater von Valja (Valentin) Krischtalewitsch wurde verhaftet. Während der deutschen Besatzung hatte er als Buchhalter in einer Spirituosenfabrik gearbeitet. Es wurde erzählt, dass auch er vielen half.

Kein Wort durfte man zur Verteidigung solcher Leute sagen, und niemand wollte uns zuhören. Alle Leute, die in der Besatzungszone lebten, galten jetzt als Menschen zweiter Klasse. Valentin selbst und Wolodja Kuchar wurden für die Armee rekrutiert. Wohin Semönow verschwand, weiß ich nicht.

Tante Rita und Grischa wurden nach Sibirien verbannt. Ich schaffte es nicht einmal, mich von ihnen zu verabschieden. Markijan, Ritas Mann, wollte nicht mit ihnen mitfahren. Er erzählte uns, dass Grischa die Verbannung ruhig aufnahm und es nur schade fand, dass er mich nicht mehr sehen würde. Er gab zu, dass er mich liebte. Später erzählte Markijan meiner Mutter, dass es Tante Rita und Grischa gut gehe, und er übermittelte uns ihre Grüße.

Die Gretschuks hatten von den Deutschen ihr Gut zurückbekommen und konnten gut davon leben. Galja hatte ein Kind von einem Deutschen, Ljuba arbeitete als Dolmetscherin, deshalb war ihr Gewissen nicht ganz rein. Und Ljuba merkte sich wahrscheinlich das Gespräch, dass wir am ersten Tag der Ankunft unserer Einheiten führten.

Ich stand am Tor, und sie kam zu mir. Ich erinnere mich nicht, worüber wir sprachen. Dann kam Vera, und weil wir gerade aus dem Unterbau in unsere Häuser zurückkehrten, war ihre Begrüßung entsprechend: »Hallo, Genosse Übersiedler!« Ljuba war scharfzüngig und erwiderte spöttisch: »Ihr seid aber schnell Genossen geworden.« Da antworteten Vera und ich einstimmig: »Wir waren ja auch niemals Bürgerliche.« Wir warfen ihr noch manches vor. Ich glaube, dass sie die Konsequenzen zog. Für ein paar Jahre verschwand Ljuba nämlich aus der Stadt.

Unsere alte Eisenbahnschule Nummer 32, so nannte man sie jetzt, öffnete bald ihre Pforten, aber es gab dort keine älteren Klassen, deshalb mussten wir in die neunte Klasse in eine neue Schule gehen, die sich im ehemaligen Wohnheim der Eisenbahner befand. Dort kannte ich keinen Lehrer, weil sie aus der Eisenbahnschule Nummer 31, die im Stadtteil »Hinter der Aufschüttung« lag und verbrannt war, hergeschickt wurden.

Ich erinnere mich kaum, wer mit mir zusammen diese Schule besuchte. Überhaupt lief der Lernprozess so lala. Wir wurden ständig zu irgendeiner Arbeit geschickt, entweder in eine Kolchose oder in die Stadt, um Ziegelsteine von Zement zu befreien. Meist gingen wir zum Dienst in ein Lazarett, das sich im Gebäude der Eisenbahnfachschule befand.

In dieser Phase meines Lebens war das Lazarett das prägendste Erlebnis. In großen ehemaligen Hörsälen waren noch von den Deutschen dreistöckige Betten errichtet worden. Es gab so viele Verwundete, dass sie paarweise beisammenlagen. Ich wunderte mich immer, warum sie nicht vom Bett fielen, besonders von der höchsten Etage. Im Gebäude gab es ständigen Lärm durch stöhnende Verwundete und manchmal einen unmenschlichen Schrei, wenn jemand operiert wurde, ohne Narkose natürlich.

Mich wunderte die ungerechte Zuteilung der Betten für die Verwundeten. Unten lagen meist junge Kerle und natürlich die schwer Verwundeten, auf den mittleren Betten lagen die älteren Männer, und oben sogenannte »Nazmeni« (nationale Minderheiten), Usbeken, Tadschiken, die Jungs aus dem Kaukasus und andere Nationalitäten unserer multinationalen Heimat. Wo dem Lied entsprechend »der Mensch so wohl atmen kann«. Ich glaube, dass es all diesen Leuten nicht so wohl war mit dem Atmen auf diesen hohen Betten. Es war schwierig genug, Wasser und Essen hinaufzureichen, es war wirklich sehr hoch. Manchmal starb jemand in diesen Betten, und man merkte es nicht immer sofort, besonders wenn der Verwundete an der Wand lag.

Während des Krieges war ein Lazarett ein Platz, der schlimmer war als eine von den Dichtern beschriebene Hölle. Es gab keine Operationsräume, die Operationen wurden auf dem Tisch in der Mitte des Saals durchgeführt. Dort stand eine Menge von Betten mit den, wie die Ärzte sagten, schon »bearbeiteten« und »frischen« Kranken, die darauf warteten, dass sie an der Reihe waren.

Manche Verwundete lagen auf Tragen direkt auf dem Boden, manche saßen an irgendwelchen Holzbänken. Die Verwundeten wurden sofort von den Krankenschwestern verbunden. Wenn ein Zug mit Verwundeten ankam, gab es ein regelrechtes Chaos in allen Lazarettzimmern. Es gab durchaus genug Medizinpersonal, aber manchmal waren es so viele Verwundete, dass die Krankenschwestern nicht alles schafften, dann nahmen wir die Frontverbände ab. Aber das war nur ein paar Mal. Meist halfen wir, das Essen zu verteilen, schrieben Briefe, kehrten den Boden und halfen, die Bettwäsche zu wechseln, was meiner Meinung nach sehr selten gemacht wurde.

Von allem, was ich im Lazarett sah, gefiel mir am wenigsten das Verhalten der Krankenschwestern gegenüber den Verwundeten. Ihre ganze Aufmerksamkeit schenkten sie den jungen genesenden Männern und den leicht Verwundeten. Die dritte Etage existierte für sie nicht. Ich konnte diese Krankenschwestern nicht mit der Gestalt der barmherzigen Schwestern in Zusammenhang bringen, die so gut in den klassischen Romanen beschrieben wurden.

Noch schlimmer war es, einen bestimmten jungen Mann zu sehen und zu hören. Sein Bett stand nicht an der Wand, sondern irgendwie im Weg. Wohin du auch in diesem Raum gingst, immer stießest du an dieses Bett, zumindest hatte ich das Gefühl, dass es so wäre. Dem Jungen fehlten die Beine von den Knien und die Arme von den Ellbogen an. Er hatte ein hübsches Gesicht, einen athletischen Körper, breite Schultern, eine muskulöse Brust. Das Bett schien so groß, so leer. Und auf dem Bett nur der Kopf und der Körper. Er wiederholte ständig: »Tötet mich. Ich will nicht mehr leben.« Schrecklich.

Deshalb besuchte ich lieber den Lazarettklub, in dem wir für die genesenen Verwundeten Konzerte veranstalteten. Ziemlich amateurhaft, jeder machte, was er konnte. Manche erzählten Gedichte, manche tanzten, ich sang, und Nina Bashan begleitete mich. Das klappte ganz gut.

74

Das Lernen in der Schule war weiter ziemlich zäh. Wir hatten nicht genügend Lehrbücher, Hefte gab es keine. Wir schrieben auf irgendwelche gefundenen Blättern, sogar auf gebundene Zeitungen.

In diesem Winter quälte mich eine Angina. Wahrscheinlich lag es daran, dass ich schlecht gekleidet oder schlecht ernährt war, zudem hatten Vera und ich fast den ganzen Sommer im Unterbau verbracht. Als wir unsere Bettwäsche, auf der wir so lange gelegen hatten, schließlich herauszogen, war die untere Matratzenseite vermodert und die Matratze musste weggeworfen werden. Die Decken musste man lange trocknen, und sie gingen schnell kaputt.

Vera bekam von unserem Aufenthalt im Unterbau ein Problem mit den Nieren, zumindest denke ich das. Und mein Rücken war voller Pickel. Ich bekämpfte sie viele Jahre lang, bräunte den Rücken in der Sonne.

Ich erinnere mich an keine Schüler und keine Lehrer in der neunten Klasse, nur Gonez blieb mir in Erinnerung. Der Mathelehrer war ein dürrer junger Mann, der Probleme hatte zu sprechen und den Stoff chaotisch erzählte. Vielleicht empfand ich es so, weil uns »Labon« alles so klar beigebracht hatte. Ich mochte weiter Geometrie und versuchte, Algebra zu lernen. Aber in dem neuen Fach Trigonometrie tendierten meine Kenntnisse gegen Null. Vor den Prüfungen erkrankte ich. Zum ersten Mal in all den Jahren ging meine Mutter in die Schule, um mit den Lehrern zu sprechen. So wurde ich ohne Prüfungen in die nächste Klasse versetzt.

Der Krieg ging weiter, die Front entfernte sich immer mehr. Jetzt standen jene Einheiten, die Ruhepause hatten und nach den Schlachten ihre Wunden leckten, in der Stadt. Diesen Einheiten wurden frische Kräfte zugeführt. Außerdem wurden neue Einheiten formiert. In jedem Haus gab es Soldaten. Bei uns wohnten ungefähr acht Leute. Es waren keine richtigen Seeleute, aber sie hatten etwas mit den

Schiffen auf dem Dnipro zu tun. Nachdem die Deutschen vom Dnipro vertrieben wurden, bereiteten sie sich auf die Kämpfe auf den anderen Flüssen, näher an Deutschland, vor. Wahrscheinlich am Dnister oder an der Donau.

Bei den Männern, die bei uns wohnten, war auch Pavlik Mischtschenko. Als er das erste Mal an der Schwelle unserer Küche erschien, schauten Mama und ich uns an. Was für eine unbeschreibliche Schönheit! Vielleicht war er in Wahrheit gar nicht so ein Schönling, aber auf jeden Fall ein interessanter Mann, der mir sehr gefiel. Er verliebte sich in mich und begann, mir nachzulaufen. Später erzählten mir die Männer, dass Pavlik sich überall verliebte, wo sie Halt machten, und zwar jedes Mal wahnsinnig.

Nachdem Valja Kristalewitsch an die Front geschickt worden war, bekam ich bald von ihm einen Brief, der so begann: »Hallo Agnessa. Ja, da sitzt der Valentin mit dem Rücken zu seinem Panzer und schreibt dir einen Brief.« Ich bewahrte seine Briefe lange auf. Aber als wir uns endgültig zerstritten, verbrannte ich sie. Gut, dass ich das Foto nicht mit verbrannte, das er mir von der Front geschickt hatte. Ich steckte es in einen Glasrahmen und stellte ihn auf die Kommode, die aus irgendeinem Grund im Esszimmer stand. Wahrscheinlich, weil das Wohnzimmer für die Soldatenbetten frei gemacht worden war. Pavlik, der im Wohnzimmer wohnte, legte jedes Mal, wenn er durch das Esszimmer lief, das Bild auf die Kommode, mit der Vorderseite nach unten. Das ging so bis zu seiner Abreise. Wenn er zu Hause war, lag das Foto mit dem Gesicht nach unten, wenn er nicht da war, stand das Foto, wie es sein sollte.

Ich erinnere mich nicht, ob wir uns küssten. Aber an allen möglichen und unmöglichen Stellen versuchte er, mich anzufassen. Was konnte man schon anderes von ihm erwarten? Er war eben ein Junge aus dem Dorf Werguni, nicht weit von Mirgorod. Ich glaube nicht, dass er besonders gescheit war. Dumm allerdings auch nicht, er war schließlich irgendein Kommandeur. Mit den Manieren hatte er allerdings Probleme.

In den Jahren 2004 und 2005 erholte ich mich in Mirgorod. Einer von den Genesenden war aus Werguni und erzählte mir, dass dieses Dorf groß sei und die Hälfte der Bewohner den Namen Mischtschenko trage. Deshalb zerschlug sich meine Hoffnung, dass er Pavlik kennen und ich von ihm etwas erfahren würde.

Vielleicht waren die Gefühle von Pavlik echt. Ich weiß nicht mehr, was zwischen uns passierte, aber einmal ging er verärgert und durcheinander zu einer Schicht auf dem Schnellboot. Am Morgen danach baten mich seine Kameraden, ich möge Pavlik nicht so verwirren, weil er fast das Boot versenkt hätte. Wahrscheinlich war er ein Bootsführer.

Bis zum Ende des Krieges war es noch weit, und die Einheit von Pavlik wurde zu einem anderen Fluss geschickt. Wir wechselten noch bis zum Kriegsende Briefe. Auf welchen Flüssen er kämpfte, weiß ich nicht, darüber durfte man nicht schreiben. Wenn doch jemand so etwas erwähnte, wurde es von der Zensur geschwärzt. Als Pavlik nach dem Krieg nach Hause zurückkehrte, schickte er mir aus Werguni einen Brief und wollte mich heiraten. Aber ich lehnte den Vorschlag genauso ab wie den von Valentin Sorokin. Werguni? Ich fahre doch in die Hauptstadt, um zu studieren!

Aber das war alles nach dem Krieg. Im Augenblick hörte man in unserem Haus Tag und Nacht das Getrampel von Soldatenstiefeln, obwohl der Krieg schon weit entfernt war. Man hatte das Gefühl, dass jede Minute irgendwo eine Tür knallte. Unser Haus war wie eine Sardinenbüchse: acht Soldaten, wir zwei in Papas Kabinett und dazu wie immer Mieter, ein Mann und eine Frau.

Der Mann, Peter, war Lokomotivführer und ständig auf Achse. Wenn er zu Hause war, schlief er den ganzen Tag. Seine Frau Galja arbeitete nicht, und wenn sie nicht in der Küche kochte, saß sie in ihrem Zimmer, immer mit geöffneter Tür, sodass alle sie sahen. Dabei strickte sie und summte Lieder. Oft kam ein Soldat mit dem Spitznamen Maske an ihrem Zimmer vorbei. Die Lieder verstummten, die Tür wurde geschlossen. Alle, auch ich, wussten, was sie dort machten. Ich wollte es Peter erzählen, aber ich hatte Mitleid mit ihm und schwieg. Es war so eine Schande. Die Frau schlief vor seiner Nase mit jedem x-beliebigen Soldaten. Ich vermutete, dass auch andere sie nachts besuchten, wenn Peter auf Reisen war.

Galja war eine schöne Frau, und sie stickte auch gut, mit farbigem Garn. Wo sie das nur herhatte? So ein schönes Garn gab es schon lange nicht mehr im Handel. Später wurde alles klar: Dieses Garn klaute sie bei Mama, es lag im Schrank, der bei uns im Schlafzimmer stand, und war noch vor der Revolution gekauft worden. Dann jagte Mutter diese Mieter hinaus. Als Mama Galja wegen des Diebstahls ins Gewissen redete, antwortete sie ruhig: »Und warum schließt du Blöde nichts ab?« Für Mutter war das keine Lehre. Sie hatte weiter Mieter, und im Haus war weiter nichts abgeschlossen. Ich lebte mein Leben lang genauso, in meinem Haus gab es keine Schlösser.

Vor dem Krieg, als ich noch kleiner war, wiederholte sich jedes Jahr das Gleiche: Mama kochte Marmelade. Ich erinnere mich komischerweise nur an Aprikosenmarmelade. Die Marmelade stellte sie auf einen Kleiderschrank im Schlafzimmer. Mir schien es immer sehr hoch, aber irgendwie konnte ich sie auch dort oben erreichen. Ich versprach mir jedes Mal, dass ich nur eine Aprikose nehmen würde, aber das Glas wurde schnell leer. Für diese Taten wurde ich wahrscheinlich bestraft, allerdings erinnere ich mich nicht daran. Nur wie ich die Aprikosen geklaut habe, das sehe ich bis heute so deutlich vor mir, als ob es gestern gewesen wäre. Und ich denke mir: Wäre es nicht einfacher gewesen, die Marmelade irgendwo wegzuschließen?

75

Jedenfalls ging es nach dem Erscheinen unserer Armee in unserem Haus ähnlich zu wie auf einem Bahnhof: Lärm ohne Ende, irgendwer kam, irgendwer ging, Tag und Nacht, immer das Gleiche.

In der Stadt gab es zwei Badeanstalten, eine gehörte der Eisenbahn und befand sich nicht weit von uns entfernt, die andere, das Stadtbad, lag am Dniproufer. Es gab keine öffentlichen Verkehrsmittel, deshalb musste man quer durch die Stadt marschieren, um zu diesem Bad zu gelangen. Ich war dort nur ein paarmal. Ein altes, irgendwie rußiges Gebäude. Im Waschraum ein kaputter Boden, die Steinbänke uneben, wahrscheinlich von der mehrjährigen Abnutzung mit den Schüsseln. Die Schüsseln selbst gefielen mir auch nicht, sie waren zu groß. In diesem Bad gab es Wannen, wobei ich mich nicht erinnern kann, dass wir sie benutzten. Mama sagte, das sei unhygienisch.

In unserer Badanstalt, die nicht weit von uns entfernt war, gab es keine Wannen, dafür Duschkabinen. Aber dorthin gingen wir auch nicht. Entweder war es zu teuer oder zu ungewöhnlich. Gewöhnlich gingen wir während der Fünf-Tage-Woche immer vor dem Wochenende ins Bad. Weil im Land die siebentägige Woche wiedereingeführt wurde, bedeutete das, dass wir seltener badeten. Jetzt gingen wir freitags ins Bad. An diesem Tag waren dort immer viele Leute und wir mussten manchmal stundenlang in der Schlange stehen.

Das Bad beeindruckte mich nicht besonders. Eine Menge nackter Frauen und Kinder mit Schüsseln liefen zwischen den Bänken und den Hähnen mit heißem und kaltem Wasser herum. Der Dampf war manchmal so dicht, dass man keinen Meter weit sehen konnte. Die Leute rieben einander den Rücken, übergossen sich mit Wasser und hoben dabei die Schüssel hoch über den Kopf. Nackt. Na und? Das interessierte mich absolut nicht.

Nur einmal sah ich etwas, was mich fürs ganze Leben prägte. In der achten Klasse wussten wir alles über die Jungs aus der zehnten Klasse. Ich wusste zum Beispiel, dass Mitja Kuchar ein Mädchen gefiel, das nicht auf unsere Schule ging, aber nicht weit von mir entfernt wohnte. Ich kannte sie vom Sehen. Sie war wirklich ein hübsches Mädchen, eine von der Art, über die man sagt: mollig, aber nicht dick. Nicht wie ich, ein »Koschtschei der Unsterbliche« aus dem Märchen (sehr dürr).

Einmal sah ich sie in der Badeanstalt und betrachtete sie heimlich. Und war erstaunt: Ihre Hüften waren richtig dick, ihre Haut hatte Wülste, sodass man das Gefühl hatte, dass die Haut dabei war zu platzen und Fett aus dem Riss fließen würde. Sie hatte einen beträchtlichen Bauch, und ihre Brüste hingen wie die Ohren eines Vorstehhundes herab. Ich war schockiert. Nach diesem Zwischenfall dachte ich immer, wenn mir über irgendeine Schönheit erzählt wurde: »Das wollen wir uns im Bad anschauen.«

In den Kriegsjahren wurde das Stadtbad völlig zerstört. Aber unser Bad wurde nur teilweise gesprengt und während der deutschen

Besatzung wieder aufgebaut. Dort badeten überwiegend die Soldaten. Für die Zivilbevölkerung wurde ein Tag in der Woche freigehalten, wobei eine Woche für Frauen und die nächste für Männer reserviert war. Zudem musste man ein paar Stunden in der Schlange stehen. Deshalb ruhte die ganze Hoffnung auf einem Trog zu Hause.

Manchmal hatte Mutter ihre Schicht in einem Dampflokdepot. Dann ging ich zu ihr und wusch mich unter der Dusche. Dort erfuhr ich das erste Mal in meinem Leben, was eine Dusche ist. Aber grundsätzlich blieben uns nur der Trog und die Schüssel. Den Trog stellte man in die Mitte der Küche, die bei uns klein war. Auf dem Herd kochte man das Wasser in zwei Kochtöpfen, und neben dem Trog stand ein Eimer mit Kaltwasser. Alles Weitere war deiner Fantasie überlassen, du konntest dich waschen, wie du wolltest.

Alle Türen außer der Eingangstür wurden bei uns aus irgendeinem Grund nicht abgeschlossen. Und obwohl eine weitere Tür vorhanden war, gingen alle durch die Küche. Du sitzt nackt im Trog, plötzlich öffnet sich die Tür, kalte Luft übergießt dich vom Kopf bis Fuß, und ein Soldat stürzt in die Küche, einer von unseren oder ein fremder. Wenn er das ungewöhnliche Bild sieht, entschuldigt er sich, öffnet die Tür, und wieder spürst du die kalte Luft auf deinem Körper.

Einmal wusch ich mich in einer Schüssel und stand nackt bis zur Taille in der Küche. Ehrlich gesagt, es gab nicht viel zu sehen, meine Brüste waren klein. Aber als ein Soldat hereinkam, wurde ich hysterisch. Ich schluchzte, bis ich Schluckauf bekam. Ich glaube, der Grund war nicht, dass mich jemand nackt sah, sondern dass mich alle Unbequemlichkeiten der Kriegszeit in diesem Moment einfach überfluteten und mir die Nerven durchgingen.

Ich denke, eine Schüssel zum Waschen zu benutzen, war damals halb so schlimm. Die Toilette, das war schon komplizierter. Unsere Toilette war vor dem Krieg einigermaßen in Ordnung, obwohl sie sich draußen befand. Aber als die Meute unseren Zaun wegschleppen wollte, nahm sie das Toilettenhäuschen, das am Ende des Gartens stand, als Erstes mit. Und weil Mama nicht sofort bei Beginn des Raubes angelaufen kam, blieben wir ohne so ein lebenswichtiges Gebäude.

Jetzt dienten zwei Ziegelsteine und ein kleiner Graben als Toilette. Wenn der offene Graben voll war, wurde er zugeschüttet, und die Ziegelsteine trug man an eine andere Stelle. Diese Stellen befanden sich aus irgendeinem Grund stets am Eingang des Gartens. Um die fünfzehn Bewohner unseres Hauses, darunter etwa zehn Männer, benutzten diese sogenannte Toilette. Schrecklich, ein richtiger Albtraum. Und so blieb es, bis zu unserer Abreise nach Kiew.

76

Solange der Krieg dauerte, hatte ich nicht nur mit Valja einen Briefwechsel. Ljonja schrieb mir auch, er schickte mir schöne Postkarten aus Europa. Einmal schrieb ich Ljonja einen Brief mit besonders schöner Schrift. Er wunderte sich sehr darüber. Auch Stjopa schrieb mir. Einmal kam ein Brief von Stjopas Feldpost. Die Schrift war mir unbekannt. Stjopas Freund Wanja Lewandowski teilte mir die traurige Nachricht mit, dass Stjopa schwer verwundet worden und in den Armen Wanjas gestorben war. Wanja fragte, ob er mir schreiben dürfe. Wir wechselten Briefe bis zum Kriegsende. Wanja schickte mir sein Bild. Er war ein ziemlich interessanter junger Mann.

Als der Krieg zu Ende ging, hörte ich mit dem Briefwechsel auf, aber solange der Krieg dauerte, schrieb ich vielen. Den jungen Männer wurde es warm ums Herz, wenn sie Briefe aus dem Hinterland bekamen. Viele Mädchen, nicht nur ich, schickten Bilder mit. Manche fanden so ihr Schicksal.

Stjopa hatte mir einmal die Hälfte von einem schönen transparenten Tuch geschickt. Die andere Hälfte schickte er Nina. Ich besaß dieses Tuch lange. Stjopa lebte schon nicht mehr, aber ich trug weiter das Tuch. Der Krieg ist schrecklich. Im Krieg wird gerade der junge Teil der Menschheit getötet.

Bald hörten die Briefe von Valentin auf. Seine Mutter und Schwester zogen vom Hof der Spirituosenfabrik in den Stadtteil »Auf den Bergen« um. Ich lief dorthin, um zu erfahren, ob sie nicht einen Brief von Valentin erhalten hätten. Endlich kam ein Brief. Valentin war durch eine Kugelsalve in der Bauchhöhle schwer verwundet worden. Nach ein paar Operationen begann er langsam zu genesen.

Wir setzten unseren Briefwechsel fort. Mit jedem Brief ging ich zu seiner Mutter und gab ihn ihr zu lesen, weil darin nichts Besonderes stand. Ich denke, dass sie mich deshalb sehr mochte. Sogar als Valentin schon eine eigene Familie hatte und sie eine Enkelin bekam, hing mein Bild bis zu ihren Tod in ihrem Zimmer.

Im Sommer 1944 gab es in der Stadt fast keine Truppen mehr, aber unser Haus war nach wie vor nicht leer. Oma kam, Wolodja erschien mit seiner Gascha und zwei Kindern. Und obwohl sie in einer Wohnung im kleinen Haus wohnten, trieben sich die Kinder trotzdem bei uns herum.

Wolodja kam eigentlich unerwartet zu uns. Dank seiner Frau war er früher aus der Armee entlassen worden. Wolodja war ein fleißiger Diener, und meiner Meinung nach erreichte er gegen Kriegsende viel. Er war der Kommandant vom Eisenbahnknoten in Lwiw (Lemberg). Als Gaschas Dorf befreit wurde, holte er die Familie zu sich. Aber Gascha blieb Gascha. Sie wohnten natürlich in dem Haus, in dem alle Chefs, auch der von Wolodja, wohnten. Gascha schaffte es, sich mit allen Frauen zu überwerfen. Und Wolodja wurde vor die Wahl gestellt: Entweder er schickt seine Frau fort, oder er wird entlassen. Er entschied sich für Letzteres und tauchte plötzlich mit seiner streitbaren Frau bei uns auf. Uns kam das teuer zu stehen.

Ich erinnere mich nicht, wie lange sie bei uns wohnten. Gascha schaffte es, sich auch mit meiner Mutter zu überwerfen. Schließlich zogen sie aus Krementschuk fort. Vorher tat sich Gascha mit Daniil zusammen, und über das Wohnungsamt fanden sie eine Familie mit vielen Kindern als Mieter. Das Amt stufte das kleine Haus als herrenlos ein und beschlagnahmte es. Wolodja verabschiedete sich nicht mal von seiner Mutter und seiner Schwester, auch nicht von meiner Mutter, die ihnen Unterkunft gewährt hatte. Im Winter gingen sie heimlich über den vereisten Fluss fort. Zuerst bemerkte Mama ihr Verschwinden nicht. Nur als im Hof unbekannte kleine Kinder zu laufen begannen, wurde uns klar, dass Wolodjas Familie aus dem kleinen Haus weg war.

Mama versuchte, gegen das Wohnungsamt zu prozessieren, aber vergeblich. Das Haus war in den Dokumenten als Schuppen registriert, und weil das Wohnungsamt in der ausgebrannten Stadt dringend Wohnungen brauchte, gewann es den Prozess. Deshalb: Tu etwas Gutes, auch für die eigene Sippe, und du bekommst bloß Unannehmlichkeiten. Daniil lief zufrieden herum, rieb sich die Hände. Man hätte ihn schon lange vom Hof werfen müssen oder noch besser: ins Gefängnis wegen Missbrauchs Minderjähriger.

In den ersten Tagen, als unsere Truppen zurückkehrten, kam auch Valja zu uns, die jüngste Schwester meiner Mutter, die nur sieben Jahre älter war als ich. Als Kinder hatten wir sogar zusammen mit Puppen gespielt. In den ersten Kriegstagen war sie als Krankenschwester an die Front gegangen, und obwohl die medizinischen Truppen immer hinten agierten, war der Tod doch ständig in ihrer Nähe.

Valja erzählte, dass einmal ein Beschuss begann und ihre Freundin und sie aus dem Zelt heraussprangen, um in die Deckung zu laufen. Valja war auf einer Seite des Zeltes, die Freundin auf der anderen. Das Geschoss fiel dort, wo die Freundin stand. Von ihr blieb nichts übrig.

Überhaupt standen mir nach den Erzählungen von Frontleuten oft die Haare zu Berge. Ich erinnere mich an die Geschichte von Valentin Sorokin, wie er während des Finnischen Krieges eine Bajonettattacke mitmachen musste. Auch nach fünf Jahren wachte er noch oft nachts auf und hörte das Knirschen menschlicher Knochen, wenn er das Bajonett in einen Körper rammte.

Zu meiner Tante Valja hatte ich ein zwiespältiges Gefühl. Ich respektierte sie für alles, was sie an der Front erlebt hatte, auf der anderen Seite verdiente sie die abschätzige Bezeichnung »Feldzugsfrau« in vollem Maße. Sie kam nach dem Krieg mit ihrer Tochter Nina zu uns. Aus ihren Erzählungen konnte ich nicht heraushören, ob sie mit Ninas Vater Iwin zusammengelebt hatte. Jedenfalls hatte er eine hohe Position in der Armee.

Irgendwann wurde er tödlich verwundet und starb an der Front. Da stiftete sie ihre Freundinnen zu einem Betrug an und tat so, als ob sie mit Iwin verheiratet sei und die Papiere während des Krieges verschwunden waren. Zwei ihrer Freundinnen bestätigten das im Gerichtsaal, obwohl sie Iwin nie gesehen hatten. Auf dieser Grundlage wurde Valja die Heiratsurkunde ausgehändigt, und sie bekam für Nina Staatshilfe, bis ihre Tochter volljährig wurde.

Alles wäre in Ordnung gewesen, doch dann kam ein Brief aus Bila Zerkwa. Als Absender stand ein unbekannter Frauenname mit dem Nachnamen Iwina. Als Oma mich fragte, von wem der Brief sei, antwortete ich: Von irgendeiner Iwina. Und obwohl es in unserer Familie nicht üblich war, fremde Briefe zu lesen, bat Oma mich, ihr den Brief vorzulesen. Diese Frau beschimpfte Valja, dass sie die Staatshilfe bekam, denn sie hätte von Iwin drei Kinder. Ob es wahr war oder nicht, weiß keiner. Unklar blieb auch: Wenn sie eine rechtmäßige Ehefrau war und die entsprechenden Papiere besaß, warum focht sie dann ihr Recht nicht vor Gericht durch?

Ich weiß nicht, ob Oma mit Valja dieses Thema besprach. Das ganze Leben habe ich darüber geschwiegen. Valja vermutete nie, dass ich alles wusste. Ich glaube, ihre Tochter Nina weiß auch nichts darüber. Vielleicht hat sie irgendwo Halbbrüder oder Halbschwestern. Vielleicht könnte sie durch sie mehr über ihren Vater erfahren. Aber vielleicht interessiert sie das alles auch gar nicht.

77

Also, wir hatten zu Hause wieder ein Durcheinander. Komischerweise gab es um jene Zeit keine Mieter in Papas Kabinett. Dieses Zimmer bekam ich. Ich glaube, ich bekam es deshalb, weil das Fenster nach Norden ging. Nie schien die Sonne dort hinein, und im Winter war es kalt. Aber alle sagten, dass ich in der Abschlussklasse sei und mich ernsthaft vorbereiten müsse.

Vera und ich erfuhren, dass in unserer Schule eine zehnte Klasse zustande kommen würde, wenn man mindestens zehn Schüler fände. Also liefen wir herum, um die Schüler zu agitieren. Aus unserer achten Klasse kamen außer mir Nina Stepaschko, und Nina Bashan in unsere Schule zurück. Ich überzeugte Nina Skirta, weiterzulernen. Manja Abassowa kam selbst. Außerdem kamen Lida Sidorenko und die Jungs Sascha Schewtschenko und Wolodja Swetlitschni. Wolodja stammte aus Galeschtschina. Auch Marinka war von dort, ich erinnere mich nicht mehr an ihren Nachnamen.

Die Schüler in der Schule waren natürlich nicht mehr die gleichen wie vor dem Krieg. Die Jungs aus unserer Klasse kämpften noch, manche waren auch schon getötet worden. Die Schule hatte keinen Chor mehr. Auch unser Schulleiter war nicht mehr am Leben. Pädagogischer Leiter war Iwan Matwejewitsch Suschko, der Physiklehrer. Ukrainische Sprache und Literatur unterrichtete eine neue Lehrerin, die fast noch in unserem Alter war. Wohin unsere alte Lehrerin Darja Födorowna verschwand, weiß ich nicht. Russisch unterrichtete Kurotschka, glaube ich. Kosel war auch nicht mehr da. Geschichte und Astronomie unterrichtete der Schulleiter Sosulja. Mathe? Ich glaube, das machte Labon. Komisch, ich erinnere mich an alle Lehrer in der achten Klasse, aber in der zehnten nur an einige.

In der Jahresmitte wurde bekannt, dass wir die Ersten sein würden, die die Prüfungen für das Reifezeugnis ablegen müssen. Prüfungen gab es in rauen Mengen. Der Lehrplan für das Reifezeugnis beinhaltete zusätzlich viel Stoff der fünften bis siebten Klasse. Abgesehen von der normalen Geschichte, die wir all die Jahre lernten, mussten wir jetzt auch noch eine Prüfung über die »Geschichte des Vaterlandskrieges« ablegen. So ein Pech. Das Buch war dick, und es gab nur ein Exemplar für drei Schüler. Ich lernte zusammen mit Vera.

Nina Skirta blieb nicht lange in der zehnten Klasse. Genau wie Kolja Shalki war sie in ihrer Dorfschule eine der besten, doch unsere Schule war zu schwer für sie. Sie ging dann auf die medizinische Fachschule. Sie staunte immer, wie ich es schaffte, nach der Lektüre einer Erzählung oder eines Romans alles Gelesene bis in die Einzelheiten nacherzählen zu können. Aber in der medizinischer Fachschule musste man sich auch vieles merken. Ich weiß nicht, wie sie dort lernte, jedenfalls schloss sie das Studium ab. Später wurde mir sogar erzählt, dass sie eine gute Krankenschwester sei. Man merkte ihr allerdings die Dorfschule an. Ich kann nicht sagen, dass ich ein gutes Gedächtnis hatte, aber ich las viel in den Kriegsjahren, das war ein Vorteil für mich. Wahrscheinlich spielt auch eine Rolle, wie begabt jemand ist.

In den Kriegsjahren war Sticken populär. Nina hatte Probleme mit dem Kreuzstich, sie machte ständig Fehler. Deshalb stickte sie ein bisschen, trennte dann auf, stickte weiter und musste wieder auftrennen. Dafür war ihre Stimme nicht schlechter als meine. Sie konnte sich sofort eine Melodie merken, auf Anhieb die zweite Stimme singen und sogar die Gitarre stimmen. Das konnte ich zum Beispiel nicht.

Vera hatte überhaupt kein musikalisches Gehör. Trotzdem sang sie immer ein Lied, das wir dann von ihr übernahmen. Es handelte von einer Schauspielerin, die in jungen Jahren erfolgreich war, aber später von Almosen leben musste. Mir blieb nur der Refrain im Gedächtnis: »Keine Rivalinnen konnten ihr damals das Wasser reichen, geben Sie ihr bitte ein bisschen Kleingeld.«

Nina fiel Literatur schwer, ganz zu schweigen von Physik und Mathe. Und welche Mühe musste man für die Geschichte des Vaterlandskrieges aufwenden! Unser Rückzug bis zum Ural wurde verschleiert, stattdessen besang man mit Pathos unsere Siege. Das waren Unmengen von Schlachtdaten und eroberten Städten, von Frontnamen und »weisen« Äußerungen des Genossen Stalin.

Ja, die Deutschen wurden schnell vertrieben, aber ich glaube, ohne die zweite Front der Amerikaner hätte dieser Dschugaschwili (Stalin) die ganze männliche Bevölkerung auf dem Siegesaltar geopfert. Und selbst dann ist unsicher, ob ein Sieg zustande gekommen wäre. Deutschland war ja auch nicht allein, an seiner Seite kämpften Italien und Rumänien. Man sagte, dass die rumänischen Soldaten grausam waren. Über die Italiener hingegen wurde erzählt, dass sie nicht wirklich ernsthaft kämpften.

Geschichte zu lernen, war schwer. In den Büchern stand das eine, im Leben war alles ganz anders. All die Heldentaten, wie zum Beispiel mit dem eigenen Körper die Schießscharte zu blockieren, um das Kugelfeuer zu verhindern, wurden von Soldaten deshalb gemacht, weil sie stockbetrunken waren. Wodka fuhr man in vollgeladenen Zügen an die Front. Es gab den Begriff »100 Gramm Frontwodka«. Sogar in den Liedern wurden diese Helden besungen. Aber sie alle wollten gar nicht sterben, weder fürs Vaterland, noch für Stalin. Was man in betrunkenem Zustand nicht alles so macht!

Einmal kam so einer auf unseren Hof. Für irgendeine Heldentat an der Front hatte er den Titel »Held der Sowjetunion« bekommen, und zur Belohnung gestattete man ihm ein paar freie Tage zu Hause. Er sah nicht spektakulär aus, war klein und irgendwie gesichtslos, aber ein fröhlicher Kerl. An keinem einzigen Tag seines Urlaubs war er nüchtern. Offenbar besaß er Geld, deshalb hatte er einen Tross genauso besoffener Trunkenbolde im Schlepptau. Als sein Urlaub zu Ende war, vergaß er, zu seiner Einheit zurückzukehren. Nach ein paar Tagen wurde ihm plötzlich klar, was er getan hatte.

Er kam zu uns, stocknüchtern, fragte nach Salzlake und erzählte mir alles im Vertrauen. Jetzt, nachdem er den Heldenorden bekommen hatte, würde man ihn für seine Fahnenflucht einfach erschießen. Ich glaube, er wusste, was er sagte. Ich hatte Mitleid mit ihm. Sein Heldentum verschwand, und ich sah einen kleinen, dürren Kerl mit dem schuldvollen Blick eines Welpen vor mir. Erst jetzt bemerkte ich, dass er nur ein paar Jahre älter war als ich. Sein weiteres Schicksal kenne ich natürlich nicht.

Die Gesetze in der Armee waren streng. Die jungen Männer erzählten: Wenn sie in den Kampf zogen, wussten sie, dass hinter ihrem Rücken die Einheiten des NKWD standen. Wenn du zögerst, nicht laut genug »Hurra« schreist oder nicht schnell genug nach vorne läufst, erschießen sie dich einfach. Wenn die Attacke stockte, blieben die ersten Reihen meist tot auf dem Schlachtfeld, aber die NKWD-Leute konnten die Situation in Ruhe einschätzen und sich wohlbehalten ins Hinterland zurückziehen. Das erzählten mir Bekannte, die an solchen Kämpfen beteiligt waren und nur durch ein Wunder am Leben blieben. Ich glaube nicht, dass sie logen. Mit solchen Erzählungen konnte man es sich damals verscherzen, überall waren die Lauscher.

In der Zeit, als noch Soldaten bei uns wohnten, entschied unsere »weise« Regierung, die »Internationale« abzuschaffen, die bis dahin bei allen Versammlungen ertönt war: »Wacht auf, Verdammte dieser Erde, die stets man noch zum Hungern zwingt.« Obwohl auch wir nicht satt waren, entschied man sich dazu, die Hymne zu wechseln. Es wurde die Hymne der Sowjetunion geschaffen: »Die unzerstörbare Union freier Republiken hat das große Russland für immer vereint.« Ja, die Autoren dieser Hymne konnten sich nicht vorstellen, dass eines Tages die »Perestrojka« kommen und diese »unzerstörbare Union« wie eine Blase platzen würde.

Ich erinnere mich, wie jeden Tag ein Politoffizier zu uns kam, um zu prüfen, ob die Soldaten die Hymne auswendig lernten. Ich weiß nicht, wie es den anderen ging, aber einer der Soldaten war ein Georgier, dazu nicht mehr jung. Er sprach schlecht russisch und konnte sich diese blöde Hymne nicht einprägen. Der Politoffizier beschimpfte ihn ständig. Ich konnte diesen Offizier nicht ausstehen.

Irgendwann sah ich im Museum ein Bild, darauf war eine Schlacht zu sehen. Das Bild hieß »Der Politoffizier führt in den Kampf«. Der Politoffizier in diesem Bild klettert aus einem Schützengraben, er befindet sich in einer Vorwärtsbewegung, hebt seine Hand mit der Maschinenpistole und schreit vermutlich »Hurra!« Hinter ihm befinden sich die Soldaten. Manche sind schon aus dem Graben heraus, andere klettern noch. Im Schützengraben und auf der Brustwehr liegen bereits die Toten. Weiter vorn sieht man die Rücken fliehender Deutscher. Ich schaute mir dieses Bild an und konnte es nicht mit den Politoffizieren, die ich kannte, und den Erzählungen der Soldaten, die wirklich Schießpulver gerochen hatten, in Einklang bringen.

Aus all diesen Gründen war es schwierig, die Geschichte des Vaterlandskrieges zu lernen. Alles war gelogen. Aber lernen musste man es. Ich weiß nicht, wie Vera all das empfand. Wir sprachen nicht über politische Themen. Während der Besatzung waren wir natürlich leidenschaftliche Patrioten gewesen.

Jetzt kamen die lang erwarteten Unsrigen und zerstörten auf einen Schlag meine Freude über die Befreiung. In den ersten Tagen wusch Mutter vor lauter Freude alles, was sie konnte. Im Garten spannten wir eine Leine und hängten alles, was wir hatten, auf: Mamas Kleider, meine Röcke, meine Blusen und das Wichtigste: mein Matrosenkostüm. Alles ließen wir im Garten zum Trocknen. Und am nächsten Morgen war die Leine leer. Mama und ich waren so gut wie nackt. Wir hatten nichts zum Anziehen außer dem, was wir auf dem Leibe trugen.

Dann nähte mir Mama aus der deutschen blaukarierten Matratze einen Rock und aus Soldatenhemden ein hässliches Kleid. In diesen Sachen fuhr ich zwei Jahre später zu den Hochschulprüfungen in die Hauptstadt. Unsere Wäsche, so wurde uns später erzählt, trocknete auf dem Dachboden im Haus gegenüber. Als sie trocken war, verkauften unsere heldenmütigen Soldaten alle Sachen, und das Geld versoffen sie. Bei den Deutschen hatte keiner etwas geklaut, nicht einmal Äpfel aus unserem Garten.

78

In der zehnten Klasse entfernten Vera und ich uns irgendwie voneinander. Sie war mehr mit Lyda Sidorenko befreundet, und ich hielt mich mehr in der Kirche auf. Gemeinnützige Arbeit machte, glaube ich, keiner von uns. Ich weiß nicht, wie Vera es hielt, ich ging jedenfalls auch nicht zur Komsomol. Unsere Klasse wurde anscheinend nicht zur Öffentlichkeitsarbeit animiert. Aber vielleicht war ich die Einzige, die nichts machte. Auf jeden Fall habe ich nicht in Erinnerung, dass wir in die Stadt gingen, um Ziegelsteine auseinanderzunehmen, oder dass wir in die Kolchose fuhren, das machten meist die siebten bis neunten Klassen. Ich glaube, wir wurden geschont, und wir waren nur neun.

Die Pionier- und Komsomoltätigkeit ging derweil heftig weiter. Im Land kamen immer mehr Bücher über Soja Kosmodemjanskaja, Valja Kotik und die anderen heraus. Als ich nach der Beendigung der Hochschule in Simferopol arbeitete, besuchte ich einmal ein Sanatorium in Simejis. Dort lernte ich eine Frau namens Luda kennen, die genauso jung war wie ich. Sie erzählte mir, dass dieser Valja Kotik auf der gleichen Straße wie sie gewohnt und die gleiche Schule besucht hatte. Sie wohnten nicht weit von den Höhlen von Kriwij Rig, über die es während des Krieges so viel Aufregung gab. Das war angeblich eine Partisanenbasis, die den Deutschen das Leben schwer machte. Im wirklichen Leben war alles ganz anders.

Vor der Ankunft der Deutschen errichteten die Unsrigen in diesen Höhlen riesige Lager. Dort gab es eine Unmenge an Wodka, Lebensmitteln und natürlich Waffen. Die Männer, die wegen ihres Alters während der ersten Welle noch nicht mobilisiert worden waren, versteckten sich vor der zweiten Mobilisierung in diesen Höhlen und tranken dort endlos Wodka. Essen war auch da, man konnte sich etwas zubereiten.

Diese Luda erzählte mir, dass sie, Valja Kotik und die anderen Jungs ihren Vätern meist Grünzeug in diese Höhlen brachten und in der kalten Jahreszeit Eingesalzenes und Marmelade. Wie in einem Kurort. Luda meinte, dass diese »Helden« sich besser ernährten als ihre Frauen und Kinder in der Stadt. Und dass sie umgekehrt manchmal aus diesen Höhlen etwas Essbares für ihre Mutter und die Geschwister mitnahm, die in der Stadt ums Überleben kämpften.

Als die Deutschen kamen, wollten die Männer natürlich nicht aus den Höhlen fort und wurden lange in Ruhe gelassen. Dann verriet wie immer irgendjemand den Deutschen, dass es in den Höhlen große Mengen an Lebensmitteln, Waffen und Männer gebe, die man zum Arbeiten nach Deutschland schicken könnte, und die Deutschen begannen, die Männer auszuräuchern. Die versuchten gar nicht erst, sich zu verteidigen, obwohl sie genug Waffen besaßen. Weil die Männer aus der Gegend waren und sich gut auskannten, kehrten sie nach Hause zurück und bedauerten nur die verlassenen Schätze, besonders den Wodka.

Jeder überlebte, wie er konnte. Ludas Vater versteckte sich zu Hause, bis die Unsrigen kamen. Als unsere Truppen Kriwij Rig eroberten, konnten nur wenige untertauchen. Ludas Vater wurde sofort eingezogen, und weil er sich zu Beginn des Krieges vor der Mobilmachung gedrückt hatte, schickte man ihn zum Kämpfen in ein Strafbataillon. Ich weiß nicht, ob er bis zum Kriegsende überlebt hat.

Im Strafbataillon gab es nur zwei Möglichkeiten zum Ausscheiden. Entweder du wirst getötet, oder du vollbringst eine Heldentat, dann wurdest du ausgezeichnet, und man schickte dich zu einer normalen Truppe zum Weiterkämpfen. Eine Verwundung konnte dich nicht retten, du wurdest behandelt und wieder zum Strafbataillon zurückgeschickt, nur wenn du Arme oder Beine verlorst, nicht. Ja, so ein Bataillon war die Einheit der Todgeweihten. Sie wurden dorthin geschickt, wo selten jemand am Leben blieb.

In den letzten Kriegsjahren vertieften wir uns ins Lesen von wirklich guten Gedichten von Konstantin Simonow und gingen mehrmals ins Kino, um die Filme »Die Heldentat des Aufklärers«, »Warte auf mich« und andere anzuschauen. Wir sangen das Lied über »Das blaue Kopftuch« und das aus irgendwelchen Gründen populär gewordene Lied aus der Vorkriegszeit »Katjuscha«. Eine wichtige Quelle unseres Wissens, das uns unsere Führung in die Köpfe paukte, war das Radio. Dort wurde stundenlang über die Partisanenbewegung in der Ukraine berichtet, über die Partisanen unter Führung von Sydir Kowpak, über die Partisanenbewegung in Tschernihiw mit Mikola Popudrenko an der Spitze und so weiter.

Einige Jahre später arbeitete ich in Tschernihiw. Die Tochter unserer Fabrikleiterin Nina war mit dem Sohn dieses Popudrenko verheiratet. Sie wohnte über ein Jahr bei meiner Mutter in Kiew, aber ihren Mann sah man nie. Vielleicht waren sie geschieden. Nina hatte einen Sohn, so um die vier Jahre alt, er wohnte bei der Oma, der Fabrikleiterin Ussowa. Ich war ein paarmal bei ihr zu Hause.

Ihr Haus gefiel mir nicht. Ein großes Haus mit schönen Möbeln, aber ungemütlich. Dort traf ich Nina. Ich traf sie auch bei meiner Mutter, kann mich allerdings nicht erinnern, dass Mutter und Tochter je etwas von Ninas Schwiegervater Popudrenko erzählt hätten. Vielleicht waren die Heldentaten dort ähnlich denen in Kriwij Rig.

Was interessant ist: Man schwätzte ständig von ukrainischen und weißrussischen Partisanen, aber von russischen Partisanen hörte ich nie etwas. Wo waren die russischen »Susanins« (ein Held aus der Oper »Iwan Susanin« von Michail Glinka)? Über die Armee von Wlassow dagegen, die auf deutscher Seite gegen die Sowjetunion kämpfte, wussten alle Bescheid.

Im Radio erzählte man auch viel von einer Jugendorganisation in Krasnodon. Später erschien der Roman dazu, und wir vergaßen beim Lesen die Welt um uns herum. Die erste Ausgabe des Buches las ich noch in einer Zeitschrift. Dann wurde ein guter Film gedreht, »Die Junge Garde«. Wir sahen ihn uns mehrmals an:

Eine Gruppe von Jugendlichen organisierte unter Führung von Oleg Koschewoi ein Theater und veranstaltete zur Tarnung Aufführungen für die Deutschen. Welche subversive Tätigkeit sie betrieben, daran kann ich mich nicht mehr erinnern, aber ich weiß noch, dass sie Lager mit Lebensmitteln ausraubten. Dann wurden sie von den Deutschen verhaftet, einer nach dem anderen. Als es brenzlig wurde, liefen die Reste der Organisation durchs ganze Donbass auseinander. Im Film wurde es gezeigt und im Buch überzeugend beschrieben.

Eindrucksvoll wurde die Erschießung der Krasnodonzi (Mitglieder der Organisation) gezeigt. Oleg Koschewoi schrie leidenschaftlich Parolen. Im Volk mehrten sich allerdings die Gerüchte, dass er gar nicht zwischen den Toten lag. Außerdem wurde vermutet, dass er seine Kampfgefährten verraten hatte.

In der ersten Romanausgabe, die noch in den Literaturzeitschriften veröffentlicht wurde, entging der Zensur vieles. Später las ich »Die Junge Garde« noch mal und erkannte das Buch nicht wieder. Zwischen den jungen Leuten erschien ein Erwachsener von der Front und begann, sie nach den Geboten der Partei zu führen. Wie kann man Heldentaten vollbringen ohne die Führungsrolle der Partei? Viele Jahre später besuchte ich Donbass, und die Bewohner erzählten mir im Vertrauen: »Welche Partisanen? Sie haben bloß bei den Deutschen Lebensmittel geklaut und wurden dafür erschossen.« Wie banal! Aber am Kriegsende und in den ersten Jahren danach schluckten wir alles, ohne zu kauen.

Einen großen Eindruck hinterließ eine kleine fiktive Novelle über einen ungewöhnlichen Vorfall an der Front auf mich. Eine Gruppe Aufklärer schleicht sich in das feindliche Hinterland, aber sie können keine Verbindung mit dem örtlichen Untergrund herstellen. Unser Heer muss unbedingt die Angriffspläne der Deutschen in Erfahrung bringen. Dann entdeckt ein Mitglied der Gruppe, dass er eine ungewöhnliche Gabe besitzt: Er kann fliegen. Nachts fliegt er über die Stadt, findet den deutschen Stab und hört unter dem Fenster den Plan des nächsten Angriffs mit an. Er fliegt unbemerkt zurück und übermittelt diese Kenntnisse unserem Stab. Natürlich mussten wir bei so einer Aufklärung gewinnen.

Nach der Lektüre dieser Novelle träumte ich nachts, dass ich auch fliegen könne. Ich erzählte es jemanden, und mir wurde prosaisch erklärt, dass ich ein kleines Mädchen und im Wachstum sei, und wenn man wachse, träume man solche Dinge. Viele Jahre später, als schon mein Enkel auf der Welt war, erfuhren wir aus amerikanischen Filmen und Zeichentrickfilmen von Superman. Er erinnerte mich an seinen Vorfahren, über den ich im Krieg las.

79

Als die Unsrigen kamen, wurden die Gläubigen aus dem Gebäude verbannt, das die Kirche beherbergte. Danach trafen sie sich im Privathaus der Familie Solomka auf Tscheredniki. Ich weiß nicht, ob es einen Mann im Haus gab, ich erinnere mich nur an eine Mutter und zwei Mädchen, die alle streng und ständig unzufrieden waren. Lyda war so wie ich und Galja war ein Jahr jünger. Sie unterstützten unsere Clique. Und Tolik mit den roten Haaren hängte sich an uns dran. Es gab noch ein angenehmes, aufrichtig gläubiges Mädchen namens Galja. Außerdem folgte uns auch Mischa, der wesentlich jünger war als wir.

Überhaupt besuchten viele jungen Leute die Kirche, manche jünger, manche älter als wir. Wenn ich mir die Fotos aus diesen Zeiten anschaue, kann ich mich an manche Namen nicht mehr erinnern. Auch der Vater von Sarah Chmara war dabei, die vor dem Krieg in die gleiche Klasse ging wie ich. Damals war Sarah schon nicht mehr am Leben. Auch ihre ältere Schwester Katja und die jüngere Lisa kamen in die Kirche. Sie hatten viele Kinder. Den Vater mochte ich aus irgendeinem Grund nicht. Von allen war Lisa am beliebtesten. Sie hatte eine angenehme Art. Und Katja gefiel es, mit Männern zu verkehren. Wenn sie dann in der Kirche eifrig betete, dass Gott ihr ihre Sünden verzeihen möge (die sie dabei nicht nannte), war Ninas ganzer Kommentar: »Oh, wieder mit irgendwem geschlafen.«

Oft fuhren wir in einer Gruppe von ungefähr zwanzig Leuten in die Dörfer oder gingen nach Krükow. Auch aus Krükow kamen gläubige Jungs und Mädels zu uns. Aus irgendeinem Grund blieben mir die Jungs aus dem Dorf Manuilowka im Gedächtnis.

Als ich schon arbeitete, unternahm ich einmal eine Dienstreise nach Krementschuk und ging auch zur Familie Solomka in die Gemeinde. Dort war alles beim Alten. Die Mutter stellte mit den Mädchen Kunstblumen aus Papier her und verkaufte sie auf dem Markt.

So überlebten sie während des Krieges und danach. Ihr Haus war wie früher mit Girlanden geschmückt, überall standen Eimer mit künstlichen Rosen, Astern und anderen Blumen, die sehr echt aussahen.

In dem Zimmer, in dem die Kirche stattfand, war auch alles beim Alten. Es gab natürlich keine Ikonen, aber an den Wänden hingen große handgeschriebene Zitate aus der Bibel in Rahmen. Sie waren mit gemalten Blumen geschmückt. An den Rahmen hingen schön gestickte »Ruschniki« (Tücher). Ich habe auch einmal so ein Bild gemalt: »Gott ist die Liebe«, und dazu viele Blumen drumherum. Von den Töchtern traf ich nur Lyda. Sie war nicht verheiratet und wohnte bei Mama. Galja heiratete und bekam Kinder. Sie wohnte woanders und besuchte die Gemeinde selten.

In der Gemeinde traf ich außerdem einen Bekannten aus Manuilowka. Der war inzwischen ein gesetzter Mann, ein Pfarrer. Ich war so froh, jemanden aus meiner Jugend zu treffen, dass ich mich ihm, naiv wie ich war, reinen Herzens an den Hals warf. In seinem Gesicht sah ich Entsetzen. Wie verbrüht sprang er von mir weg und begann mir zu erklären, dass man sich so nicht verhalte. Ich verlor sofort den Mut, und mein Wunsch, in dem Haus zu beten, in dem ich meine Jugend verbrachte, verschwand. Ich saß im Gottesdienst, hörte nichts, war sauer und dachte ständig: »Was stellt er sich vor? Ich wollte ihn doch einfach als Bruder umarmen. Und was dachte er? Er kann mich mal.« Bei meinen späteren Besuchen in Krementschuk besuchte ich nie wieder die Gemeinde.

Unterdessen lernte ich fleißig in der zehnten Klasse, und meine freie Zeit widmete ich der Unterhaltung mit den jungen Brüdern und Schwestern, so nannte man einander in der Kirche. Aber meine Mutter hörte auf, die Kirche zu besuchen. Bald nach der Ankunft der Unsrigen wurde sie zu den »Organen« beordert, so nannten wir den Geheimdienst NKWD. In der Vorladung stand, dass sie abends kommen müsse. Aus irgendeinem Grund nahm Mama mich mit. Später verstand ich: Sie wollte, dass ich weiß, wo ich sie suchen muss, falls sie nicht zurückkehrt. In diesen Zeiten passierte so etwas mit vielen Leuten. Der Mensch wurde zu den Organen beordert und kam nie nach Hause zurück, und die Verwandten wussten nichts über sein Schicksal.

Mama ging in ein Zimmer, ich wartete in einem langen, kahlen, halbdunklen Flur. An den Wänden standen ungestrichene Bänke aus Holz, auf eine davon setzte ich mich. Die Stunden vergingen, aber Mama kam nicht heraus, erst weit nach Mitternacht. Schweigend gingen wir durch die nächtliche Stadt nach Hause. Erst am nächsten Tag erklärte sie mir alles in ein paar Worten. Es wurde von ihr gefordert, periodisch zu denunzieren, was in der Gemeinde so lief. Welche neuen Leute kämen, was vom Katheder gepredigt werde, in welche Städte und Dörfer man mit den Predigten fahre.

Daraufhin hatte Mutter erklärt, dass sie die Kirche nicht mehr besuche und das auch in Zukunft nicht könne, weil sie viel arbeiten müsse und keine Zeit dafür habe. Die Organe entließen sie, und Mutter ging nicht mehr in die Kirche. Mir sagte sie, dass ich über all das schweigen müsse, denn irgendjemanden würden sie doch anwerben, von dem man es nicht wisse. Vielleicht gäbe es so jemanden schon. Von da an sah ich jeden in der Gemeinde misstrauisch an. Ich hatte das Gefühl, dass Vater Chmara ein Spitzel war. Und ich schwieg über alles, was mit Mama passierte. Ich schwieg überall, in der Gemeinde und in der Schule.

80

In der Schule lief es ausgezeichnet. Ich war nicht besonders intelligent, und mein Gedächtnis war nicht super. Manches musste ich auch büffeln. Aber logisch denken konnte ich. Und ich las in letzter Zeit viel und wusste daher manches. Aber das Wichtigste: Ich hatte Spaß am Lernen. Und natürlich träumte ich davon zu studieren. Wir alle waren zu alt für die zehnte Klasse, wir hatten während der Besatzung zwei Jahre verloren. Die Lehrer behandelten uns wie Erwachsene, das gefiel uns.

Unser Physiklehrer, der auch pädagogischer Leiter war, versammelte uns oft in seinem Kabinett, und wir schwatzten einfach mit ihm. Er zeigte uns die Tricks (wie wir sagten) physischer Ereignisse. Die meisten vergaß ich, aber an einen Trick erinnere ich mich gut: Der Lehrer sagte, dass wir die Anziehungskraft der Erde mit eigenen

Augen sehen könnten. Er riss einen Papierstreifen ab und legte das Ende des Streifens an die Tischkante. Auf das Papier stellte er eine Münze von fünf Kopeken auf deren Rand. Dann schlug er uns vor, den Streifen unter der Münze so herauszuziehen, dass die Münze stehen blieb. Natürlich klappte das bei uns nicht, die Münze fiel. Dann fasste Iwan Matwejewitsch den Streifen mit einer Hand und schlug mit der anderen schnell auf das Papier. Das Papier entglitt der Münze, aber die Münze selbst blieb auf dem Tisch stehen. Iwan Matwejewitsch erklärte, dass die Anziehungskraft der Erde in diesem Fall nicht groß sei, deshalb sei es erforderlich, den Streifen schnell wegzuziehen. Es war ein Genuss, sich mit ihm zu unterhalten. Den Lernstoff, den er uns beibrachte, beherrschten wir gut.

Seine Tochter war mit dem älteren Sohn unseres Nachbarn Tscherkaschin verheiratet. Und Iwan Matwejewitsch wohnte jetzt in dem Zimmer, dessen Fenster auf unseren Hof gingen, genau die Fenster, durch die ich so gern Saschas Leben beobachtet hatte. Ich versuchte, auch das Leben von Iwan Matwejewitsch zu beobachten. Pustekuchen. An den Fenstern hingen jetzt Vorhänge, die abends zugezogen wurden.

Die Zeit in der zehnten Klasse verging irgendwie prosaisch. Es gab zwei Jungs bei uns. Einer war Wolodja Swetlitschni, dessen Bruder schon ein bekannter Poet war, wobei Wolodja sich darauf nichts einbildete. Er selbst war ein fröhlicher, einfacher, zugänglicher Kerl. Ob er ein guter Schüler war, konnte ich nicht einschätzen. Die Jungs wurden von den Lehrern mit Nachsicht behandelt, und wir waren nicht neidisch. Sie waren doch im Krieg gewesen. Als wir die Prüfungen ablegten, sagte Wolodja, dass er nur die Fragen vom ersten Billett, das am leichtesten war, gelernt hatte. Solche Billetts mit Fragen musste man vor der mündlichen Prüfung ziehen, ohne zu wissen, welche Fragen darauf stehen würden. Und er schaffte es immer das erste Billett zu ziehen. Ich glaube, dass die Lehrer ihre Hand dabei im Spiel hatten. Aber er war nicht dumm, und ich glaube, dass er alle Fächer vor den Prüfungen doch gepaukt hatte. Nach der Schule schaffte er es beim ersten Versuch in die Jurahochschule in Charkiw.

Der zweite Junge war Schurik Schewtschenko, der nach einer

starken Prellung aus der Armee entlassen worden war. Er war hübsch, aber nervös. Wir bemerkten es schnell und vermieden immer Konflikte mit ihm. Die Jungs, die aus dem Krieg zurückkehrten, respektierten wir sehr. Aber mit den Lehrern hatte er manchmal Probleme. Er explodierte oft und sagte vor der ganzen Klasse, was er über den Lehrer dachte. Ich weiß nicht, warum, aber ich freundete mich mit ihm an. Vielleicht gefielen wir einander, oder wir waren einfach verwandte Seelen. Er wusste, dass ich mit einem Jungen in Briefverkehr stand, und respektierte meine Beständigkeit.

Eigentlich war es für mich einfacher und näher, von der Schule an Kraftwerk und Stadtgarten vorbei nach Hause zu gehen, aber ich schlenderte oft mit Schurik in den Stadtteil »Auf den Bergen«, wo er wohnte, und ging dann die Perejaslawskastraße entlang nach Hause. Ich mochte es, mit Schurik zu gehen und über nichts zu schwatzen. Vielleicht vermied ich auch unbewusst, den Weg am Stadtgarten vorbei zu nehmen. Dafür gab es zwei Gründe, beide nicht sehr angenehm. Erstens ein ehemaliger Soldat, der am Zaun des Stadtgartens saß und bettelte. In der ersten Zeit brachte ich ihm etwas zu essen, aber einmal sah ich ihn stockbesoffen, und von diesem Moment an hasste ich ihn. Ihn jedes Mal zu treffen, wenn ich in die Schule oder zurück ging, hatte ich keine Lust.

Der zweite Grund war folgender: Die Deutschen hatten einmal am Stadtgarten Gefangene vorbeigeführt, und mir wurde erzählt, dass an dieser Stelle ein Mensch erschossen worden war. Die Reste seines Gehirns blieben auf den Brettern. Zuerst waren sie groß und feucht und flossen die Bretter hinunter, mit der Zeit trockneten sie unter der Sonne und glitzerten irgendwie besonders. Viele Jahre lang glitzerten sie, bis der Zaun gestrichen wurde. Das geschah, als ich bereits in Kiew lebte.

Einmal kam ich in den Ferien aus Kiew nach Krementschuk und traf zufällig im Stadtteil »Auf den Bergen« Schurik. Er begleitete mich die Perejaslawskastraße hinunter. Wir hielten bei der TPO an und sprachen lange miteinander. Anschließend gingen wir noch einen Wohnblock weiter, und ich zeigte ihm mein Haus, wo die Vorhänge wehten. Dann kehrten wir zurück zur TPO und quatschten, quatschten, quatschten. Worüber? Keine Ahnung. Wir verabschiedeten uns erst, als es schon langsam hell wurde.

Ich kam nach Hause und fiel ins Bett. Als ich aufwachte und nachmittags auf die Straße kroch, erzählten mir Nachbarn, dass Diebe ins Haus von Pschenitschni eingebrochen waren. Und Schurik und ich hatten nur zwei Häuser weiter gestanden! Die Fensterläden im Haus waren mit den Eisenstäben gesichert, aber die Diebe hatten sie abgesägt und die Fensterscheiben rausgenommen. So viel Arbeit! Während die Hausherren schliefen, stahlen die Diebe aus dem anderen Zimmer alles, was möglich war. Eigentlich war die Familie Pschenitschni nicht wohlhabend, deshalb glaube ich nicht, dass die Diebe viel bekamen. Die waren einfach dumm. Drei Häuser weiter wehten die Vorhänge aus dem offenen Zimmer in meinem Haus; sie hätten keine Mühe gehabt, all meine Sachen wegzuschaffen und mich nackt und barfuss zu lassen. Und ich glaube, Schurik und ich hätten das nicht einmal bemerkt.

Die Abschlussprüfungen in der zehnten Klasse flogen vorbei, ohne besondere Eindrücke zu hinterlassen, obwohl es viele waren. Lernstoff gab es auch in rauen Mengen. Zudem noch die Herausforderung, das erste Mal in der Sowjetunion Prüfungen fürs Reifezeugnis abzulegen! Ich glaube, wir wurden mit Lust gequält. In den nächsten Jahren gab es nicht mehr so viele Prüfungen, und der Stoff bezog zum Beispiel nicht mehr die Botanik aus der fünften Klasse mit ein.

81

Ich erinnere mich nicht mehr, ob es vor oder nach den Prüfungen war, jedenfalls vor dem Abiball. Und ich erinnere mich genau, dass es warm war und ich in Sommerkleidung herumlief. Ich war auf dem Weg in die Kirche. Als ich auf der Tschkalowstraße zur Brücke über den Fluss kam, bemerkte ich einen Soldaten, der gerade von der Schtschorsstraße abbog. Als er die Brücke erreichte, erkannte ich Valentin. Unglaublich! Wären er oder ich drei Minuten später zur Brücke gekommen, hätten wir uns verpasst. Ich ging dann nicht mehr in die Kirche, sondern begleitete Valentin zu seiner Mutter. Er kannte nur die Adresse, hatte aber keine Ahnung, wo es war. Wie konnte seine Mutter mich nicht lieben? Ich brachte ihr sogar den Sohn aus dem Krieg. Ich ging sofort weg, aber Valja und ich vereinbarten, dass er am nächsten Tag zu mir nach Hause kommen würde.

Dann kam der nächste Tag. Ich wollte ihm so sehr gefallen! Ich zog das kürzeste Kleid an, damit er meine nicht gerade unansehnlichen Beine sehen würde. Auch mein Gesicht war ziemlich hübsch. Aber die Figur! Ich hatte eine gute Größe, 164 Zentimeter. Schon damals wusste ich, dass es die Größe der Venus von Milo war. Und meine Taille war dünn. Meine Oma meinte: wie bei einer Wespe. Aber ich hatte noch kindlich scharfe Schultern, und meine Brüste waren klein. Kurz gesagt, ich war kein richtiges Fräulein, und ich wusste es.

Valentin kam am Nachmittag, aber er schaffte es nicht bis zu meinem Haus. Als er meinen Hof erreichte, kam einer der Gretschuks heraus (wieder diese Gretschuks) und grüßte ihn. Ein Gespräch begann, und er wurde in ihr Haus geführt. Warum er sie so gut kannte, erzählte mir Valentin später einmal. Als er in der Armee war, traf er Ljuba, die aus Krementschuk vor den Unsrigen geflüchtet war, in Gesellschaft zugänglicher Mädchen.

Valentin kam erst zu mir, als es schon dunkel war, zudem stockbetrunken. Er entschuldigte sich und bat mich, ihn nach Hause zu führen. Ich hatte darin ja Erfahrung und schleppte ihn mit Mühe, denn er war wesentlich schwerer als mein Vater, nach Hause zu seiner Mutter. Tante Nadja sagte ich ungefähr Folgendes: »Nehmen sie ihren Sohn zurück, und wenn er wieder nüchtern ist, soll er ihnen erzählen, wo er so viel getrunken hat. Jedenfalls nicht bei mir.«

Später kam Valentin dann doch noch zu mir. Aber ich hatte das Gefühl, dass wir nicht wussten, worüber wir sprechen sollten. Nicht nur, dass ich kein vollwertiges Fräulein war, ich war zu der Zeit auch ziemlich religiös. Für ihn war das uninteressant.

Er erzählte viel über verschiedene Zwischenfälle im Krieg. Ich hörte schweigend zu und zeigte kein großes Interesse. Übrigens erzählte er mir, wie schrecklich sich die jungen Soldaten, auch er, gegenüber den deutschen Frauen verhielten. Die Frauen zu vergewaltigen, galt als Heldentat, genau wie eine Attacke deutscher Soldaten abzuwehren. Allerdings waren in Europa zu der Zeit die Verhaltensregeln zwischen Männern und Frauen schon lockerer. Und manche Frauen musste man gar nicht vergewaltigen, sondern konnte eine gütliche Vereinbarung treffen. Aber unsere Soldaten waren wie im Wettstreit miteinander, wer mehr deutsche Mädchen in einer gewissen Zeitspanne flachlegen würde. Valentin erzählte mir ohne jegliche Verlegenheit, dass er auch daran teilgenommen hatte. Obwohl, als er schwer verwundet und nur ein Haar vom Tod entfernt war, wurde ihm klar, dass das eine Strafe Gottes für sein Verhalten war.

Unsere Treffen waren irgendwie matt, ich erinnere mich nur vage daran. Ich hatte das Gefühl, dass Valentin eine Pflicht erfüllt, wenn er in meiner Gesellschaft ist. Einmal versuchten wir vergeblich, ins Kino zu gehen.

Valentin war damit beschäftigt, sein neues Leben einzurichten. Er ließ sich Papiere ausstellen, suchte Arbeit. Sein Vater war in den ersten Tagen, als die Unsrigen kamen, verbannt worden, und ich denke, weit weg. Valja sprach ungern und, vorsichtig ausgedrückt, nicht sehr respektvoll über ihn. Jetzt lag die Verantwortung für seine Mutter und Schwester auf seinen Schultern. Man muss zugeben, er war immer ein guter Sohn und Bruder. Seine Mutter arbeitete nie, denn der Vater verdiente gut.

Seine Schwester Galja war eigentlich behindert. Einmal, als sie noch klein war, nahm ein Nachbarsjunge eine Flinte und zielte aus Spaß auf sie. Alle waren sich sicher, dass die Flinte nicht geladen war. Als er den Abzug betätigte, ertönte der Schuss. Vielleicht gerieten seine Hände ins Wanken oder er war ein schlechter Schütze, jedenfalls flog die Kugel über Galjas Kopf, streifte aber ihren Schädel. Von da an hatte Galja dort eine weiche Stelle und war leicht gelähmt. Sie schleppte ein Bein nach, und ein Arm funktionierte auch nicht richtig. Trotzdem machte sie später eine Lehre. Als alle in Ushgorod lebten, arbeitete Galja und hatte eine eigene Wohnung. Die Mutter lebte immer bei Valentin.

Zurück zum Kino. Weil Valentin beschäftigt war, ging ich, um die Eintrittskarten fürs Kino zu kaufen. Damals war es nicht einfach, ins Kino zu gelangen. Die Stadt lag in Trümmern. Es wurden ein paar Gebäude für diesen Zweck eingerichtet, aber das war nicht genug. Ich musste drei Stunden in der Schlange stehen. Immer hatte ich ein Buch dabei und schob die Karten zwischen die Seiten. Abends ging ich mit Valentin zum Kino, aber das Buch vergaß ich zu Hause. Das Kino war im Gebäude der Eisenbahnfachschule untergebracht. Es war schwer, zur Eingangstür zu gelangen. Die Flure waren eng, es standen viele Leute herum, wie die Heringe im Fass. Man konnte kaum einatmen, kaum ausatmen. Als wir schon bei der Kontrolle waren, konnte ich die Eintrittskarten in meinen Taschen nicht finden; ich hatte vergessen, dass sie im Buch lagen. So ein Tollpatsch! Und Valentin begann noch dazu, sich mit den Kontrolleuren zu prügeln. Wir wurden natürlich aus dem Gebäude rausgeworfen. Unsere Verabredung war ein Fiasko.

Valentin war von Natur aus ein Raufbold. Einmal gingen wir nicht weit von der Brücke spazieren, und plötzlich überfiel uns eine Gruppe von Jungs. Valentin begann sofort eine Schlägerei und rief mir zu, dass ich nach Hause laufen solle. Ich stand unentschlossen da und wollte ihm helfen, aber ich schaffte es nicht. Alles geschah so schnell! Valentin riss sich aus der wütenden Menge los und lief die Straße entlang zu seinem Stadtteil, was sicher eine gute Entscheidung war. Ich nahm an, dass er in solchen Situationen Erfahrung besaß. Die Meute rannte ihm nach. Mich berührte keiner. Später sagte mir Valentin, dass ihm das peinlich war, aber die Kräfte waren nicht gleich, und er musste fliehen.

Einmal sah ich durchs Fenster, wie Valentin auf der anderen Straßenseite vorbeiging. Er ging bis zum Tor der Gretschuks, öffnete es routiniert und kam in ihren Hof. Das bedeutete, dass er Ljubascha trotz oder vielleicht wegen ihres schlechten Rufs besuchte.

Trotzdem hoffte ich auf eine Freundschaft mit ihm. Ich lud ihn zu meinem Abiball ein. Das war ein Fehler. Wir waren damals alle schlecht gekleidet. Entweder war die Kleidung zu alt oder aus der Vorkriegszeit und zu klein für uns. Zudem beklauten uns unsere heldenmütigen Armeeangehörigen. Ich hatte nichts Vernünftiges zum Anziehen für so einen Festakt. Und mit den Schuhen war es überhaupt eine Tragödie. Im Winter lief ich in den von Mama genähten Filzstiefeln mit mehrmals geflickten Galoschen herum, im Sommer nähte ich mir leichte Stoffschuhe. Richtige Schuhe kaufte man mir erst, als ich zu den Aufnahmeprüfungen in die Hochschule fuhr.

Dann holte meine Tante Valja ihr Kleid aus Crepe de Chine, das noch aus der Vorkriegszeit stammte, und zur Farbe des Kleides passende Schuhe mit Absätzen aus dem Koffer. Das Kleid war schön, beige mit weißen Spitzen vorn. Unglaublich schick. Es stand mir gar nicht schlecht, war nur ein bisschen zu lang. Mit den Schuhen war es komplizierter, ich konnte einfach nicht auf den Absätzen laufen.

Auf dem Schulhof wurde ein langer Tisch mit leckeren Gerichten aufgebaut, dank der Mütter und der Schule, die viel Fleisch von der Fleischfabrik für einen niedrigen Preis erbettelten. Wir tanzten auf dem Sportplatz zur Begleitung eines Bajan (Knopfakkordeon). Als es ans Tanzen ging, zog ich meine Schuhe aus und die Stoffschuhe an. Gut, dass ich schlau genug gewesen war, sie mitzunehmen. Soso. Ein Kleid aus Crepe de Chine und dazu Stoffschuhe! Aber jemand sagte mir, dass ich umwerfend aussähe.

Der Abend hätte also gelingen müssen, doch Valentin verhielt sich wie ein Schwein. An diesem Abend waren alle Lehrer und natürlich auch die Pionierleiterin anwesend, die Valentin anbaggerte. Ich glaube, keinem war klar, dass er mit mir gekommen war. Er saß neben ihr und tanzte nur mit ihr. Sie flüsterten miteinander und verschwanden später gänzlich. Ich war in einer blöden Situation.

Neben mir saß die Ukrainischlehrerin. Sie war jung, fast unsere Altersgenossin. Während des Unterrichts war sie streng, wahrscheinlich sorgte sie sich um ihre Autorität, aber hier wurde sie im Laufe des Abends locker und sah genauso aus wie wir. Und wegen meiner schlechten Laune fing ich an, mich auf ihre Kosten zu amüsieren.

In den letzten vier Jahren hatte ich viel gelesen, sämtliche Pflichtlektüre der ukrainischen Literatur, dazu noch die von der Schule empfohlenen und auch viele verbotene Bücher. Ich begann ein Gespräch über die Literatur und stellte ihr mit versteckter Boshaftigkeit Fragen. Dass sie sich bestimmt an einen Schriftsteller erinnern würde, in dessen Buch das und das passiert sei. Dann schwieg ich und wartete darauf, dass sie das Werk nannte. Sie war erschrocken. Das sei doch ein verbotener Schriftsteller, und natürlich seien all seine Werke auch verboten. Sie hatte sie natürlich nicht gelesen. Diese Bücher konnte man sich nicht so leicht besorgen. Und es wurde noch schlimmer. Ich fing an, die Lehrerin zu beschuldigen, dass sie uns gezwungen hätte, an die Kritik gegen solche verbotenen Werke zu glauben, obwohl darin doch nichts Schlimmes stand. Das war schon Ketzerei. Sie hatte Furcht in den Augen. Für solche Gespräche konnte man ins Gefängnis kommen. Aber ich bin eigentlich ein gutmütiger Mensch, und ein Gespräch in so einem scharfen Ton wurde mir unangenehm. Wir vertrugen uns wieder, als sie zugab, dass sie nicht gewusst hatte, dass ich mich so gut auskennen würde, und dass es daher nicht gerecht war, dass ich bloß eine Zwei in ukrainischer Literatur bekommen hatte.

Valentin und ich gingen nach der Feier doch zusammen nach Hause. Aber keiner von uns hatte Freude daran.

82

Anfang Mai 1945 begann man ernsthaft über eine Kapitulation Deutschlands zu sprechen. Es kamen Gerüchte auf, dass Hitler entweder nach Amerika geflüchtet war oder sich und seine Frau Eva Braun in seinem Bunker erschossen hatte. Dabei nahm er seinen unschuldigen Hund mit in die Unterwelt. Als meine Tochter Oksana und ich später mal auf Fuerteventura waren, lasen wir in einem Reiseführer, dass es auf der Insel ein Schloss gäbe, von dem aus Hitler in einem U-Boot nach Amerika hatte fliehen wollen. Wir fuhren zu diesem Schloss. Der Weg war scheußlich, und wir erfuhren später, dass wir eigentlich gar nicht dorthin hätten fahren dürfen. Mit Ach und Krach schafften wir es zum Ziel, einem früher mal glänzenden Schloss, das jetzt eine armselige Erscheinung abgab, zerlumpt, nicht gepflegt, mit irgendwelchen Schuppen ringsherum. Und einer Unmenge von Hühnern, die in diesen Schuppen schrien und um das Schloss liefen.

In der Nacht zum 9. Mai begann in unserer Stadt eine Schießerei. Leuchtkugeln flogen in den Himmel, irgendwo bellte eine Kanone. Natürlich wachten alle auf, und wir hörten, wie auf den Straßen geschrien wurde: »Der Krieg ist zu Ende!« Ich war gerade allein mit Oma im Zimmer. Ich sprang und schrie irgendwas, und Oma Katja saß neben dem Ofen und weinte. Und auf meine Frage, warum sie weinen würde, sagte sie nur: »So viel Leute sind umgekommen, so viel Leute sind umgekommen.«

Wir waren nicht die Familie, die am meisten im Krieg gelitten hat. Mama wurde nicht eingezogen, Valja war zwar im Krieg, aber jetzt saß sie mit ihrer Kriegstrophäe Nina zu Hause, Wolodja wurde auch entlassen. Petja lebte in Kaschira und bekleidete einen hohen Posten; er schrieb, dass er die Versetzung zu irgendeinem Depot in der Ukraine beantragt hatte, weil sein Gesundheitszustand nicht gut war. Nadja kehrte mit den Kindern aus der Evakuierung nach Leningrad zurück und hatte die Blockade von Leningrad vermieden.

Über Onkel Andrej wussten wir damals nichts. Seine Frau Olja schrieb, dass sie ein Dokument bekommen hatte, in dem er als »verschollen« eingestuft wurde, aber sie wollte es nicht glauben. Jeden Brief beendete sie mit den Worten: »Wir warten alle auf Andrej.« Aus den Gesprächen der Erwachsenen erfuhr ich, dass Oljas Vater Andrej sehr mochte und allen zu denken verbat, dass Andrej umgekommen sei. Vor dem Krieg arbeitete Onkel Andrej in einer Schule in Sirjanowsk. Als er einmal mit einer Schulgruppe in der Kolchose war, zündete ein Junge, der Sohn eines Bonzen, einen Heuschober an, was ein Verbrechen war. Sein Vater hätte große Probleme bekommen können, deshalb überredete er Andrej, die Schuld auf sich zu nehmen, und versprach ihm, dass er ihm aus der Patsche helfen würde.

Er half nicht, und gewisse Organe begannen, im Lebenslauf meines Onkels zu wühlen. Sie dachten sich sogar aus, dass er ein Grundbesitzersohn sei. Wahrscheinlich kamen auch Anfragen nach Krementschuk. Unangenehme Männer besuchten Oma und fragten sie, wo sich das Gut befände, auf dem Andrejs Vater groß geworden sei, und wie viel Hektar Boden die Familie meines Opas gehabt hätte. Mein Opa war schon lange tot, sonst hätten sie auch ihn zu den Verhören geschleppt. Die Absurdität der Beschuldigungen war schwer zu beweisen. All das wäre lächerlich, wäre es nicht so traurig. Onkel Andrej ging in den Knast.

Bald danach brach der Krieg aus, und mein Onkel wurde in die Einheit geschickt, die Aufklärungen im feindlichen Hinterland durchführte. Die Soldaten wurden von Flugzeugen irgendwo über den Wäldern in Deutschland abgeworfen und kehrten selten zurück.

Als ich in den neunziger Jahren einen Schrebergarten pachtete, lag nicht weit davon entfernt der Schrebergarten meiner ehemaligen Kollegin Lydija Gawrilowna. Wenn mein Neffe Eugen und ich zur Datscha kamen, begrüßte er sie immer falsch mit »Garwilowna«. Wir waren mit ihr befreundet. Sie ist jetzt nicht mehr am Leben.

Gawrilowna erzählte mir mal, wie sie genau wie Onkel Andrej mit einer Gruppe anderer Mädchen, die die Deutschen bekämpfen wollten, im deutschen Hinterland von den Flugzeugen abgeworfen wurde. Die Mädchen hatten Glück. Ich weiß nicht, was sie mit ihren Funkgeräten machten, aber sie schafften es, sich unter die Mädchen zu mischen, die dort Zwangarbeit leisteten. Sie arbeiteten in einem Lazarett und wohnten auch dort. Die Sprache beherrschten sie einigermaßen. Aber weil man bei uns den Schülern Fremdsprachen nicht ordentlich beibrachte, gab es am Anfang oft Verwirrungen. Auf die Frage der Deutschen: »Wie geht's?« antworteten sie: »Gehen, gehen.«

Statt die Deutschen zu bekämpfen, arbeiteten sie in diesem Lazarett, bis die Unsrigen kamen. Ich erinnere mich nicht, dass sie etwas darüber berichtet hätte, dass sie unser Militär über Funk zu kontaktieren versucht hätten. Als sie am Kriegsende doch ihre Einheit fanden, war das Staunen groß. Sie waren seit langem aus der Liste der Lebenden gestrichen worden. Aber sie sicherten sich ihren Status als Aufklärer, deshalb bekam Gawrilowna jetzt im zivilen Leben die Vergünstigungen als Teilnehmerin an Kriegshandlungen.

Onkel Andrej hatte ein anderes Schicksal im feindlichen Hinterland. Man vergaß ihn genau wie Gawrilowna, nachdem er dort abgeworfen worden war. Aber weil es sich um eine Männergruppe handelte, begannen sie, etwas zu unternehmen. Ich weiß nicht, wie lange sie dort aushielten. Einmal wollten sie einen Bahnhof sprengen. Einer aus der Gruppe musste als Signal eine Papirossy anzünden, daraufhin wollte man an verschiedenen Bahnhofsstellen Sprengungen durchführen. Das Signal war blöd gewählt. Ein Fremder zündete sich an anderer Stelle und zu einem anderen Zeitpunkt eine Papirossy an, und dann lief mit den Sprengungen alles durcheinander.

Was mit den anderen Teilnehmern der Operation geschah, erfuhr mein Onkel nie. Er selbst fand sich mit einer Unmenge an Knochenbrüchen unter einer von den Explosionen eingestürzten Mauer wieder. Die Deutschen gruben ihn aus und lieferten ihn ins Lazarett ein.

Dort lag er, bis die Amerikaner kamen, die ihn in ihr Lazarett schickten. Mein Onkel hatte die englische Sprache während seiner Dienstzeit auf einem U-Boot gelernt. Wie er es geschafft hatte, die Sprache so schnell zu lernen, weiß ich nicht, aber als die amerikanischen Chefs kamen und über Amerika sprachen, antwortete mein Onkel leichtsinnig: »Wenn es Amerika sein soll, dann eben Amerika.« Und er wurde in die USA geflogen.

Es gefiel ihm dort. Später erzählte er uns, wie dort Frauen eine Maschine bedienten, die von selbst Wäsche wusch, spülte und auswrang. Oder wie man auf einer Mattscheibe aus Glas zu Hause wie im Kino Ereignisse sehen konnte, die weit entfernt stattfanden. Wir hörten mit offenem Mund zu.

Meinem Onkel wurde eine Arbeit vorgeschlagen und die Möglichkeit, in Amerika zu bleiben. Aber irgendwo in Kasachstan lebten seine liebe Frau und zwei Töchter, deshalb wollte er nach Hause. Dort kam er sofort in ein Lager für nicht vertrauenswürdige Personen. Er wurde auch an den angezündeten Heuschober, für den er nichts konnte, und an seinen angeblichen Opa, den Gutsbesitzer, den er nicht hatte, erinnert. Und man fragte ihn ständig, ob er ein deutscher oder amerikanischer Spion sei.

In diesem Lager saß Onkel drei Jahre. Ich erinnere mich gut an den Brief, den der Postmann brachte. Das war kein Dreieck, wie sie mir die Jungs von der Front schickten, aber es war auch kein gewöhnlicher Umschlag, sondern ein gefalteter, ein schmales langes Rechteck mit kleiner, kleiner Schrift. Wir wussten sofort, dass es ein Brief von Andrej war. Nur er faltete die Umschläge so. Den Brief schrieb er, als er noch im Lager war.

Als Onkel Andrej nach Hause kam, zog er nach Bijsk und arbeitete dort in einer Streichholzfabrik. Diese Streichhölzer benutzte das ganze Land, sogar die Ukraine. In unserem Haus konnte man oft hören: »Wo sind die Streichhölzer von Andrej?«

Sein Leben kam wieder in Gang, und er schlug Oma Katja vor,

bei ihm zu wohnen. Sie hatte jetzt kein eigenes Haus mehr und fuhr zu ihm. Aber alles lief nicht so, wie es sollte. 1948 wurde Oma gelähmt, und bald darauf starb Onkels Frau Olja. An ihren Tod konnte man irgendwie gar nicht glauben. Onkel Andrej schickte uns einen bitteren Brief. Wir erkannten unseren Andrej nicht wieder. Er beklagte sich über sein Schicksal. Er war empört, dass eine alte, mehr als siebzigjährige gelähmte Frau weiter lebte und die junge Frau, die er und die Kinder brauchten, starb. Anscheinend schickte er den gleichen Brief auch an Valja nach Leningrad, und Valja fuhr nach Bijsk und holte Oma zu sich. Sie starb neun Monate später.

Aber jetzt wartete erst mal das Jahr 1945 auf uns. Ich beendete die Schule, ich war neunzehn Jahre alt, und vor mir lagen die Jahre des Studierens und das ganze Leben. Und ich glaube, zu dieser Zeit formte sich endgültig meine einzigartige und unwiederholbare Persönlichkeit.

19049381R00167

Printed in Poland
by Amazon Fulfillment
Poland Sp. z o.o., Wrocław